帝国的
崩　塌

从甲午海战到辛亥革命

徐飞 / 著

THE COLLAPSE OF THE EMPIRE

From the Sino-Japanese War of 1894-1895
to the Revolution of 1911

浙江人民出版社

图书在版编目（CIP）数据

帝国的崩塌：从甲午海战到辛亥革命 / 徐飞著. —杭州：浙江人民出版社, 2022.6（2024.1重印）
ISBN 978-7-213-10494-7

Ⅰ. ①帝… Ⅱ. ①徐… Ⅲ. ①中国历史—近代史—研究 Ⅳ. ①K250.7

中国版本图书馆CIP数据核字（2022）第024713号

帝国的崩塌：从甲午海战到辛亥革命

DIGUO DE BENGTA：CONG JIAWU HAIZHAN DAO XINHAI GEMING

徐 飞 著

出版发行：浙江人民出版社（杭州市体育场路 347 号 邮编：310006）
市场部电话：（0571）85061682 85176516
责任编辑：方 程
特约编辑：魏 力
营销编辑：陈雯怡 张紫懿 陈芊如
责任校对：朱 妍
责任印务：幸天骄
封面设计：苏静宇
印 刷：浙江新华印刷技术有限公司
开 本：710 毫米 ×1000 毫米 1/16 印 张：20
字 数：210 千字 插 页：4
版 次：2022 年 6 月第 1 版 印 次：2024 年 1 月第 2 次印刷
书 号：ISBN 978-7-213-10494-7
定 价：88.00 元

目录

清朝从哪一年开始倒计时？ 1

第一章　甲午前奏

第一节　甲申易枢：清政府新领导班子的建立

1. 康有为的预言：祸在眉睫 1
2. 同治中兴：奕䜣功不可没 4
3. 中枢换血：慈禧建立独裁统治 7

第二节　长崎事件：暗藏北洋海军覆灭的线索

1. 奕譞：不务正业的总理海军大臣 11
2. 北洋水师访问长崎：并非为了秀肌肉 13
3. 丁汝昌的苦衷 16

第三节　光绪亲政：被处处掣肘的最高统治者

1. 光绪：为什么当皇帝这么累？ 20
2. 强行改变侄子的人生：慈禧的权欲 23
3. 举重若轻：慈禧架空光绪的手段 28

第四节　高下立判：战前中日财政系统的比较

1. 明治天皇省下饭钱，就能买军舰？ 30
2. 日本设立中央银行：发行军事公债 32
3. 大清财政：不会开源，只会节流 34

第五节　朝鲜事变：中华宗藩体系行将崩塌

1. 天津条约：为日本出兵朝鲜埋下伏笔　39
2. 清政府的“拧巴”思维：荒诞为体，胡闹为用　42
3. 无可奈何花落去：中华宗藩体系即将瓦解　45

第二章　梦断神州

第一节　战和不定：清政府决策体制的缺陷

1. 朝鲜之乱：日本迅速决定开战　51
2. 主战派与主和派：应该各打五十大板　55
3. 叠床架屋：清朝混乱的决策体制　60

第二节　不堪一击：陆军溃败激起日本侵华野心

1. “蜀中无大将，廖化作先锋”　65
2. 派系林立：镇压太平天国的后遗症　68
3. 望风而逃：清军缺少荣誉感　72

第三节　全军覆没：北洋水师被“猪队友”坑惨

1. 黄海海战：其实北洋水师的目的达到了　76
2. 海防：消极的建军思想　80
3. 格兰特的预言　88

第四节　忍痛求和：光绪皇帝为什么不迁都再战？

1. 九年前丢失的小字典，让大清成为“小透明”　93
2. 光绪：我能怎么办，我也很绝望呀！　97
3. 上清帝第三书：康有为进入高层视野　101

第三章 康党崛起

第一节 路在何方：甲午战后三年的清朝政局

1. 恭亲王：借钱赔款是头等大事 108
2. 人才匮乏的窘境 113
3. 大家不种鸦片，怎么继续修园子？ 117

第二节 国政为民：康有为思想的真正价值

1. 此议院非彼议院 124
2. 地方自治：康有为的真实目的 127
3. 康有为的地方自治实验 130

第三节 南海圣人：康有为引起朝廷关注

1. 惊世骇俗：康有为脚踹两千年学术史 135
2. 强学会的无疾而终 138
3. “中国事，大抵如此” 142
4. “山重水复疑无路，柳暗花明又一村” 147

第四节 帝师被逐：翁同龢究竟犯了什么错

1. 保国会：现代政党的尝试 154
2. 光绪皇帝与翁同龢分道扬镳 159
3. 政治斗争的牺牲品 166

第五节 明定国是：光绪皇帝开启维新变法

1. 光绪皇帝召见康有为 171
2. 废除八股：维新变法的探路石 175
3. 京师大学堂的明争暗斗 178

第四章 百日维新

第一节 紧锣密鼓：康党的夺权野心

1. 军机四章京：光绪操作的政治套路 185
2. 罢免礼部六堂官，慈禧高度警觉 190
3. 围园捕后：康党早已有之的政变计划 193

第二节 血雨腥风：慈禧发动戊戌政变

1. 引爆点：光绪接见伊藤博文 199
2. 戊戌六君子：不审而诛 204
3. 己亥建储：慈禧的废帝计划 207

第三节 托古改制：葬送变法统一战线

1. 守旧派无视孔子改制 211
2. 张之洞与康有为反目成仇 214
3. 孔教会：一个脱离现实的方案 218

第四节 步履维艰：变法面临的现实困境

1. 启动资金从哪来？ 221
2. 卖地换钱的荒唐主张 224
3. 民智未开，无人可用 227
4. “本不植高原，今日复何悔！” 230

第五章 日暮穷途

第一节 扶清灭洋：义和团运动的兴起

1. “义和团，起山东，不到三月遍地红” 235
2. “法”不责众，地方官府放任自流 238
3. 慈禧为何支持义和团？ 241

第二节 民、教纷争：传教士自吞苦果

1. 华北大旱，教堂为什么成为罪魁祸首？ 246
2. 传教士：欺压中国官民的“太上皇” 249
3. 形势恶化，清政府对外宣战 252

第三节 空前国难：谁才是罪魁祸首？

1. 八国联军攻占北京 256
2. 救灾无能：清政府严重失职 259
3. 司法落伍：清政府改革乏力 262

第四节 清末新政：一场虚有其表的骗局

1. 孟津观兵的历史启示 267
2. 毫无诚意的新政 270

第五节 废除科举：一步最惊险的棋

1. 读书人“失业”了 275
2. “车到山前必有路” 277
3. 年轻人的新选择 280

第六章　王朝覆灭

第一节　革命万事俱备，只欠东风

1. 光绪之死：谁才是幕后真凶 283
2. 朝廷军权旁落，袁世凯一手遮天 285
3. 孙中山屡战屡败，宋教仁华中举事 288

第二节　民国成立：导火索竟是一场金融暴雷

1. 上海股灾 292
2. 成都血案 294

第三节　清帝退位：2000 多年帝制的终结

1. 游走欧美：孙中山融资碰壁 297
2. 南北和谈：袁世凯玩弄两面手法 300
3. 大清的最后一次早朝 302

后　记 305

清朝从哪一年开始倒计时？

张明扬

前不久，我刚刚读完罗志田先生的新作《革命的形成：清季十年的转折》，就收到了徐飞兄的这本书稿《帝国的崩塌：从甲午海战到辛亥革命》。

罗志田先生写的是清季十年，从庚子到辛亥；徐飞这本书的时间跨越长一些，是从甲午到辛亥的晚清最后 18 年。

但事实上，这本书的跨度要比 18 年更长一些，它的第一章“甲午前奏”，是从 1884 年的甲申易枢写起的，慈禧太后在那一年全面掌握了权力。这个时间点的选择很有些意思，用作者的话来说，“甲申易枢之后的 10 年，同治中兴的气象逐渐烟消云散”。

对于从甲午到辛亥的这 18 年历史，马勇先生用了整整 4 本书才写完，也就是前几年在读书界很有影响力的“晚清四书”：《觉醒：甲午与中国历史转折》《维新：戊戌变法的尝试与失败》《国变：错综复杂的庚子乱局》《革命：晚清改革的趋势与溃败》。

也因此，在打开本书前，我充满了好奇和期待：如何用一本书写完马勇先生 4 本书的内容；也有担心和疑虑：一本书写完甲午战争、戊戌变法、庚子之变和辛亥革命，会不会因为缺乏细节而流于流水账？

打开书后，随着阅读快感的迅速提升，我的疑虑很快被证明是像晚清士人恐惧火车一样的无谓。

这本书给我最大的感受就是阅读快感，不是靠说过头话赢得的那种廉价快感，而是基于历史细节本身的快感。

给我印象最深的是书中两处细节。

第一处是在谈及主和派与主战派之争时，作者没有仅仅停留在价值判断上，“主战也好，主和也罢，都是一种主张，是对国家前途的不同看法，不应该加上爱国或者卖国的标签”。作者非常有见地地指出：“甲午战争的失败，清政府高层的主和派和主战派，都有不可推卸的责任。”作者自然是看不上大言欺世的翁同龢，但他对李鸿章也作出了很符合和战逻辑的批评，将其与第二次世界大战前的英国首相张伯伦相比，认为李鸿章错不在主和，而在于没有做好战争准备。

第二处是在谈及庚子之变的历史教训时，作者在“常规”地批评了慈禧太后之后，将批判视角放到了清政府的赈灾无力和司法落伍上。尤其是关于司法落伍的论述，可以看出作者在知人论世上已经走出了传统历史叙述的桎梏，对领事裁判权和晚清司法改革作出了专业的评述。在这个基础上，作者亮出的立场就更有说服力了：“归根结底，清政府在司法改革上的停滞不前、毫无作为，才是导致义和团极端排外的深层原因”，“时至今日，我们也不必一味嘲笑义和团愚昧狭隘、盲目排外，这种带有优越感的视角无益于反思历史”。

在这里再谈一下我对这本书另一个激赏之处。作者在这本书里作出了不少鲜明的价值判断，时有新见，我们作为读者是否认同则见仁见智，但可贵的是，徐飞兄的这些判断无不是基于对历史细节的详加辨析之上的，有时还引入了超越传统历史叙述的思考框架，而不是像当下一些写作者那样放飞自我，“创造”出一些缺乏史料支撑的新观点，这些观点越是让我们感受到共情，我们越是要警惕这种致命的诱惑，这可能也是一种所谓的互联网思维吧。

无论是谈论历史，还是谈论现实世界，我们每个人都可以基于自己的思想认识和价值偏好，形成自己的看法。看法多元没关系，甚至离经叛道也不是大问题，重要的是，就像这本书所践行的那样：基于材料说话，基于史料思考。

大部分读者看完这本书，可能都会或多或少地折服于作者的讲故事能力，这让这本书的历史叙事极其流畅。

但是，在我看来，对于一本通俗写史的著作而言，“有可读性”与“叙事流畅”只能决定你这本书的上限，而真正决定下限的是：靠谱。

如果按照木桶理论，甚至可以这么说，通俗写史的潜在短板永远是“靠谱”，如果一本书在“靠谱”上出了问题，无论你的文笔如何惊才绝艳，叙事多么感天动地，“不靠谱”本身就构成了一票否决权。

因此，我想特别指出的是，我虽然远不是什么近代史的专家，无法一一印证作者在书中所引用的史料来源。但以我目力所及，徐飞兄在写作这本书时，在参考资料方面下了很大的功夫，为通俗历史写作树立了一个上佳的靠谱（学术规范）范本。

除了学术大家著作、晚清笔记之外，徐飞还引用了不少如资料汇编之类的一手史料，但尤其可以体现这本书“靠谱度”的是，作者在引用一些一手史料时，没有故作高深，而是老老实实地将“转引”写明。

虽然作者写的是一本通俗历史著作，但其写作态度的严谨，突破了这一类著作的最大挑战——靠谱度，背后所花费的时间和精力可想而知。

我觉得，在这个基础上再去夸《帝国的崩塌：从甲午海战到辛亥革命》这本书多么有可读性，且时有新见，才真正是配得上对这本书的评价。

第一章

甲午前奏

第一节　甲申易枢：清政府新领导班子的建立

1. 康有为的预言：祸在眉睫

1894年，是中国传统干支纪年中的甲午年，这一年注定不会平静。在中国古代阴阳学理论中，天干之甲属阳之木，地支之午属阳之火，是木火相生。因为木火相生，将会导致战火燃起，一发不可收拾。

在这个不平静的年份，已经37岁的康有为，带着他的得意弟子梁启超，从广州坐轮船到上海，再从上海坐轮船到天津，再由天津进入北京，几经辗转，疲惫不堪。

这是他第三次来北京，目的是参加光绪皇帝为迎接慈禧太后六十大寿而特别举办的甲午恩科会试。康有为出身书香世家，年少时就已经熟读经史子集，博学多闻，才华横溢，但是科举之路一直走得很失败。他自 16 岁成秀才后，乡试六试不售，失意科场二十载。直到 1893 年，他才时来运转，跟梁启超一起考中举人，才有资格来北京参加恩科会试。

其实，康有为还算是幸运的，他的很多广东老乡，考了一辈子都考不上。在广东三水，有个人叫陆云从，104 岁时还在参加会试，结果还没考上，道光帝于心不忍，就钦赐他国子监司业的官衔，也算是尊老的体现。在广东顺德，康熙年间，有个人叫黄章，也是个百岁老人，还在千里迢迢进京赶考。结果也没考上，两广总督和广东巡抚赠给他钱和布匹作为安慰。在广东肇庆，乾隆年间，有个人叫谢启祚，百岁时参加乡试，一举考中，激动得作《老女出嫁》诗一首："行年九十八，出嫁不胜羞。照镜花生靥，持梳雪满头。自知真处子，人号老风流。寄语青春女，休夸早好逑。"

如果另一位广东老乡洪秀全能有这样"生命不息、考试不止"的精神，估计中国也不会出现太平天国运动了。

康有为此次来北京考试，其目的并不是为了尽快"出嫁"，他对科举考试一直持有强烈批判的态度，甚至打算废了它。他的真实目的是要通过科举考试获取功名、进入官府，只有这样才有发言权。他要让维新变法的宏图大业上达天听。不然一个平民老百姓，别说指望金銮殿上的皇帝会听你的，估计就连村西头的老村长都不会听你的。

来到北京后，康有为四处拜访那些达官贵人，拓展自己的人脉。

有个贵人问他："国朝可百年乎？"康有为回答："祸在眉睫，何言百年？"对方大惊失色，难以置信。这个贵人，茅海建教授认为有可能是张荫桓。[①] 张荫桓后来在八国联军侵华时被慈禧秘密处死，这是后话了。

此时，甲午战争尚未开打，大清帝国外强中干的面目还没有被戳穿，像康有为这样有强烈危机感的人屈指可数，所以当那位"贵人"听到"祸在眉睫"的话后会难以置信。因为从表面上看，大清帝国经过洋务运动之后已经非常强大：陆军有近百万人的武装力量，装备了几十万支枪械、上千门大炮，还有亚洲第一的现代化海军——北洋水师，水师的两艘铁甲巨舰令周边国家多有忌惮。例如，袁世凯就曾对朝鲜官员说："中国兵力，虽不及欧洲，然精兵亦三十万，战船亦有百余艘，岁入亦有六千万。"[②]

试问，大清帝国拥有如此强悍的军事实力，怎么会"祸在眉睫"？康有为这不是在胡说八道、蛊惑人心吗？

如果康有为说的话是假的倒好，遗憾的是，他一语成谶。

---

① 参见茅海建：《从甲午到戊戌：康有为〈我史〉鉴注》，生活·读书·新知三联书店，2018 年，第 50 页。

② 袁世凯：《朝鲜大局论》，转引自（中国台湾）"中央研究院近代史研究所"：《清季中日韩关系史料》，1972 年，第 2161 页。

2．同治中兴：奕䜣功不可没

同治一朝，从1862年到1874年，中国开展了“师夷长技以制夷”的洋务运动。洋务运动确实给中国带来了中兴局面，它不仅开创了中国最早的工业，而且政治上也出现了一定程度的开明，国力有所回升，国际局面也很有起色。

至1884年甲申易枢，正是因为有了20年的休养生息，曾被太平天国和英法联军折磨得奄奄一息的大清朝，又“支棱起来”了。大清朝不但平定了回疆之乱，而且以实力为后盾，同沙俄据理力争，虎口拔牙，夺回了新疆伊犁。1883年，图谋吞并越南已久的法国，趁越南国内权力斗争而出现动乱之机，悍然出兵干涉。越南是中国的藩属国，清政府不可能坐视不管，哪怕面对法国咄咄逼人的军事威胁。在短短一个月之内，清政府调集大军，云集中越边境，决意跟法军决一死战。

在中法战争中，清军打了很多场败仗。在北越战场，清军丢弃谅山，丢弃镇南关，任凭法军长驱直入山西、北宁、太原、兴化，[1] 直逼中国本土；在福建马尾，法军在海战中一举歼灭中国经营十余年的福

---

① 山西，越南省份，法国占领之前涵盖今天的河内市西部、和平省东北部、富寿省东部、永福省大部和宣光省南部；北宁，越南省份，位于红河三角洲；太原，越南省份，位于越南东北部；兴化，越南省份，涵盖今天的奠边省、莱州省、山罗省、老街省及和平省西部、安沛省大部、富寿省西部。

建水师，毁灭马尾船厂；在台湾战区，清军放弃基隆，退守淡水。然而，清军并没有完全丧失斗志，他们屡败屡战，“咬定青山不放松”，相继在台湾取得第一次基隆之战、沪尾（今淡水）之战的胜利，在越南获得镇南关大捷，并乘胜追击，收复文渊、谅山等失地。费正清就认为，“在两年之内的陆上和海上的零星战斗中，中国人在经费、人力、物力和威望上都遭受了巨大的损失”，不过，“法国的胜利也远远不是决定性的胜利”①。

中法战争，最后以清政府主动请和，两国签订《中法新约》而告终。当时法军依然掌握着战场的主动权，中国选择及时止损，其实算是一个明智的选择。《中法新约》只是让中国承认越南为法国的保护国，而越南实际上早就被法国控制。法国同意放弃对台湾的封锁，以及撤离基隆和澎湖列岛。中国不仅保住了对台湾的主权，而且没有割地赔款，这与鸦片战争、第二次鸦片战争的结果截然不同。

中法之所以能签订这样一个还算公平的条约，是清军经过洋务运动后已经具备一定的实力，能跟法国这样的西方列强勉强打个平手的结果。中法战争是对洋务运动成果的一个初步肯定。清政府不仅没有丧权辱国，而且还保住了天朝大国的脸面。

同治中兴的局面之所以能出现，跟同治皇帝本人无关。同治皇帝在西太后和东太后的严厉管教之下，性格变得极为叛逆，故意不遵守皇帝职业规范，变成了一个十足的花花大少。凡是看过周星驰电

---

① ［美］费正清编：《剑桥晚清中国史》，中国社会科学出版社，2007 年，第 1880 页。

影《九品芝麻官之白面包青天》的观众，都会对电影中寻花问柳、形同丑角的同治皇帝报以同情。他因为偷偷溜出紫禁城，在外面逛青楼，导致感染梅毒，最后英年早逝。同治皇帝具体去世的时间是1874年12月5日，地点为紫禁城的冬暖阁。不过，历史上的同治皇帝并不是得梅毒而死，而是死于天花。①

领导同治中兴的中央官员，其实是同治皇帝的叔叔、咸丰帝的六弟恭亲王奕䜣。他在同治年间担任摄政王，既主持军机处又兼署朝政，同时还主持总理衙门，可谓是一人之下万人之上。虽然奕䜣缺少开创伟业的胆识和魄力，但是中国的现代化确实是在他的大力扶植下艰难起步的。正是在他的庇护下，思想较为开明的地方大员，如曾国藩、李鸿章、左宗棠、刘坤一等人才能够有所作为，否则什么安庆军械所、江南制造局、汉阳铁厂、福建水师等都将是昙花幻象。

尤为难能可贵的是，奕䜣对西方的学习不局限于坚船利炮这些硬件，还注意到制度方面的软件。1864年，总理衙门出版丁韪良翻译的《万国公法》；该年，奕䜣就引用此法处置普鲁士在天津扣留丹麦船的事件。在他的领导下，中国开始大量翻译西文书籍，其中，最大的译书中心江南制造局从1868年至1879年共出版西文书籍98种、销售31111部。没有奕䜣的这些工作，后来的康有为可能一辈子都在“四书五经”的世界里转圈圈，根本看不见外面的世界。

---

① 翁同龢精通医学，他在日记中明确记述同治皇帝的死因是“天花”。

3. 中枢换血：慈禧建立独裁统治

然而，奕䜣虽然才高八斗、权势熏天，但是他的魄力只有豆子那么大。曾国藩曾批评奕䜣“貌非厚重，聪明则过人”，“恭邸极聪明，但是晃荡不能立足”。曾国藩的幕僚赵烈文批得更狠：“身当姬旦（周公）之地，无卓然自立之心，位尊势极，而虑不出户庭。”就差直接说奕䜣是尸位素餐的废物了。

的确，奕䜣手握大权，却甘愿匍匐在慈禧太后的脚下，任由她颐指气使、胡作非为。要知道，那个时候的慈禧太后，权势还没有强大到一手遮天的地步，奕䜣完全没有理由在她面前战战兢兢。

慈禧为了独揽大权，将这个精明强干的小叔子视为心腹大患，总是想方设法打压他。同治四年（1865），慈禧太后借奕䜣“揽权纳贿，徇私骄盈”之由，免去其议政王和其他一切职务。因为朝中诸位大臣的求情，慈禧太后才允许他在内廷行走，并管理总理衙门。

慈禧当然不会心满意足，她需要的是一个对她完全没有威胁的奴才，而奕䜣显然不符合这个标准。之前，同治皇帝按照她的意思说想要重修圆明园，奕䜣不就明确表示反对了吗？如果我连修一个园子他都要反对，那我以后还怎么为所欲为？

清军在中法战争中的失利，给了慈禧绝好的借口。1884 年，慈禧指责奕䜣“委靡因循”，从而免去他的一切职务，奕䜣及其全班人马——武英殿大学士宝鋆、吏部尚书李鸿藻、兵部尚书景廉、工部尚书翁同龢，全被逐出军机处和总理衙门。慈禧随后颁发懿旨，任命礼亲王世铎、户部尚书额勒和布与阎敬铭、刑部尚书张之万、工部左侍郎孙毓汶接掌军机处。稍后，慈禧又发了一道懿旨：军机处遇有紧要事件，着会同醇亲王奕譞商办，俟皇帝亲政后再降懿旨。

就这样，醇亲王奕譞成了清政府新领导班子的核心人物之一。

军机处改组完成后，慈禧又马不停蹄地对部院大臣、总理衙门、八旗都统衙门一并做出重大人事调整。徐桐接任吏部尚书，毕道远接任礼部尚书，乌拉喜崇阿接任兵部尚书，延煦接任理藩院尚书，昆冈等接任都察院左都御史，庆郡王奕劻接管总理衙门一切事务。

慈禧通过这一番人事变动，完成了对清政府高层的大换血，彻底建立起完全服从自己意志的政府班底。这一年是甲申年，所以这次大换血又被称为“甲申易枢”。

“甲申易枢”是晚清政坛的一场大地震，翁同龢曾发出“真洞目沐心矣”的感慨，当代历史学家郭廷以则将其称为“慈禧的第二次政变”。新成立的军机处，由礼亲王世铎领衔。但是，世铎是个庸碌之辈，才识不足，你让他在北京街头提着鸟笼溜达还行，让他去处理军国大事，实在是强人所难。额勒和布与张之万也跟世铎一样，都是只会拖其他人后腿的人。阎敬铭能力尚可，但也不是很突出。只有孙毓汶，虽然排名最后，但是最为精明强干，是军机处实质上的带头大哥。

御史盛昱虽曾上奏弹劾奕䜣，但他没想到慈禧会把奕䜣一撸到底，他后悔不迭，立即上书，试图挽回这个局面："恭亲王才力聪明，举朝无出其右！缘以沾染习气，不能自振。李鸿藻昧于知人，谙于料事，惟其愚忠不无可取。国步阽危，人才难得，若廷臣中尚有胜于该二臣者，奴才断不敢妄行渎奏！惟是以礼亲王世铎与恭亲王较，以张之万与李鸿藻较，则弗如远甚！"[①] 然而，慈禧罢黜奕䜣是蓄谋已久，如今目的达成，她怎么会改弦更张呢？

晚清名臣吴大澂曾经讽刺这个新的政府班子："枢廷领袖为礼亲王，一物不知，唯利是图。无论何人，均可拜门，以千金寿，辄畀荐牍，向当道干谒，剌剌不休。满大学士额勒和布，伴食而已。汉大学士张之万，以书画音乐自娱。其中枢执要者，唯济宁孙毓汶、仁和许庚身马首是瞻。仁和由军机章京出身，深得摭拾人过恐吓索贿之衣钵。济宁性阴险，深阻止如崖阱，不可测，能以一二语含沙射人，倾挤清流，诛锄殆尽。其顽钝无耻者，率为效用，争以诬陷善类为功。耿介名流，驱逐出外！"[②]

新领导班子的核心醇亲王奕譞并不是因为有什么才干才被慈禧看中的，而是因为他是光绪皇帝的亲生父亲，慈禧太后的妹夫。他既没有治国的雄略，也没有理政的经验，只能事事专仰慈禧的鼻息，毫无主见可言。与其说奕譞是一个政治家，不如说他是一个传声筒。

况且，奕譞也心知肚明，自己的儿子光绪还在慈禧的手里捏着

① 吴相湘：《晚清宫廷实纪》第一辑，（中国台湾）正中书局，1952 年，第 136 页。
② 黄濬：《花随人圣庵摭忆》，中华书局，2008 年。

呢。慈禧能让光绪成为皇帝，也就能废除光绪的帝位。光绪一家的荣华富贵，甚至生死存亡，都要看慈禧的心情。所以，奕譞给自己定位为传声筒，也是无可奈何之举。

另外，在新的政府班子中，顽固派占据主导地位。例如，吏部尚书徐桐就是守旧排外的头号代言人。徐桐的府邸位于东交民巷，他因为厌恶洋人，就在门口挂了一副对联——望洋兴叹，与鬼为邻。他不仅厌恶洋人，也厌恶维新派，康有为曾三次登门拜访，他都拒而不见。后来，徐桐主张借义和团排外，鼓动慈禧太后对外宣战，奏请慈禧太后下诏“无论何省何地，见有洋人在境，径听百姓歼除”。当然，他本人最后也没有得到好下场，被自己所支持的义和团拳民从家里拖出来，当街就是一顿暴打，打得他哭爹喊娘、鼻青脸肿，只得跪下来乞求拳民饶他一条小命。八国联军侵入北京后，他在家里悬梁自尽。

有这种老顽固入主中枢，洋务运动的事业只会走一步退三步。

慈禧通过甲申易枢，成为大清帝国绝对的独裁者。在她的铁腕统治之下，新成立的领导班子只会对太后低声下气、唯唯诺诺。整个清政府统治集团逐渐失去了锐意进取、振兴国家的朝气，从此走上得过且过、毫无作为的不归之路。

甲申易枢之后的10年，同治中兴的气象逐渐烟消云散，腐败的病毒迅速蔓延全身，亡国灭种的大祸即将临头。

然而，能看到这种危机的，只有康有为这种先知先觉的人，就连李鸿章也只是在甲午战败后，后知后觉地说自己在做裱糊匠的工作。

而庙堂之上的人，还在蝇营狗苟，纸醉金迷，歌舞湖山。

第二节　长崎事件：暗藏北洋海军覆灭的线索

1. 奕谖：不务正业的总理海军大臣

1884年8月23日，中法战争正式爆发的前夕。法国海军不宣而战，向福建马尾港的清军水师发动突袭。福建水师没想到法国人这么不讲武德，只得仓促应战，结果11艘战舰被击沉或重创，官兵殉难者近800人。法舰又炮轰福州船政局的马尾船厂，岸防设施遭大肆破坏。

福建水师全军覆没，写下了中国近代海军史上极为惨痛的一页。

歼灭福建水师后，法军又大举进攻台湾。法军集中11艘舰船、2250名士兵，分兵两路进犯基隆与沪尾。好在台湾首任巡抚刘铭传是沙场宿将，战争经验丰富，战斗意志强悍，领导台湾军民击退了不可一世的法军。

10月23日，恼羞成怒的法军出动军舰20余艘、纠集4000余兵力封锁台湾海峡，意图断绝大陆对台湾的军事援助。不过，刘铭传这块硬骨头，就算法军咬肌都快咬抽筋了也啃不动。最后，两国签订

《中法新约》，法军这才结束了对台湾岛长达10个月的海上封锁。

中法战争让清政府意识到了加强海防的重要性，尤其是海军建设要由中央政府统一领导，不能东一榔头西一棒槌，漫无章法。其实早在1870年，曾国藩就已经提议把海军船置于统一的指挥之下。不过，清政府在没有受到列强军舰的毒打之前，只会将这种正确意见当成耳边之风。

1885年，清政府成立总理海军事务衙门，由政治新宠醇亲王奕譞为总理海军大臣，庆亲王奕劻和李鸿章为会问办理大臣。

不过，众所周知，真正的海军一把手不是奕譞，而是李鸿章。至于奕譞，他的主要精力都花在为老佛爷修园子上——此园非圆明园，而是颐和园。颐和园原名叫清漪园，地处北京西北郊外，与圆明园毗邻，也是一座规模宏大的皇家花园。1860年，它被英法联军放火焚烧，但没有完全化为灰烬。甲申易枢后，慈禧决定将清漪园重新整修，并取“颐养冲和”之意，将清漪园改名为颐和园，作为自己退休养老的地方。奕譞也很自觉，将自己定位为颐和园工程总监理兼总包工头，一是为了讨老佛爷的欢心，让老佛爷知道谁才是赤胆忠心的奴才——当年恭亲王奕䜣反对同治皇帝重修圆明园，那就是典型的铁憨憨行为；二是为了让自己的亲儿子光绪早日掌握实权，你想，颐和园早点修好了，老佛爷就会提前退休，从此不再过问政事，专心颐养天年。到那时，光绪就能成为真正一言九鼎的皇帝，自己也才能成为没有太上皇名义的太上皇。

当颐和园工程最紧张的阶段，正值直隶省和京师遭受特大水灾的时期，流民遍地，饿殍遍野，惨不忍睹。有个叫吴兆泰的御史上奏建议颐和园暂时停工，以免引起灾民闹事。而奕譞立即将此人罢官免职，“交部议处”。所谓什么事情都可以烂尾，唯独老佛爷的园子不能烂尾。

由此可见，晚清政府是如何的草菅人命、蔑视人权。

2. 北洋水师访问长崎：并非为了秀肌肉

再回过头来看北洋水师。1886 年，水师提督丁汝昌率领多艘舰艇访问日本长崎。在访问的战舰中，有两艘排水量超过 7000 吨的巨型铁甲舰——定远、镇远，这两艘军舰在当时的整个太平洋上无人可敌。相比之下，日本海军的那点可怜家底，实在是上不了台面。

诸多学人认为，李鸿章派北洋水师去长崎，表面上是友好访问，其实是为了炫耀本国的海军实力，让日本人老实点，别总是一天到晚想着惹是生非。然而，北洋水师 1888 年才在威海卫刘公岛正式成军，李鸿章何必急不可耐地去邻国展示刚刚鼓起的一小块肌肉？这完全不符合李鸿章一生小心谨慎的作风。

实际上，李鸿章派北洋水师去日本，是为了在长崎港保养军舰。当时，俄国对朝鲜半岛蠢蠢欲动，众所周知，朝鲜一直是中国最忠心耿耿的藩属国，岂能让外人染指？为了震慑俄军，扬我国威，李鸿章派北洋水师前往朝鲜东部沿海“巡阅”。1886 年 7 月 14 日，李鸿章明确指示北洋舰队：“丁汝昌同琅威理自胶州湾回烟台装煤，即带铁舰快船赴朝鲜釜山、元山。闻俄船窥伺永兴湾，拟令由元山驶巡永兴，聊作声势。吴大澂俄界勘定，欲由海参崴乘我兵船内渡，永兴距海参崴不甚远，各船即往崴游历，顺便接吴。铁舰须上坞油修，俟由崴折赴日本之长崎，酌量进坞。”①

7月25日，丁汝昌在准备出发前，发电报给在海参崴与俄国联合勘界的吴大澂，明确说明自己去长崎的目的是保养舰船，“十七日由威海展轮，二十日到釜山，二十二日到元山，测量永兴湾一带港道。定七月朔仍带同六艘由元山赴崴恭迓星旆，籍资阅历。惟六船中有数艘须就近至长崎刮油船底，并装添煤斤等事”②。

由此可见，李鸿章派北洋水师去日本，绝非为了炫耀武力。当时他的主要关注对象是俄国，而不是羽翼未丰的日本。

当时，北洋水师到了长崎港后，部分水兵上岸购物观光，顺便去了花街柳巷。数名水兵在妓院因为言语不通，加上喝多了酒，跟店家发生争执，并损坏了店内物品。店家立即报警，两名巡警闻讯赶来后，将两名清军水兵带走问话，其他水兵则趁机逃走。过了一会儿，数十名清军水兵气势汹汹地赶来救人，争吵之中有一名水兵突然拔出日本刀，向巡警砍去。就这样，日本巡警跟北洋水师的水兵展开了一场大规模械斗，现场鸡飞狗跳，闹得不可开交。

---

①　《寄译署转呈醇邸》（光绪十二年六月十三日辰刻），李鸿章：《李鸿章全集·电稿》（一），上海人民出版社，1995年，第689页。

②　《禀清帅》（光绪十二年六月廿四日），谢忠岳编：《北洋海军资料汇编·丁汝昌海军函稿》，中华全国图书馆文献缩微复制中心，1994年，第126—128页。

为什么北洋水师的水兵随身携带日本刀？因为丁汝昌在当天就下过命令，所有上岸水兵不允许携带任何军械上岸，包括小刀。但是，部分水兵上岸后，私自购买日本刀，想作为纪念品收藏。想不到，当天晚上派上了用场。

两天之后，300 名清军再次上岸。一名水兵看到两个并排走的日本巡警，就上去挑衅。日本巡警知道这些人不好惹，就没搭理他。不料，另一名水兵二话不说，就抢夺巡警的警棍，于是，一场恶斗再次上演。200 名清军水兵陆续集中起来，跟长崎警察署的警察，以及一些义愤填膺的日本民众扭成一团，很多市民纷纷逃离市区。据事后统计显示，北洋水师 5 人死亡，44 人受伤，5 人失踪（一说 10 人死亡）；日本警察被打死 5 人，30 人受伤，长崎市民亦有多人受伤。

群殴事件发生之后，两国展开唇枪舌剑的争论。为了避免事态升级，最终双方达成妥协，中国赔偿日本 15500 日元，日本赔偿中国 52500 日元。

长崎事件激发了日本国民的反清情绪，他们心目中那个天朝上国、文化宗主、礼仪之邦的美好形象完全崩塌，取而代之的是清军的蛮横无理、仗势欺人。此时正值日本政府加紧扩军备战，裕仁天皇于 1887 年 3 月 14 日颁布敕令，“立国之急在我海防，一日不可迟缓”，并拿出 30 万日元的皇室私房钱作为海防捐款。日本政府高官也积极带头捐款，并在全国巡回讲演，鼓励人民尽最大能力捐钱。同时，政府还发行 1700 万日元海军公债，鼓励人民购买。

李鸿章完全没有想到，这起事件严重刺激了日本国民的民族自尊心，促进了日本全民的同仇敌忾。对此，他并没引起真正的警觉，只是在一次跟德国顾问汉纳根的谈话中，恶狠狠地说："下次倭人若栽到我手里，决不轻饶！"

而这句像是黑社会老大说的狠话传出去之后，也让李鸿章的大国名臣形象严重受损。

3. 丁汝昌的苦衷

撇开长崎事件造成的恶劣影响，它还暗藏着一条将来北洋水师全军覆没的线索。让我们先来看看这两个问题：北洋水师为什么要到长崎去保养军舰？为什么不能在中国本土保养？

1881 年 5 月 21 日，清政府与德国伏尔铿厂签订了第一艘铁甲舰购置协议，总工程师鲁道夫·哈克就向协助出使德国大臣李凤苞办理购舰事宜的参赞徐建寅，介绍了铁甲舰坞修的规定和油修的办法。油修的周期为每年一次，具体方法："凡上油，先视其不妥处，用小锤试击，内有锈则油皮自然脱下，用三角刮刮下，再用钢丝帚刷之。上油二层，再于油皮不能落下之处，同上油一层。船内有赛门登石灰结住者，不必上油。其余各面，皆应察看。如有不妥处，亦试击刮去，上油与船外面同。德国有铁甲船，已用至十五年，皆未锈坏，不过照章上油而已。"①

① 徐建寅：《欧游杂录》，湖南人民出版社，1980 年，第 23 页。

1885年6月，镇远、定远两舰回国前，在德国坞修了一次，所以理应在1886年6月左右再次进行坞修。水师提督丁汝昌在1886年6月份就开始预定船坞，为两艘铁甲舰做保养。当时中国只有上海、香港两处有大型船坞厂，还都是英国人的。上海祥生船厂没有维修铁甲舰的经验，丁汝昌不太放心：香港船坞则体量有限，根本无法容纳铁建巨舰。这时，丁汝昌又接到李鸿章的命令，要求北洋水师立即到朝鲜东海岸巡视。

所以，丁汝昌权衡之下，只得选择日本长崎港的船坞厂。1884年，三菱公司创始人岩崎弥太郎从政府租借了工部省长崎造船局，将其命名为长崎造船所，并引进了完整配套的优良船舶维修设备。

也就是说，日本在尚未拥有铁甲舰的时候，就已经拥有了为铁甲舰维修保养的能力，而这种强大的船舶维修能力直接影响了甲午战争中日本联合舰队的胜利。

黄海海战中，虽然日本联合舰队取得胜利，但是松岛、比叡、赤城、西京丸4舰被重创，其他舰只也受到不同程度的损伤。当时李鸿章接到战报，认为日本已没有能力再向外海派出舰队作战。不料，日本舰队只用了5天就全部修理好，并又出来兴风作浪了。李鸿章从英国远东舰队司令官那里得知日本舰队修复的消息时，吃惊得下巴都快掉下来了，认定这是谣传，决不能相信。

黄海海战中，尽管中国方面惨败，但是镇远、定远两艘铁甲舰并没有被击沉，伤痕累累地回到了旅顺基地。李鸿章一再催促丁汝昌加快定远、镇远两舰的修理速度，尽快出港作战。但是丁汝昌办不到，因为旅顺港的维修作业效率极低，不仅缺少各种各样的零配件和炮弹，连工匠都听说旅顺情势危急，纷纷脚底抹油，提前跑路了。

由于各舰都有损伤，无法正常出海作战，这才导致后来李鸿章选择“御敌保船”的消极方针。即将北洋水师所有舰只都盘踞在威海卫港湾内，凭借强有力的炮台火力支援，保护舰队不受敌军的攻击。

然而，李鸿章高估了大清陆军的战斗力。日本陆军轻而易举地登陆威海卫，接着又占领了港湾周边的炮台。清军基本上都是望风而逃，逃之前连炮台的大炮都来不及破坏，有些被破坏的炮台还是丁汝昌派水兵上岸去炸毁的。这导致日军可以利用清军遗留下来的大炮轰击港湾内的北洋水师，直到把北洋水师打得彻底瘫痪。

一支健全的海军必须要有健全的后勤配套设施，这是现代国防的基本常识。但是，甲申易枢之后的新领导班子，对这个基本常识视而不见、充耳不闻。

早在 1877 年 9 月 21 日，李鸿章就在给福建船政大臣吴赞诚的信函中说：“铁甲船为海防不可少之物……无论船样稍旧，价值非廉，现无修船之坞与带船之人，何能贸然定购？”[1] 此后，李鸿章选定旅顺为北洋海军的军港，军港的核心设施，就是建造一个可供战舰维修、停泊的大船坞。不过，工程进展十分缓慢，有时缺钱，有时缺人，令李鸿章十分焦躁。

1886 年 1 月 3 日，定远、镇远两舰回国后，李鸿章致函醇亲王

---

① 《复吴春帆京卿》（光绪三年八月十五日），李鸿章：《李鸿章全集》，海南出版社，1999 年，第 2713 页。

奕譞："船坞一项，为水师根本，必不可省之工。凡各国有铁舰快船者，皆必先立水师口岸，先修大石坞。鸿章前于筹议海防事宜折内详细奏明，'中国无可修之坞，非借英之香港大石坞、日本之长崎大石坞不能修理。铁舰易积海蠹，或偶损坏，无坞可修，便成废物，此为至要至急之举。'"①

奕譞没有什么反应，于是，焦虑的李鸿章再次给他致函，说明旅顺船坞建造工程的拖沓，并强调建坞的迫切性："至军舰收泊之区，必须有大石坞预备修理。西报所讥有鸟无笼即是有船无坞之说，故修坞为至急至要之事。"②

前面已经说过，奕譞的全部心思都用在修园子上。修园子也是一项庞大的工程，光是筹集工程款这一项，就已经很让人焦虑了，谁还管修建船坞的事？所以，这个皮球就等于完全踢给了李鸿章。

就这样，旅顺船坞磕磕绊绊地修建了十年，到了1890年才终于竣工，当时被称为"远东第一大坞"。不过，从它后来的表现来看，是名不副实的。

我们不敢断定，如果没有甲申易枢，奕䜣参与主政的清政府是否能够积极修建海军的后勤配套设施。但是我们能看见的，就是甲申易枢之后，奕譞主政的清政府对海军的建设漠不关心，全凭李鸿章一个

---

① 《覆陈海军规模筹办船坞》（光绪十一年十一月二十九日），李鸿章：《李鸿章全集》，海南出版社，1999年，第2840—2844页。

② 《论旅顺布置》（光绪十二年正月十八日），李鸿章：《李鸿章全集》，海南出版社，1999年，第2847—2848页。

人在辛苦经营。事实上，奕譞不但漠不关心，甚至还挪用海防捐的钱来修园子，并美其名曰“海军要在昆明湖（颐和园中的人工湖）”进行训练。

所以，黄海海战后，面对朝廷逼迫北洋水师出战，丁汝昌在给李鸿章的信中这样诉说自己的辛酸：“我国海军创设之要旨乃为御敌外寇之军，然无事时不筹算军舰装备之所需，有事时又不顾敌众我寡一味命我伤舰出战进剿，汝昌自愧弗如，难操胜券。独我师（李鸿章）洞察此情，更晓末将之苦衷。”①

是的，真的只有李鸿章能理解丁汝昌的苦衷。可是，事已至此，无论是诉苦，还是流泪，都已经无法挽回。

第三节　光绪亲政：被处处掣肘的最高统治者

1. 光绪：为什么当皇帝这么累？

众所周知，光绪皇帝（爱新觉罗·载湉）并不掌握帝国真正的实权。

---

① 转引自宗泽亚：《清日战争》，北京联合出版公司，2014年，第58页。

然而，他的工作强度丝毫不亚于历任的清朝皇帝们。我们现代上班族谈虎色变的“996”，在清朝皇帝面前都不值一提。“996”的员工好歹一周还能休息一天，清朝皇帝却是全年无休，一年中除了自己和太后过生日，只在春节、端午、中秋各放一天假。而像雍正这样的超级工作狂，就连春节那天都忍不住要加会儿班。所以，清宫剧中那个天天在后宫跟妃子们打情骂俏的雍正，完全是冒牌货。

光绪皇帝每天的工作安排是这样的：凌晨3点之前就起床，准备早朝。早朝结束后，吃早饭，然后看奏折。看完奏折后，接见军机大臣，听他们汇报工作。军机大臣见面后，要根据皇帝的口谕和奏折中的朱批，交给军机章京来拟旨。军机大臣对拟好的谕旨进行文字审核和语言润色后，再交给皇帝审查批准。

皇帝批完奏折后，一般都到中午12点了。吃完午饭后，光绪会出席一些国家祭祀活动，或者再接着处理一些政务。然后，下午5点前便开始睡觉。夜生活？完全不存在的。

这就是为什么清政府要严格限制可以上奏的人数，因为皇帝再怎么勤政，他一个人也看不完上百份奏折。按照规定，拥有上奏权的只有少数高层官员，人数一般在数百人。如果平民百姓和中下层官员想上奏皇帝，就只能找有上奏权的机构与官员为其代奏。当然，这些机构和官员也不敢随便代奏，不然皇帝还是会被累得吐血。

皇帝之所以这么劳累，完全是清朝君权无限膨胀的结果。本来，秦汉之时，皇室和政府是分开的。皇帝是国家的最高领袖，象征着国家的统一。宰相是政府的最高长官，负责处理具体的政务。有这样的政治分工，皇帝就不必日夜操劳。也正因为如此，皇帝的专制可以称之为开明的专制，皇帝的意志不是绝对的权威，例如在唐宋时期，诏敕上必须要有宰相盖的章，否则无法生效。到了明朝，朱元璋废除了宰相制度，自己兼职当宰相，包揽了全国政务，每天都要看连篇累牍的奏章，做出最优方案的决策。

不过，明朝的君权还没有到登峰造极的地步，正如钱穆先生所说："明代虽说一切事权集中在皇帝，究竟还有历史旧传统，亦并不是全由皇帝来独裁。有许多事，是必经廷推、廷议、廷鞫的。当时小官归吏部尚书任用，大官则由七卿、九卿，或再加上外面的巡抚总督开会来公开推举，这叫作廷推。倘使有大事，各部不能单独决定，也常由七卿、九卿公决，这叫作廷议。倘使有大的狱讼，三法司解决不了，也由七卿、九卿开会定狱，这叫作廷鞫。这一制度，本来汉代早就有，朝廷集议大事，屡见正史记载，可见一切事，还不是全由皇帝独裁的。"[①] 这也是为什么明朝出了那么多混球皇帝，却还能拖很长时间才崩溃的原因。

清朝时期，皇帝的权力走向极致。康熙时期的军机处和议政王大臣会议，雍正、乾隆时期的军机处，都只是皇帝决策的咨询机构。而军机处与其说是咨询机构，不如说只是一个皇帝的机要秘书处。皇帝根本不允许大臣们操心国家大事，只要你们老老实实地当一个执行皇帝决策的工具人就行了。乾隆说："使为人君者身居高处，以天下之

① 钱穆：《中国历代政治得失》，生活·读书·新知三联书店，2001年，第104—105页。

治乱付之宰相，大不可也；使为宰相，居然以天下之治乱为己任，目无其君，此尤大不可也。”①

这就要求皇帝必须精力过人，不然天天加班连轴转，身体根本撑不住，很容易猝死；皇帝还必须智识过人，不然所做的任何一个决策有误，都有可能误尽苍生；此外，皇帝还需要有非同一般的意志品质、战略眼光、责任心。但是这样一个近乎完美的皇帝，可遇而不可求。一旦新上任的皇帝业务能力不行，或是身体素质不行，那么朝政就会陷入混乱，国家就会面临危机。

就算是近乎完美的皇帝，他也会老眼昏花，也会神志不清，这时他就无法做出正确的决策。乾隆皇帝晚年时期，放任和珅敛财，纵容官员贪腐，导致国家开始走向衰败，人民饥肠辘辘、卖儿鬻女，只得铤而走险。当他宣布退位之后仅仅一个星期，太上皇的位子还没有坐热，就爆发了声势浩大的白莲教起义。

这场起义彻底粉碎了康乾盛世的虚幻镜像，甚至差点提前让大清帝国“剧终”。

2. 强行改变侄子的人生：慈禧的权欲

本来，载湉的人生是不应该这么辛苦的。他母亲是西太后的妹

---

① 清高宗：《明辟尹嘉铨标榜之罪谕》，转引自钱穆：《中国近三百年学术史》，商务印书馆，1997 年，第 2 页。

妹，父亲是醇亲王奕譞。不出意外，载湉将过着普通八旗贵族的生活，就像那个惇亲王奕誴，每逢夏天，就穿着汗衫裤衩，摇着扇子，在什刹海乘凉，好不自在。当一个悠闲的北京大爷，绝对要比当紫禁城里的勤政皇帝舒服得多。

可是，他的人生被慈禧强行改变了。慈禧的亲儿子同治皇帝死后，新皇帝理应从“溥”字辈中选一个。但是，慈禧认为，如果立了“溥”字辈的皇帝，那么自己就从皇太后变成了太皇太后。辈分上去之后，虽然仍然享受无上尊荣，但是垂帘听政的理由就很难再自圆其说了。因为就算新皇帝需要垂帘听政，那听政的女人也应该是新皇帝的母亲，而不是祖母。

当然，清朝也有祖母垂帘听政的特例，那就是康熙帝的祖母孝庄太后。但那是因为康熙帝的母亲孝康章皇后早在康熙二年就去世了，孝庄太后来垂帘听政合情合理。

慈禧知道，自己实在找不到这种合情合理的借口，但是她特别擅长蛮不讲理。于是，她选择了自己亲妹妹的孩子来当皇帝，这样，自己还是皇太后了。而本应该晋升为皇太后的同治皇帝的皇后阿鲁忒氏，在慈禧的逼迫下只得自杀。

醇亲王夫妻当然不愿意载湉去当皇帝，因为这意味着从此亲情两断、骨肉分离，父子关系将变成君臣关系。奕譞跪在慈禧面前又是磕头又是大哭，即使昏迷倒地也无法挽回。他只能眼睁睁地看着自己年仅 4 岁的儿子被抬进皇宫，被慈禧太后作为操纵权柄的工具而玩弄于股掌。

光绪登基的那一年，中国北方出现特大旱灾造成的饥荒。这场饥荒持续4年，尤其以1877年（丁丑年）和1878年（戊寅年）最为惨烈，因此史称“丁戊奇荒”，前后死亡人数950万至2000万，还有2000余万灾民逃荒或被贩卖到外地。中国千千万万的老百姓，不得不扶老携幼，号泣中途，带病忍饥，踉跄载道。慈禧太后直到灾荒出现的第三年，才下令官员前往河南赈灾。反应如此之慢，只能说明清政府已经丧失了对国家、国民最起码的责任心。

年幼的光绪皇帝并不知道这一切，他从小身子骨就弱，根据他老师翁同龢的日记所载，他瘦弱多病，经常感冒，腹痛头疼，说话结结巴巴，且胆小怕事，雨天打雷都会吓得大喊大叫。要把这样一个病恹恹的孩子培养成人，确实不容易。根据当时在朝重臣瞿鸿禨的回忆，慈禧曾经亲口对他说：“皇帝入承大统，本我亲侄。从娘家算，又是我亲妹妹之子，我岂有不爱怜之理！皇帝抱入宫时，才4岁，气体不充实，脐间常流湿不干，我每日亲与涂拭，昼间常卧我寝榻上，看着天气寒暖，亲自为他加减衣衿，节其饮食。皇帝自在醇王府时即胆怯，怕听到大声特别是雷声，每有打雷下雨，我都把他搂在怀里，寸步不离。皇帝三五岁后，我每日亲书方纸，教皇帝识字，口授读‘四书’、《诗经》，我爱怜惟恐不至……”①

慈禧的话里水分太大，小皇帝的生活起居，她都推给了总管太监范长禄。此人贪财好利，绝非善茬，对光绪的照顾三心二意，有时候

① 瞿鸿禨：《四种纪略》，转引自中国史学会编：《戊戌变法资料·四》，上海人民出版社，1957年，第223页。

光绪连饭都吃不饱，还要偷偷去太监房里找吃的。光绪生病的时候，他也不管不问，不找太医，气得翁同龢在日记里写道："若辈之愚而悖矣！"

太监寇连材在笔记中记载慈禧对小皇帝的教育，"西太后待皇上无不疾声厉色，少年时每日呵斥之声不断，稍不如意，常加鞭挞，或罚令长跪；故积威既久，皇上见西太后如对狮虎，战战兢兢，因此胆为之破"①。这就是慈禧所谓的"爱怜"。

至于慈禧说自己口授给小皇帝"四书"、《诗经》，那只能说是慈禧在给自己脸上贴金。她曾经代笔同治皇帝下发斥责奕䜣的朱谕，结果朱谕里的错别字多得两只手都数不过来。就她这样的文化程度，如果还坚持口授经典的话，只能是误人子弟。

慈禧剥夺了光绪童年的快乐和自由，并从思想上用封建伦理孝道对他进行束缚，让他不敢有任何非分之想。她曾反复指示帝师翁同龢，多教给光绪一些孝道的思想。慈禧规定光绪必须每天向她问安，仰望她那威严的表情，让他的头脑中逐渐形成太后绝对权威的形象。哪怕在太岁头上动土，也不能在皇太后头上动土。

在整个紫禁城中，光绪在感情上唯一可以依赖的人，可能就是他的汉文师傅翁同龢了。翁同龢作为帝师，之前还教过同治皇帝，但是同治皇帝显然不是块读书的材料，比起摇头晃脑地朗诵四书五经，他更喜欢溜出紫禁城到处鬼混。不过，翁同龢欣喜地发现，光绪皇帝

① 中国史学会编：《戊戌变法资料·一》，上海人民出版社，1957年，第225—256页。

是个勤奋好学的苗子，有时候宫中举行庆典活动，慈禧看戏看得如痴如醉，他却一个人独自到书房读书写字，还说“钟鼓雅音，此等皆郑声”。

由于朝夕相处，光绪已经将翁同龢当成父亲一样看待，以此来弥补自己缺失的父爱。而母爱的代替者，则是东太后慈安。相比较冷酷严厉的西太后慈禧，皇额娘慈安太后对他和颜悦色、温情脉脉。一直谋求唯我独尊的慈禧太后本就对慈安心怀不满，因为慈安才是咸丰帝的正妻。在中国的礼法上，东为大，地位更高。光绪六年（1880），两宫太后携带光绪皇帝去东陵致祭，慈安认为慈禧只是咸丰帝的嫔妃，不应该与自己并列，便命令慈禧退后拜祭。慈禧本想撒泼打滚，大吵一架，但是碍于礼法和祭祀的严肃气氛，还是忍下了这口气，退到了后面。

让慈禧觉得更可气的是，当年慈安对同治皇帝“抚爱穆宗，一如己出”，对他宽厚慈祥，体贴关照，赢得了同治的爱戴。相反，慈禧虽然是同治皇帝的亲生母亲，但是刻薄寡恩，严厉万分，导致同治皇帝跟她非常疏远，这使得慈禧对慈安恨之入骨。如今，慈禧察觉到小皇帝跟东太后的感情越来越深，而跟自己貌合神离，她当然更是怒火交加：她不容许慈安再一次骑在自己的头上。

不过，还没等两宫太后正式交锋，一场惊心动魄的宫斗大剧就上演，光绪七年（1881）慈安太后去世了。虽然慈禧有毒杀她的嫌疑，不过根据翁同龢的日记，慈安是因为早晨突发重度癫痫而摔倒，之后整个上午都牙关紧闭，意识模糊，下午大小便失禁，并有浓痰堵住气管，当天晚上就离开了人世。而且慈安去世的时候已经 45 岁，在那个人均寿命普遍很短的时代，这个岁数的人去世相当正常。

慈禧的眼中钉、肉中刺终于去另一个世界了，以至于她高兴地在慈安丧礼期间连丧服都不穿，还穿着平时的衣服。从此，两宫垂帘听政，变成了她一手遮天。

3. 举重若轻：慈禧架空光绪的手段

对于皇额娘的去世，光绪明显地感觉到一股寒意，“载湉之困厄，乃由此始”。

按照中国古代王朝的惯例，皇帝到了 14 岁就应该亲政。早在光绪皇帝 4 岁登基之时，慈禧就对大臣们保证“一俟皇帝典学有成，即行归政”。但是慈禧的个人诚信记录，放到今天，肯定能上失信人员名单，连高铁都没有资格坐。慈禧一拖再拖，一直拖到光绪 19 岁才宣布让他结婚、亲政。为了进一步控制住光绪，慈禧让她的侄女，同时也是光绪表姐的叶赫那拉氏成为皇后。叶赫那拉氏已经 22 岁，比光绪大 3 岁，放在那个年代已经是恨嫁的老姑娘了，而且她的长相非常土气，光绪对她实在是提不起男欢女爱的兴趣。

慈禧给光绪选定了两个嫔妃，是一对姐妹：姐姐瑾嫔，15 岁；妹妹珍嫔，13 岁。当时，她们还没有发育开来，放到今天都是还在准备学习考试的初中生。几年之后，珍嫔女大十八变，出落成一个亭亭玉立的美少女，巧笑倩兮，美目盼兮，让光绪坠入难以自拔的爱河。慈禧眼看自己的侄女被冷落，就经常找珍嫔的麻烦，动辄就让大太监李莲英去掌珍嫔的嘴。慈禧也是用这种折磨珍嫔的方式，来警告光绪皇帝，谁才是大清国真正的主人。

亲政后的光绪皇帝，跟亲政之前一样，只是一枚橡皮图章。而且正如前文所说，还是一枚非常劳累的橡皮图章。满朝大臣都是慈禧的人，他们心领神会，知道皇太后留恋权柄，便集体上奏，“合词恳请（太后）训政数年”，或“从缓归政以懋圣学”，极尽肉麻吹捧之能事。慈禧听到这些阿谀奉承之词，便顺水推舟，表示皇帝还很年轻，政治经验不足，治国难以有方，我就勉为其难，再训政几年吧！

整套戏演完，慈禧如愿以偿，继续掌握朝廷实权。而且，她虽然拥有皇帝的权力，却不用尽皇帝的义务，她每天都有闲情逸致看戏班子的大型文艺会演，就像她的丈夫咸丰帝一样。她从不管那些纷繁复杂的国事，她只牢牢地把握住朝廷高层的人事任免权。只要朝廷里都是自己的人，权力就能永远掌握在自己手中。

不得不说，慈禧这种“举重若轻”的统治手段，确实相当高明。她虽然毫无才识，但凭借强烈的政治欲望，彻底的无情，刻骨的恶毒，阴狠的手法，以及无与伦比的好运，在晚清杀机四伏的政治战场上，创下统治中国半个世纪的奇迹。

第四节　高下立判：战前中日财政系统的比较

1．明治天皇省下饭钱：就能买军舰？

相信各位读者都听过这么一个故事，中日甲午战争前夕，日本明治天皇为了尽快买到世界上航速最快的巡洋舰“吉野号”，便向伊藤博文等内阁大臣宣布：“从今日起，直至帝国海军超越北洋水师为止，我一天只吃一餐。”官员们闻之落泪，都自愿拿出四分之一的薪水用作海军军费。而清政府的掌权人慈禧太后，一顿饭118道菜，她还抱怨“太少了，无法下筷”。两相对比，一个积极进取，一个奢华腐败，从某种意义上说，双方在甲午战争前已然分出了高下。

细想一下，如果仅仅靠省下国家领导人的饭钱就能够赢得未来战争的胜利，那么中国就不会在鸦片战争中失败。鸦片战争时，道光皇帝绝对比英国女王要简单朴素。他十年如一日，晚餐只吃烧饼。就连皇后过生日，他大宴群臣，也不过是给每个人一碗打卤面，还不加鸡蛋。但是，道光皇帝的节衣缩食并没有让夷人片帆不返、狼狈逃窜，相反，而是被夷人一路吊着打。最后，不但赔了钱，还割了地。

再者，明治天皇省下的那点饭钱，真能填补购买军舰的资金缺额吗？且不说买军舰，中日开战后，大炮一响，黄金万两，日本的军费岂是靠天皇及其群臣节俭度日就能支撑的？再说，清政府的官员在战争前也有过捐款，约 12 万两。因此这个故事并没有揭示战争背后的实质问题，相反，它还会让我们忽略掉战争背后的角力。

事实上，日本政府准备甲午战争的预算高达 2.5 亿日元，相当于日本在战前 3 年国家财政规模的总和。如此天文数字的预算，天皇靠省吃俭用的那点钱不过是沧海一粟。

明治天皇一天只吃一顿饭，最大的作用不是在填补军费上，而是在凝聚人心上。这个故事让日本民众深受感动，从而沉浸在狂热的对外战争情绪中，使他们甘愿为日本的未来奉献。

当时日本民间流传这么一个说法，“全国人民向政府捐款，若每一国民都能捐献 1 日元以作军费，则 4000 万人就能贡献 4000 万日元”。这个思路，跟笔者小时候幻想每个中国人给我一块钱，我就能拥有 13 亿巨款一模一样。但即使日本人民踊跃捐献，最后也不过捐了 295 万日元，只占总军费的 1.3%。明治天皇及全体政府人员省下的钱，加上国库本来就有的钱，也不过 2343.9 万日元，占总军费的 10.4%。

那么，日本到底是靠什么支撑甲午战争的巨额费用呢？

答案是国债，总共 1.16805 亿日元，占总军费的 51.9%。另外，特别资金转入款 7895.7 万日元，占 35.1%。所谓特别资金，实际上就是战后清政府的赔款。因此在战时，日军的主要军费来源就是国债。

2. 日本设立中央银行：发行军事公债

当时，日本首相伊藤博文主张号召国内的富商捐献资金。他估计中日战争半年内就能结束，军费大概只需要 5000 万日元。国库里有 2600 万日元，现在只要富商大贾们发扬爱国心，捐个 1500 万日元，凑合凑合，就能跟大清国开战了。

伊藤博文作为文官，显然对战争有多烧钱缺乏清晰的概念。明治维新刚开始时，新政府与西乡隆盛的萨摩军打过一次内战，当时军费消耗就达 4000 万日元。镇压一群规模不大的叛军尚且需要 4000 万日元，更何况是与大清帝国这样的庞然大物作战？曾长期担任大藏省（日本中央政府财政机关）大臣，并深受天皇信任的松方正义坚决反对“捐款说”，一来他认为号召国民特别是富商捐款，肯定会引起经济恐慌；二来甲午战争最起码也要 1 亿日元军费，靠国民捐款不现实，毕竟国民再爱国，也不可能把棺材本都掏出来。

因此，他建议日本政府通过在国内募集公债的方式解决军费，这个建议得到了天皇的批准。

当时英国人闻到战争气息，便想从中渔利，他们向日本提议可以提供年利 4% 的 2 亿日元贷款。尽管贷款利息并不高，却被松方正义一口拒绝，他说：“若万不得已，必须仰赖外债之时到来，我自会告知诸位。”[①] 这是因为，在近代后发国家的人眼中，外债是西方列强对外经济侵略的重要手段，西方列强总是会利用借款来掠夺他国的工矿、铁路、航运、海关关税等项权益。换言之，大借外债总是要付出出让国家主权的代价，使国家逐渐殖民地化。

发行国债，需要以国家信用为基础。早在 1882 年 10 月，日本就成立了像西方国家那样的中央银行——日本银行。日本银行垄断纸币发行权，且硬通货准备金充足，因此它在国内市场具有极高的信用度。大藏省一开始要求民间的银行能够协助政府募集 3000 万日元国债，但是民间银行都担心从市场抽取巨额资金会带来金融动荡。为了打消民间银行的顾虑，日本银行出面承诺民间银行可以用国债作为担保从日本银行贷款，保证了公债的流动性。由于日本银行的承诺，国债的发行获得了巨大成功。

除了保障发行公债，日本银行还在战争期间向政府提供短期借款及国库挪用款。没有日本银行，甲午战争可能就是另外一个结局。

不过，除了日本银行的出面承诺，日本国债发行取得巨大成功，北洋水师出访长崎所引发的负面效应也是不容忽视的。北洋水师在访问长崎之前，日本就启动了对付“定远”铁甲巨舰的海军发展核心项目，即俗称三景舰的三艘巡洋舰的筹建。所谓三景舰，即用日本国内的 3 个著名景区“陆奥松岛”“安芸严岛”“丹后天桥立”，为这三艘巡洋舰命名为“松岛”“严岛”和“桥立”。清军水兵在长崎和当

---

① 公爵松方正义传记编纂会：《公爵松方正义传》坤卷，第 522 页，转引自崔金柱：《甲午战争期间日本的军费筹支》，《世界历史》2015 年第 2 期。

地警察、民众“打成一片”后，激发起日本民众的仇恨，助长了购舰公债的销售。从 1886 年到 1888 年这 3 年间，日本政府发行的公债破天荒售出 1700 万日元，远远超出预期的 490 万日元。

煽动民族主义固然可以提高一个国家的战争潜力，但绝不是长久之计，只有给予民众一定的利益，他们才可能长久地支持政府对外作战。日本银行支店长的高桥是清曾回忆：“积极购买军事公债的各地国民，并非是接受了为国家效力的教育，只不过是从银行借钱来购买国债。”[①] 在松方正义的领导下，日本得以在战争期间利用近代金融手段，最大限度地动员财政金融机器，推动全民在经济上支持对外战争。

3．大清财政：不会开源，只会节流

再来看大清帝国。表面上，它是一个庞然大物；但实际上，这个庞然大物外强中干。

仅就财政而言，清政府在 19 世纪中叶以后就开始捉襟见肘。咸丰、同治年间，为了镇压此起彼伏的农民起义，清政府消耗的军费最少也有 8.5 亿两。同时，与西方列强的战争以及战败后的赔款，也是一项巨大的支出。当 1875 年左宗棠率兵西征之时，清政府却拿不出足够的军费。最后，左宗棠还得靠红顶商人胡雪岩 6 次向外国借款，这

---

① ［日］上塚司编：《高桥是清自传》下卷，（日本）中央公社论，1976 年，第 51 页，转引自崔金柱：《甲午战争期间日本的军费筹支》，《世界历史》2015 年第 2 期。

才得以出师打败阿古柏，可见当时清政府财政上的窘迫。

到了19世纪90年代初，西方资本主义国家输入中国的货物比70年代初增长一倍以上，货物多为鸦片、棉布、棉纱、煤油、染料等，机械所占进口比重却不足1%。这些进口货物严重破坏了中国农村的自然经济，中国农民的生活也更加困苦。社会经济的衰败，也使得清政府的税源更加枯竭，不得不另想办法。

甲午战争前，清政府屡屡大借外债，或用于内外战争，或用于兴办实业，但几乎每次都以海关关税作为担保。这使得外国税务司对中国关税税款的控制更加广泛，进而使得中国的财政逐渐受制于人。1886年，户部奏称："一款未清，又借一款，重重计息，越累越多，近来所偿息款，将近千万。上捐国帑，下竭民膏，艰窘情形，日甚一日。"[①] 不过，清政府利用关税、厘金、田赋附加税等收入还可以还清外债，财政系统还可以勉强维持。

这种财政运作模式，和平时期还可以支撑过去，但是如果遇到大规模的战争，它就基本失效。清政府没有建立中央银行，没有整顿币制，金融秩序十分混乱。各省都有自己的官营钱局，私自发行官钱票来敛财，这不仅抢夺了中央政府的财政收入，而且还增强了地方大员的离心势力；民间钱庄、票号、典当遍地开花，各自为政，严重阻碍了民间商业的发展。

当时，主管财政的户部尚书翁同龢，是一个传统的儒家知识分

---

① 《统筹新疆全局疏》，《皇朝经世文续编》卷七十八《兵政、饷需》，第57—64页，转引自《翁同龢集》，中华书局，2005年，第60页。

子，他通晓圣贤之道，但并非松方正义那种专业的金融技术官僚。翁同龢能掌管户部，原因不在于他懂得近代金融知识，而在于他是光绪皇帝的老师。就像丁汝昌能当上北洋水师提督，并非是由于他通晓近代海军理论，而是因为他是李鸿章的亲信。翁同龢主管财政的宗旨很简单——“计臣以撙节为尽职”，也就是说，他只懂得节流，比如暂停给北洋水师的军费，而不是琢磨如何开源，比如发行军事公债。他顶多能在朝廷急需用钱之时，想办法去借笔外债，或是对老百姓增加税收。

康有为在1895年4月中日议和期间，上书光绪皇帝，其中提到清政府的财政问题：“变之之法，富国为先。户部岁入银七千万，常岁亦已患贫。大农仰屋，罗掘无术，鬻官税赌，亦忍耻为之，而所得无几。然且旱潦河灾，船炮巨帑，皆不能举。”①

康有为一针见血地指出，这样的财政系统既不能应付天灾，也无力应付大规模的战争。1894年6月30日，李鸿章上奏，请求户部拨款二三百万两用来扩充军队。按理说，这笔款项数目并不大，但是朝廷只拨给区区18万两银子。李鸿章一看，气得差点晕过去。户部估计也不好意思，就承诺马上筹款150万两。然而户部随后出台的筹款方案很老套，还是什么增加捐输、厘金之类的传统项目。

户部唯一一个有点新意的创收名目就是“息借商款”，简而言之，就是商人把钱借给政府，政府还款时给利息。以前筹措军费，都

---

① 孔祥吉编著：《康有为变法奏章辑考》，北京图书馆出版社，2008年，第50页。

是让商人直接掏钱，近乎强取豪夺，现在政府居然愿意给利息了，这引起了一部分商人的兴趣。但是，由于中央政府没有近代化的金融机构统一执行，没有形成一系列的规章制度，最后借到的款项寥寥无几。盛宣怀后来感慨："日本有西法银行，故兵饷万万，皆借本国民债，无俟外求。中国地大民富而无银行，以官力借民债，虽数百万亦吃力。"

在整个甲午战争中，清政府总共才从民间筹集到 3000 万两，这远远不够战争的开销。当前线催款的电报纷至沓来，户部官员也只能大眼瞪小眼。最后，清政府只得再祭出借外债这个法宝，先后两次向英国汇丰银行借款，总共 2800 万两白银。而英国人看到中国急于借钱，就乘机要挟，逼迫清政府以通商口岸的税收作为担保，并且不允许清政府再从别的银行借款。当然，这 2800 万两白银也依然不够战争的巨额开销。而日本自战争爆发至战争结束所耗费的 1.17 亿日元，则完全依靠国内力量的筹措，没有向外国人要过一分钱。

可就算清政府在甲午战争前像日本一样改革财政体制，建立国家银行，发行购舰公债，估计也不会得到民间的积极响应。清政府不是一个能得到民众爱戴的政府，更不是一个有信誉的政府，谁知道买了你的国债，是不是一个坑呢？

最后，笔者再来说明一下醇亲王奕譞挪用海军军费去修园子的事情。此事长期以来，争议不断。由于翁同龢主持的户部拿不出那么多钱给颐和园，奕譞就与李鸿章商量决定借用"海防"的大题目，让各省为中央筹集款项。此款号称"海军巨款"，前后加起来共 260 万两。“海军巨款”汇存天津洋行，每年可得十余万银两的利息，专门供建筑颐和园之用。

“海军巨款”的本钱都存在天津洋行，且是定期存款，不可随时取用，每年十余万两白银的利息根本不够颐和园的工程费。于是，奕𫍽又盯上了海防捐。海防捐本来是用来购买海军急需的装备，并不常年要求各省来“捐”。现在，奕𫍽决定续办海防捐，再搜刮一次民脂民膏。

海防捐的钱收上来后，全部直接交给北洋海军使用。本来，北洋海军的经费是由海军衙门拨款。现在，海军衙门只需要把每年固定给北洋海军的军费 X，减去海防捐的数额 Y，拨给北洋海军实际的数额 Z 即可。再然后，海军衙门再把本来应该给北洋海军的经费 Y，交给颐和园工程队就行了。上述过程有些绕弯弯，为了让读者一目了然，笔者不得已借用了一下数学公式：

北洋海军军费X－海防捐Y＝拨给北洋海军实际的数额Z

当然，“海军巨款”也好“海防捐”也罢，它们的钱本来就不是给海军用的，只是借用一下“海防建设”作为名头而已。但是，奕𫍽很快就将魔爪伸向了海军经费正款。证据就是，1891 年元旦奕𫍽去世后，3 月 25 日，没有了后顾之忧的海军衙门上奏光绪皇帝：“查颐和园自开工以来，每岁暂由海军经费内腾挪三十万，拨给工程处应用。”[①] 据此看来，每年拨给颐和园工程 30 万两，从 1888 年就开始了。从 1888 年到 1894 年的 7 年间，海军经费一共被挪用了 210 万两。

这些本来应该用在海军建设上的钱，被大量挪用，致使北洋水师长年无法购买新军舰，也没有足够的钱去购买炮弹和零部件，给后来的军舰维修工作带来空前困难。抛开奕譞这个罪魁祸首不谈，李鸿章和翁同龢的装聋作哑，也有无法撇清的责任。所以，难怪后来民间将此二人并列——宰相合肥天下瘦，司农常熟世间荒。可见，群众的眼睛果然都是雪亮的。

第五节　朝鲜事变：中华宗藩体系行将崩塌

1. 天津条约：为日本出兵朝鲜埋下伏笔

甲申易枢的同一年，中国的藩属国朝鲜局势不妙。

1884 年 12 月 4 日，朝鲜资产阶级改良主义政党——开化党的领

① 海军衙门片，光绪十七年二月十六日，军机处录副，第 3、168、9396、6 页，转引自陈先松：《修建颐和园挪用“海防经费”史料解读》，《历史研究》2013 年第 2 期。

袖金玉均，策动了“甲申政变”，挟持国王高宗李熙，杀害多位朝廷重臣，企图推翻皇室政权。随后，开化党以国王“谕旨”的形式颁布了他们的十四条政治纲领，试图仿效日本明治维新，实行君主立宪制，建立资本主义政治、经济、文化制度，发展资本主义，使朝鲜成为繁荣富强的国家。

开化党的背后有着日本军方的秘密支持，他们之所以选择在1884年底动手，是瞅准了中法战争爆发后，清政府为了增兵对付法国，将驻朝鲜的军事力量，尤其是吴长庆的庆军三营调防离开朝鲜这一有利时机。

政变发生后的第三天，驻朝鲜的袁世凯在未得到清政府的批准下，就利用有限的兵力，果断出击，强攻朝鲜王宫，迅速平定了这场政变，金玉均等人也不得不逃亡日本。甲申政变既是朝鲜近代化过程中的一个国内事件，也是中国和日本在东北亚影响力的一次角逐，虽然日本早就拟定“征韩论”，对朝鲜磨刀霍霍，但此时日本对朝鲜半岛的影响力还不足道哉。日本支持的开化党被袁世凯率领的清军打败，不但使朝鲜的改革派挫败，也让日本在朝鲜的影响力暂时削弱。

当然，日本支持开化党，绝非是为了帮助朝鲜推翻腐朽落后的封建政权，建立资本主义性质的政府，改善朝鲜人民吃不饱穿不暖的悲惨生活。日本只是想借助开化党来控制朝鲜政权，将朝鲜变为自己控制下的国家，以此将自己的触角伸向亚洲大陆。日本的狼子野心，开化党并非不知道，但是他们能利用的力量，也只有这个邻国。

驻朝清军为什么要干涉这场朝鲜国内的政变？因为开化派主张废

除同清朝的封建藩属关系，他们“欲离中国，更思他图”。这种公然挑战清朝宗藩体系的行为，怎么可能会得到清政府的允许？要知道清政府为了维护自己的藩属国越南，都不惜倾举国之力与法国打得你死我活。

对法国这样的西方列强，清政府都敢拼死一搏，日本这样的区区岛夷，清政府当然不会放在眼里。

在平息这场政变的过程中，清军和日本公使馆警卫队之间发生冲突，日本民众和军人都有伤亡。日本政府趁机在这件事上跟中国不依不饶，胡搅蛮缠，最终李鸿章与伊藤博文签订《天津条约》，才让日本人不再上蹿下跳。条约之一规定：“今后朝鲜国若有重大变乱事件，清日两国如要派兵，须事先相互行文告知。”这一条款为日后日本合理出兵朝鲜埋下了伏笔。

我们无法理解清政府为什么会同意这样一则条款——不对，不是同意，而是主动给予。李鸿章在谈判中认为，伊藤博文还算是个通情达理的人，就一时冲动、郑重其事地告诉对方：“我有一大议论，预为言明，我知贵国现无侵占朝鲜之意，嗣后若日本有此事，中国必派兵争战；中国有侵占朝鲜之事，日本亦可派兵争战；若他国有侵占朝鲜之事，中日两国皆当派兵救护。缘朝鲜关系我两国紧要藩篱，不得不加顾虑，目前无事，姑议撤兵可耳。”①

伊藤博文喜出望外，想不到李鸿章会送给他这样一份大礼。

---

① 李鸿章：《李文忠公全书·“译署函稿”卷十六》，1905年金陵版，第37页。

问题在于，既然朝鲜是中国的藩属国，那么就只有中国有权力派兵进入朝鲜，日本算是哪门子亲戚，也有这种权力呢？正如日本外相陆奥宗光所言："签署了具有如此条款的这一条约，对于中国可谓是一大打击，多年来中国所主张的属国正当性无疑也就大为降低了。"①是啊，早知如此，清政府就干脆让朝鲜脱离宗藩体系，获得完全独立的地位，岂不是更好？李鸿章一生精明，却在此下了一步贻害国人百年的臭棋。

2. 清政府的"拧巴"思维：荒诞为体，胡闹为用

清政府的这种思维，只能用"拧巴"来形容，它来源于中国精英阶层既要学习西方，融入世界潮流，却又心有不甘的矛盾心理。

中华文明是世界上唯一一个未曾中断的文明，中国文化的惯性极其强大，当西方文明带来前所未有的挑战之时，中国人很难心甘情愿地低下头来向西方学习。而且，中国人是世界上最重视祖宗之法的民族。中国历代大一统王朝的开创者，都会根据自己夺取政权的经验以及当时的社会情形，创造出富有创新精神的开国纲领和政治体制，他们会成为新王朝巩固政权、凝聚民心的有效手段。然而，在一个讲究孝道的国家，这个王朝的后代统治者既没有权力也没有勇气，去对祖

---

① ［日］陆奥宗光：《蹇蹇录：甲午战争外交秘录》，徐静波译，上海人民出版社，2018 年，第 11 页。

宗之法做出任何修正和改变。于是，顽固到底的人，选择决不跟西方学习；而相对开明的人，则选择了“中学为体，西学为用”的学习原则。

然而“中学为体，西学为用”，运用到具体的事务中，就变得不伦不类，荒腔走板，变成“荒诞为体，胡闹为用”，显得很“拧巴”。最典型的莫过于唐胥铁路的马拉火车，明明已经铺好了铁轨，却不用火车牵引，而用马来硬拉，创造了魔幻现实主义的经典案例，《百年孤独》都要甘拜下风。

“拧巴”还体现在外交上，就是清政府在中华宗藩体系和现代西方国际秩序之间首鼠两端，举棋不定，从而做出一系列错误的决策。美国学者罗兹曼指出，“体现在（中国）官方意识形态规范理念中的中国世界观，确实有碍于中国人的灵活应变性。由于清朝统治者的专制独裁主义和文化自卑心理，这些理念在清代尤为刻板和武断”，“中国若有一个能干且富有想象力的领导集团，要找出对付西方挑战的措施，无疑是并不困难的。问题恐怕不在于中国世界观本身，而应归咎于那些导致死抱着这种世界观不放的思路”[①]。

几千年来，中国一直自认为是天朝上国，是人类真正文明的唯一代表，理应接受万邦朝拜，以这种“中国中心主义”的天下观为基础，建立起中华宗藩体系。在这个体系中，有几个小兄弟，例如朝鲜、越南、缅甸等，一直毕恭毕敬，堪称藩属国中的模范生。如果这

① ［美］吉尔伯特·罗兹曼主编：《中国的现代化》，国家社会科学基金“比较现代化”课题组译，江苏人民出版社，1988 年，第 38 页。

几个模范生脱离班级，那么也就意味着这个体系的轰然坍塌。

中国对藩属国的内政，基本上放任自流，自认为，只对其外交关系与安全保障有着不可推卸的责任。这就是为什么当法国要侵略越南时，清政府拼了老命也要跟法国人死磕；这也是为什么当朝鲜开化党发动政变，金玉均意图跟日本金兰结义之时，清政府的驻朝官员要迅速出兵镇压。

鸦片战争之后，西方列强在坚船利炮的掩护下，强行向中国推销他们那一套国际法秩序。这个秩序是以基督教文明为中心的价值体系，用以规范西方世界的国际秩序。国家必须包含人民、领土、政府和主权四大要素，对内它对领土和主权拥有最高的统辖权，对外则表现出至高无上的独立权，所有国家“主权对等”，地位平等。而在中华宗藩体系中，中国皇帝作为天下共主，绝不能认可其他民族的平等存在。

所以，英国马戛尔尼使团来华访问时，就是因为马戛尔尼不肯对乾隆皇帝三跪九叩，双方最后不欢而散；所以，鸦片战争后，道光帝任命两广总督兼任管理五口通商事务的钦差大臣，就是为了避免“夷人”跟中央政府打交道；所以，《天津条约》签订后，咸丰帝宁愿以全免一切海关关税和鸦片开禁合法输入为代价，来换取“夷人”放弃公使驻京的要求。但没想到“夷人”头脑里只有一根筋，坚持公使要在北京互换《天津条约》的批准书，并且要按照西方礼节觐见中国皇帝，亲递国书。

这个要求实在是太过分了。既然双方谈不拢，那么“夷人”正好以此为借口，扩大在华侵略利益，战争又要开始。这一次，英法两国出动了两万多大军，这种规模，在整个西方殖民史上都极为罕见。英法联军一直打到了北京城，还把咸丰皇帝心爱的圆明园给烧了，并抢走了无数的奇珍异宝。为了将这些奇珍异宝迎回国内，中国人至今还在努力追回流失在海外的文物。

英法联军做的这种缺德事，几乎把咸丰皇帝活活气死。咸丰皇帝至此心灰意冷，制服不了洋人，也制服不了太平军，他对自己当皇帝的能力产生了深深的怀疑。他再也不想回到北京城，去面对那难以收拾的烂摊子，他只想留在避暑山庄，欣赏宫廷戏班的精彩表演，享受民间美女的妩媚风情。他把朝政都交给了留在北京的六弟奕䜣打理，自己则躲在山庄自我麻痹、自我放纵、自我堕落。一年之后，他就驾鹤西去了。

3．无可奈何花落去：中华宗藩体系即将瓦解

早在中英《南京条约》签订后，英文报纸《中国丛报》的一位作者就天真地认为："从今以后，古老封闭、高踞在上的天朝——中国，终于坠入了凡尘，成为国际大家庭的一员。"

他不知道，大清帝国要真正成为国际大家庭的一员，前提条件必须是宗藩体系的彻底瓦解。想通过一个条约就把大清帝国拉下凡尘，实在是低估了天朝上国腾云驾雾的飘飘仙气。

前文说过，第二次鸦片战争后，西方的“夷人”取得了公使驻京的权力。然而他们得寸进尺，开始在中国周边暗中使坏，破坏中国的宗藩体系。1885年，法国将越南并入其殖民帝国；1886年，英国将缅甸并入其殖民帝国。而在此之前，东方的“夷人”就给他们做了榜样，1879年，日本派兵占领了琉球，将琉球变为日本治下的冲绳县，清政府对此无可奈何。琉球王国堪称是个“小中华”，琉球的居民，除了岛上的原住民，绝大多数都是来自大陆福建、广东的移民。根据一项不完全统计称，闽人三十六姓目前在该岛的后裔人数大约有2万人。在明清时代，琉球国不断向南京和北京的国子监以及福州的琉球馆派遣留学生，学习中国的语言和文化，因此岛上通用的也都是汉语汉字。琉球王国对外文书都是使用汉字书写的，只有对日本的文书是用日本语书写的。

著名历史学家唐德刚曾说：“吾人读古琉球王国老档案，可以说无一字不识。琉球在民族文化上，实在是和中国血肉相连的一部分。”①

琉球被日本侵占后，岛上民众遭受到前所未有的痛苦。欲灭其国，必先灭其史，日本政府禁止琉球人使用琉球语，强逼琉球人放弃旧名，刻意贬低琉球本土文化，禁止进行旧有文化习俗活动等。种种粗暴的做法，使皇民化政策失去民族共融的弹性，难以驯服琉球人进入日本帝国的怀抱，双方之间的反抗与镇压从未断过。

---

① 唐德刚：《从甲午到抗战》，台海出版社，2016年，第50页。

光绪亲政后，中国的藩属国中，名副其实的也就只有朝鲜了。只要还有朝鲜这个藩属国，那么中华宗藩体系虽然已经残破不堪，但是还能佯装门面。因此，甲申政变之后，清廷正式任命袁世凯为“驻扎朝鲜总理交涉通商事宜”大臣，指示他对朝鲜加强全方位的干涉和控制，巩固清朝与朝鲜之间的宗藩联系。

袁世凯在朝鲜形同太上皇，作威作福，让朝鲜当权者闵妃非常不快，但是她又敢怒不敢言，于是便跟同样对朝鲜半岛垂涎三尺的俄国眉来眼去、暗送秋波。袁世凯发现闵妃集团跟俄国政府的“暧昧”关系之后恼羞成怒，他在1886年9月30日和10月7日向朝鲜政府呈送了自己的大作《朝鲜大局论》[1]，对闵妃集团晓之以理动之以情，劝他们回头。

袁世凯将朝鲜比喻为中国的“孺子”，认为“孺子”跟“爹妈”住在一起有六大好处：

> 中、韩毗连，水陆相属，天津、烟台、旅顺、吴淞之兵轮，一二日可达各口；奉天、吉林、珲春之旌旗，十数日可抵汉城。朝发夕至，缓急能通，其势可恃。此利一也。
>
> 中国视天下为一家，待藩封以一体，一有变乱，立矛削平。命将出师，不爱兵费，不责供给，壬午、甲申已历行之前事俱在，其惠可恃。此利二也。

---

① 丁进军编：《袁世凯驻节朝鲜期间函牍选辑》，《历史档案》1992年第3、4期。

中国以大字小，仁至，义尽，不郡县其国，不租税其地，但期唇齿相固，人民相安。外托附庸之名，内有土地之实，子子孙孙，永保无疆，其心可恃。此利三也。

中国抚恤朝鲜，已数百年，上下依赖，臣民悦从。若率由旧章，诚心服事，则朝野安堵，政令易行，其泽可恃。此利四也。

强邻环伺，眈眈其欲，苟见中、韩固结，无隙可乘，知韩惟依中，中必助韩，自消其虎视之气，而泯其蚕食之心，其威可恃。此利五也。

中信韩而不疑，韩恃中而为固，内乱不作，外侮无恐，及是时修明政令，任用贤能，图治励精，富强徐致，其机可恃。此利六也。

如果“孺子”叛逆，离开“爹妈”，那么将后患无穷。

不思旧好而结新交，是亲者渐疏，疏则必疑。疏者欲亲，亲而愈忌，疑忌互生，祸不旋踵。其害一也。

背中国而自主，势必引欧洲以为援，欧洲残忍成性，吞噬为计，币重言甘，百般欺诱，得间而入，必先夺其吾利之权而后，据其土地之要。其害二也。

中国密近朝鲜，一朝为他人有，必不甘心，水陆并进，捷足先登，指顾之间，大兵压境，纵欧洲有援救之师，而已迫不及待，朝鲜已亡。其害三也。

> 朝鲜朋党方兴，内忧不解，倘一背华，则上下交疑，人心离衅，不待中国兴师问罪，而内乱已作。其害四也。

针对朝鲜想要独立自主的愿望，袁世凯苦口婆心："假使朝鲜民殷国富，精兵数十万，称强亚洲，欲图自立，或可希冀。方今上下解体，国弱民贫，如求一至近、至大、至仁、至公之国，以庇荫之，舍中国其谁与归？谨依中国，以图自存，犹有他虑，况他国乎？"

但问题是，袁世凯在朝鲜完全没有帮助朝鲜政府改革内政，师夷长技，徐图自强，而是任由其一如既往地腐化堕落。朝鲜半岛本就山多地少，土地贫瘠，老百姓个个穷得叮当响。朝鲜政府的官员虽然治国无方，但是在盘剥百姓的技术上熟能生巧。后来赴朝作战的清军将领聂士成在《东游纪程》中记载他在庆兴府的所见所闻，"所到之处城镇荒陋至极，一目便知民之困苦。庆兴府虽乃重镇，然府城墙不过八尺乱石堆砌而成，城内无规划格式街道，民居仅是草屋茅房，门前污秽不堪"，"朝鲜民情太惰，种地只求敷食，不思蓄积，遇事尤居古法，不敢变通，读书几成废物，平居好游，文理欠通，笔谈数十句，多半费解。谈时务辄加菲薄，可憎可怜"[①]。

宗主国派来的"太上皇"没能带领朝鲜自强，任由朝鲜政府不思进取、鱼肉百姓，那么朝鲜就永远是东西方列强们眼中一只待宰的羔羊。而且，饥肠辘辘的朝鲜民众也不可能永远忍耐下去，他们迟早要

① 聂士成：《东游纪程》，中华书局，2007 年，第 100 页。

揭竿而起，反抗腐败无能的朝鲜王室。而当后者发生政治动荡、局势不稳，就是给列强提供干涉的机会之时。也正因如此，朝鲜半岛上的战争几乎是不可避免的。

内因大于外因，对事件发展起决定性作用。归根结底，大清国作为宗主国的失职，没能引导朝鲜走向富强之路，才是引起甲午战争爆发的深层原因。而清政府在甲午战争前政治体制的僵化、财政系统的落后、国际观念的陈腐等原因，最终将帝国推向万丈深渊。

第二章
梦断神州

第一节　战和不定：清政府决策体制的缺陷

1．朝鲜之乱：日本迅速决定开战

1894年2月，朝鲜爆发了声势浩大的东学党起义，起义的目的是“内斩贪虐之官吏，外逐横暴之强敌”，“拯百姓于涂炭，奠国家于磐石”，数月间便发展到数万人之众。所谓“东学”，意在与西学天主教相对抗。东学党的教义，以本国原有天神思想和祈祷仪式为基础，融合儒、佛、道三教，以“诚、敬、信”教人，制成21字咒语，它有些类似于中国东汉末年的黄巾教。

朝鲜政府的那点虾兵蟹将，根本对付不了来势汹汹的起义军。关键时刻，袁世凯闪亮登场，他拍着胸脯对朝鲜官员说："如果我国用兵，只需五日便可平定乱贼。"

日本政府立即抓住东学党起义这个千载难逢的机会，决定以保护在朝鲜的日本侨民为借口，派大军进入朝鲜。而且人家也确实有理有据，中日《天津条约》不是规定了"今后朝鲜国若有重大变乱事件，清日两国如要派兵，须事先相互行文告知"吗？

6 月 7 日，清朝驻日公使汪凤藻向日本外相递交照会公文，声明："此番清国派兵援助朝鲜乃我朝保护属邦之旧例，清国政府依据 1885 年清日《天津条约》中第三条规定特知会日本政府。"日本外相陆奥宗光立即回复照会："承知贵国出兵朝鲜，但日本历来不承认朝鲜是清国属国。日本政府为应对朝鲜之乱，保护本邦在朝居民安全，也准备向朝鲜派出若干军队。"

清政府认为，为了保护日本侨民的安全，日本可以派少量兵力进入朝鲜，但根本不需要派大军。而日本则坚持朝鲜是个独立自主的国家，日本派多少军队进入朝鲜是日本自己的事情，中国无权过问。

日本这个话非常强词夺理，既然朝鲜是个独立自主的国家，那你凭什么要派大军进入人家的国土？

陆奥宗光回忆："我跟政府在外交上总是尽可能处于被动者的位置，而一旦事端发生时，却可在军事上先发制人。"[①]

6 月 3 日，中国出兵。为了先发制人，仅仅两天之后的 6 月 5 日，

---

① ［日］陆奥宗光：《蹇蹇录：甲午战争外交秘录》，徐静波译，上海人民出版社，2018 年，第 15 页。

日本政府就召开会议，决定出兵朝鲜。当天，参谋本部“大本营”成立，全权负责指挥这场战争。大本营直辖陆军省、海军省、军令部、参谋本部、宪兵，具有军事上至高的权力。这种军事指挥体制，使筹划战争和调动武装力量有了最高决策机关，适应现代化的战争需求。同时，日本驻朝公使大鸟圭介迅速带领488名先遣队组成临时战斗序列，不顾朝鲜王室的反对，强行进入朝鲜京城。而在6月6日，中国直隶总督叶志超、太原镇总兵聂士成才率领2000名淮军精锐登陆朝鲜，节奏上稍微慢了一拍。

6月10日，日军混成第一旅团第一批先发部队就开始了仁川登陆；到28日，混成旅团全部登陆完毕，兵员增至8000名。

在此期间，袁世凯要求济远舰管带方伯谦立即率部进入朝鲜京城，跟日军先遣队对抗。但是李鸿章不同意，他不希望在这个敏感时刻擦枪走火。6月12日，大鸟圭介还来找袁世凯，苦口婆心地解释，我都年过六旬啦，哪还想惹是生非？你放心，我一定努力阻止日本政府继续向朝鲜派兵。当然啦，希望你也能阻止中国政府继续派兵。咱俩一起努力，两国不就都停止增兵了？

大鸟圭介并不是在忽悠袁世凯，因为他那时的确不了解伊藤博文、陆奥宗光夺取朝鲜的战略意图。以他驻朝公使的身份，也确实处于日本核心决策圈的外面。大鸟圭介此时被分配的任务，就是强迫朝鲜王室接受日本拟定的内政改革方案。陆奥宗光的目的是：“当时日本尚不具备与清国全面战争的信心，必须制造合理借口博得国际社会的认同，减少各列强国的谴责。所谓朝鲜内政改革的提案只是徒有虚名而已，清国政府一定会拒绝日本的提案。如此一来，阻碍朝鲜国家进步的责任在清国，日本和清国决裂一战就会名正言顺。”①

李鸿章却误以为，大鸟圭介的态度就能代表日本政府高层的态度。李鸿章指示袁世凯，既然大鸟圭介这么有诚意了，那我们也就不必加派军队了，以免节外生枝。

但此时，日军一直在仁川登陆。

此次日本政府的战争决策非常干脆利落，一点也不拖泥带水。6月15日和7月1日，内阁两次举行重要会议，决定开战，甚至不顾明治天皇的反对。7月19日，陆奥宗光甚至没有奏请天皇的裁决，就独自向清政府发出5日期限的最后通牒，并指示大鸟公使率兵包围朝鲜王宫。明治天皇知道，自己能有今天这样的牌面，靠的就是这些倒幕维新元老们的支持。要想维护皇室的利益和自己的地位，就必须听从这些元老们的安排。因此，当伊藤博文和陆奥宗光联合全体内阁大臣署名，逼迫天皇下达对清朝的宣战诏书时，天皇只得乖乖就范，但是他心里依然很不服，嘟囔着“日清战争非朕的战争”。

不过，明治天皇宣战后，立即进入全日本战时领袖的角色。他亲临广岛大本营，在那里鼓舞全国军民为国出征，勇于赴死。他在一栋二层小楼内办公，一待就是7个月，经常出席御前会议，听取战况报告。

---

① ［日］陆奥宗光：《蹇蹇录：甲午战争外交秘录》，徐静波译，上海人民出版社，2018年，第26页。

2．主战派与主和派：应该各打五十大板

相反，清政府的战前决策，则是战和不定，犹犹豫豫，拖拖拉拉，以至于一再错过战机。战前，光绪皇帝、翁同龢主战，慈禧、李鸿章、孙毓汶等人则主和。不过，李鸿章主和是因为他知道自己打造的军队究竟有几斤几两；慈禧主和则是因为不想让战争打扰到她过生日的心情，毕竟她为了这场六十大寿的庆典，筹备了整整两年；而军机处的实质领导人孙毓汶则是因为毫无能力驾驭当前的局势，所以才将希望寄托于李鸿章的周旋。

历朝历代，我们对主战派都是一边倒的赞扬，对主和派则是一边倒的辱骂。我们习惯将主战派等同于大公无私、公忠体国、忠贞不屈之人，而将主和派等同于卖国求荣、丧心病狂、包藏祸心之徒。主战派往往慷慨激昂，大义凛然，耸动视听，既能同时赢得朝野舆论的主流地位，也能赢得千古英名。但是有的主战派，往往只会夸夸其谈，实际作为却是误国误民。

以帝师翁同龢为例，他是最坚定的主战派，可是他在慷慨陈词之前，可曾想到，是谁在主持户部时，停止南北两洋购买枪支弹药等武器的经费？当丁汝昌上奏朝廷，据理力争，称北洋水师战斗力现在远远逊于日本，添船换炮刻不容缓之时，户部只是答应拨款，之后就一直打马虎眼，敷衍塞责了事。结果，在日本海军飞速发展的10年间，

北洋水师没有增加一艘舰艇，炮弹也是少之又少，以至于定远舰上的巨炮炮弹只有一枚，镇远舰上也只有两枚。请问，战备物资如此奇缺，这个仗还怎么打？

况且，翁同龢主战的目的也并不单纯，在爱国的皮层下还有着不可告人的目的。翁同龢曾与自己的门生王伯恭有过如下一段对话——

> 王伯恭："临事而惧，古有明训，岂可放胆尝试，且器械阵法，百不如人，似未宜率尔从事。"
>
> 翁同龢："合肥治军数十年，屡平大憝，今北洋海陆两军，如火如荼，岂不堪一战耶？"
>
> 王伯恭："知己知彼者，乃可望百战百胜，今确知己不如彼，安可望胜？"
>
> 翁同龢："吾正欲试其良楛，以为整顿地也。"[①]

也就是说，翁同龢是知道中国军队战斗力的真实情况的，但是为了打击政敌李鸿章，他必须要借中日战争，来整肃淮军的势力。

当然，年轻气盛的光绪皇帝并不知道自己老师的真实动机。老师既然主战，那自己肯定也要主战。

还有些主战派，在既不知己也不知彼的情况下，只是随大流，嚷嚷着要跟日本决一死战。他们凭借着天马行空般的想象，给光绪皇帝

---

① 王伯恭：《蜷庐随笔》，山西古籍出版社，1999年，第21页。

画了一个个用料十足、酱料考究的大饼。

给事中褚成博上奏："日本蕞尔岛国，外强中干，久为寰海所共知……区区一日本……唯有决意主战，大加驱剿，兵危既振，以后办理交涉事务，自能就我范围。"

翰林院御史文廷式上奏："今以区区倭人，而令得志如此，数年之后，天下事尚可问乎？"

御史张仲炘上奏："臣思日本之举，固有图朝鲜之意，而亦未尝无畏中国之心。我果奋发有为，彼必知难而退。"

太仆寺少卿岑春煊更是热血沸腾，霸气外露："区区日本，何足惧哉！"

主战也好，主和也罢，都是一种主张，是对国家前途的不同看法，不应该加上爱国或是卖国的标签。无论是主战还是主和，其前提都要基于理性，而不是盲目。国家大事，关乎千万人民的生死存亡，因此必须要有冷静的判断，而不是冲动地作出决策。

以上说了这么多，难道李鸿章因为不盲目主战，就能开脱自己的责任？当然不能。李鸿章的过错不在主和，而在于没有做好战争准备。

大家都知道，第二次世界大战爆发前，英国首相内维尔·张伯伦一直对希特勒德国采取绥靖政策。为了将战火抵挡在国门之外，他不惜出卖欧洲盟友的主权与土地，换得希特勒的"怜悯"。然而，张伯伦越是让步，希特勒就越是咄咄逼人。直到希特勒大举进攻波兰，张伯伦的绥靖政策才正式宣告破产。他的公众形象也瞬间跌落到了谷底，从一个英雄变成人人不齿的懦夫政客。就是因为你一再主和，结果导致纳粹德国肆无忌惮地扩军备战，侵略整个欧洲。

不过，著名历史学家李德·哈特认为，张伯伦的绥靖政策，其主要过错不在于怀柔。因为第一次世界大战时期，英军伤亡惨重，张伯伦实在不想再跟德国人打仗，他的出发点完全是好的。但是，张伯伦在主和之时，完全寄希望于希特勒能够自我克制，而没有抓紧时间加强英军的战备，以至于当英法联军对德开战后，大家才发现，英军飞机不够用，坦克不够用，军舰不够用，导致被德国一路猛揍，要不是还有个英吉利海峡挡住德军，英国差点就亡国了。

张伯伦的真正错误，就是他把战争的主导权完全交给了希特勒，而不是把主导权掌握在自己的手上，以至于当局势急剧恶化之时，自己完全没有可控的能力。“假如你容许任何人在锅炉下面不断地加煤，直到蒸汽压力已经超过了危险点，则引起任何爆炸的真正责任也就应该由你负责。”①

其实，李德·哈特的这个分析，也可以用来评判李鸿章在甲午战争爆发前的所作所为。李鸿章主和，可以，但是在甲申政变之后的10年间，李鸿章和其部属袁世凯，没有帮助朝鲜政府加强朝鲜的国防力量，以至于朝鲜几乎没有一丁点自我防卫的能力。所以，东学党起义爆发，朝鲜王室一筹莫展；日本先遣队围攻王宫，朝鲜王室两手一摊。当东学党起义爆发后，李鸿章没有审时度势，抓紧时间在朝鲜部署强大的军事力量，只是一味地要求日本不要派出大军。为了不惹怒

① ［英］李德·哈特：《第二次世界大战战史》，钮先钟译，上海人民出版社，2009年，第28页。

日本，李鸿章又眼睁睁地看着日本大军顺利地在仁川完成登陆，没有安排军舰进行任何拦截和阻挠。此时，在朝鲜的日军已经增至8000名，而清军只有2000名。

6月28日日军完成登陆后，清军依然没有往朝鲜增兵。直到7月12日，清政府才警告日本，如果在7月20日之前，日本仍然拒绝继续谈判，那么中国将派遣12万清军部队登陆仁川。

李鸿章将希望寄托于列强的调停。6月20日，李鸿章请求英俄出来斡旋，讲几句公道话。但是不久之后，英国表示，这是你们两国之间的事，咱不方便掺和。英国本来在朝鲜就没有多少商业利益——你们两国在朝鲜打个天翻地覆，我也不会受到什么损失；而且，如果日本能够将中国势力从朝鲜赶出去，那么朝鲜将打破封闭的局面，成为一个对外开放的市场，对于英国来说有百利而无一害。俄国因为也想染指朝鲜半岛，所以对日本发出了强硬的照会，“朝鲜的内乱已经平息，日本应该遵从朝鲜政府的要求，接受日清两国军队同时撤兵的方案，否则日本将负有重大责任”。但是陆奥宗光横下一条心，决定先斩后奏，在没有上奏天皇的前提下，就私自向俄国发回反驳书。等到第二天，他才将俄国的照会报告给内阁和天皇，此时内阁和天皇也只能追加承认。没想到，俄国政府居然没有做出强硬的回应，对这事算是撒手不管了。

至此，可以说，指望列强调停这条路，已经被彻底堵死。

但是，李鸿章依然不愿意面对现实，他请求俄国公使喀西尼，转请俄国政府“劝导日本与中国同时撤兵”；又请求英国驻天津领事，请英国公使欧格纳“转电外部，速令水师提督带十余铁快舰径赴横滨……责其（日）以重兵压韩无礼……勒令撤兵”。结果当然都是不了了之。

借助列强调停，这本身没有错，但是将宝押在列强仗义相助上，就是大错特错。正确的做法应该是，一边请求列强出来打圆场，一边争分夺秒地调兵遣将进驻朝鲜，占据各个战略要点威慑日本；而不是将和平的希望寄托在日本的自我克制，以及列强“路见不平一声吼”上。正如中国古代军事理论家孙子所言：“昔之善战者，先为不可胜，以待敌之可胜。不可胜在己，可胜在敌。故善战者，能为不可胜，不能使敌之必可胜。”

因此，甲午战争的失败，清政府高层的主和派和主战派都有着不可推卸的责任，两派都应该被按在地上各打五十大板。

3．叠床架屋：清朝混乱的决策体制

更为严重的是，清政府高层主战派与主和派在东学党起义爆发后，迟迟未能达成一致意见。这是最致命的环节，因为不管是和还是战，总要快速达成共识，这样才能形成中枢的领导核心，以应对目前的状况。1894 年 7 月 16 日的军机会议上，“主战者五折，议无所决”，光绪皇帝震怒。7 月 18 日，光绪皇帝向李鸿章发出谕旨：“现在倭韩情事已将决裂，始势不可挽，朝廷一意主战。李鸿章身膺

重寄，熟谙兵事，断不可意存畏葸。……若顾虑不前，徒事延宕，训致贻误事机，定惟该大臣是问。”[①] 这才定下开战的决策。3天后，朝廷开始向朝鲜大举增兵。不过，由于运兵的“高升”号被日本军舰击沉，只有“飞鲸”“爱仁”号运送的1300人登陆朝鲜。

与日本模仿德国建立参谋本部大本营不同，清朝在甲午战争初期的最高陆海军统帅机关是一个临时拼凑起来的“联合班子”。

本来，从雍正朝专设军机处“督办军务”以来，清政府所有战争期间的军事活动，事无巨细，都由它来筹划。与明朝内阁相比，军机处有勤、快、密3个特点，有利于统一部署，统一协调，防止权臣窃政，强化中央集权等。

然而，光绪年间甲申易枢之后，以世铎、孙毓汶为首的这套军机班底才干平庸，难当重任。当日军已经秣马厉兵、登陆朝鲜之时，军机处依然不愿承担主战或是主和的责任。6月12日，总理衙门领班大臣奕劻出面奏请，挑选几个老成练达的大臣，共同会商朝鲜问题。光绪早就想改组慈禧为他安排好的这个军机班底，此次正好抓住机会，他当天就允准奕劻所奏，并指定翁同龢、李鸿藻两人跟军机处、总理衙门的大臣们一起商量怎么办理朝鲜事务。

翁同龢跟光绪的关系不用多说，李鸿藻是清流领袖，在朝中很有威望，也是光绪皇帝比较信任的大臣。光绪将这两人安排进新的决策班子，加强自身权力的目的显而易见。于是，一个由军机大臣、总

① 中国史学会编：《中国近代史资料丛刊·中日战争（二）》，上海人民出版社，2000年，第620页。

理衙门大臣和翁同龢、李鸿藻二人共同组成的海陆军统帅机关建立起来，军机处不再单独处理军务。

在这个“联合班子”中，真正对日作战的司令官无疑是李鸿章。因为参战的军队，无论是淮军还是北洋水师，某种程度上都可以说是他的私人军队。梁启超后来曾说：“若以中国之失政而尽归于李鸿章一人，李鸿章一人不足惜，而彼执政误国之枢臣，反得有所诿以辞斧钺，而我四万万人放弃国民之责任者，亦且不复自知其罪也。西报有论者，曰日本非与中国战，实与李鸿章一人战耳。其言虽稍过，然亦近之。”①

起初，光绪下达的作战目标，是在朝鲜战场上南北夹击日军，即已进入朝鲜北部的清军与牙山一带的南路清军叶志超部同心协力，使日军两面受敌，难以应付，“相机近取，力挫凶锋”。但是，日军先发制人，在北路清军还未到达平壤之前，就击溃了牙山的南路清军，使得清军南北夹击的战略泡汤。

紧接着，提督叶志超在平壤集结军队，共计 15400 余人、山炮 28 门、机关炮 6 门。同时，李鸿章征召新兵，编制了大约 10000 人的兵力赶赴平壤。日军则以山县有朋大将为司令官，集结 14000 兵力进攻平壤。尽管中日两国军队兵力相当，且清军不但占据了平壤城外各个战略要地，而且凭借堡垒防御占据优势。但是双方才打了一天，叶志超就打算弃城逃跑了。打算逃跑也就算了，那你好歹安排一下逃跑的

① 梁启超：《李鸿章传》，海南出版社，1993 年，第 9 页。

先后次序和路线啊。可是叶志超已经等不及了，按照他的命令，清军丢弃全部辎重，一股脑地从各个城门溃逃，毫无章法可言。

由于撤退无序，清军在半道上遭到日军伏击。日军在黑夜里什么都看不见，只是觉得哪有嘈杂的声音，就往哪里射击。一夜之间，1500 名清军士兵命丧黄泉。

叶志超带领各路清军，向北狂奔，连口水都顾不上喝，一路跨过鸭绿江，逃到中国境内。至此，朝鲜战役算是画上句号，战火即将烧到中国本土。

面对局势的恶化，“联合班子”无力应对，以孙毓汶为首的军机处也遭到排山倒海般的口诛笔伐。此时，朝中要求恭亲王奕䜣出山的呼声越来越高。在他们眼里，只有恭亲王精明强干，雄才大略，能力挽狂澜，扫荡倭寇。

起初，慈禧是断然拒绝重新起用奕䜣的，但是架不住朝中一波又一波的舆论攻势，只得选择虚与委蛇。1894 年 9 月 29 日，慈禧召见奕䜣，着其“管理总理各国事务衙门事务，并添派总理海军事务，会同办理军务”。总理衙门都是慈禧的人，奕䜣根本无法驾驭，海军事务都被李鸿章一手掌握，奕䜣也只能打个酱油。由此可见，当国家生死存亡之际，慈禧优先考虑的，还是如何牢牢把握自己手中的权力。

慈禧这种安排，骗得了小孩，但是骗不了那些在朝中摸爬滚打几十年的大臣。到了 10 月份，鸭绿江防线也眼看不保，户部尚书翁同龢、步军统领荣禄、总理衙门大臣奕劻等纷纷上奏慈禧，要求必须给予奕䜣实权。慈禧不得已，谕旨称："现在畿辅大兵云集，着派恭亲王督办军务，所有各路统兵大员，均归节制。如有不遵号令者，即以军法从事。庆亲王奕劻着帮办军务。翁同龢、李鸿藻、荣禄、长麟并着会同商办。"①

表面上看，奕䜣已经获得节制所有海陆军的大权，但实际上他并没有进入军机处，因为他"督办军务"依然要通过孙毓汶的军机班子。这就等于，奕䜣在军机处之外另设"督办军务处"的机关，该机关需要通过军机处来处理军务。由于"督办军务处"是仓促之间设立的，导致它的内部分工、具体权责和军务程序都成了一笔糊涂账。

督办军务处编制 6 人，分别是督办大臣奕䜣，帮办大臣奕劻，会办大臣翁同龢、李鸿藻、荣禄、长麟。从人员的组成来看，很明显是慈禧与光绪势力妥协的结果。

督办军务处、军机处，再加上之前的"联合班子"还存在，这就使得清政府本来就混乱的军政体制更加无序，权责不明，屋上架屋，政出多门，就像一团缠绕在一起的毛线团，剪不断理还乱。

最高军政体制的混乱，使得清政府的战争决策陷入愚蠢、低效、无可救药的境地。一个落伍于时代的体制构造，却要来应付一场近代化的大型战争，结果如何，可以预料。

---

① 陈宝琛、世续等修纂：《大清德宗景皇帝实录》第 56 册《戊申，谕内阁》，中华书局，1987 年，第 525 页。

第二节　不堪一击：陆军溃败激起日本侵华野心

1. “蜀中无大将，廖化作先锋”

本来，日军并没有百分之百的胜算，他们起初只是想把清军从朝鲜半岛上赶出去。但是没想到，清军除了逃跑，其余一无是处，不是一触即溃，就是望风而逃，几乎是拱手把朝鲜送到日军手中。

清军的不堪一击，激起了日军侵略中国本土的野心。

抵御日军侵华的第一道防线，是中朝边境的鸭绿江。此时，清军统帅换成了宋庆。宋庆早在1861年时就已经是总兵，甲午之前，他所统领的毅军有九营一哨兵力，宋庆还加封太子少保、尚书衔。此时，他已经是74岁的高龄。然而，他的威望依然不足以服众。前方各军将领，都不拿他当回事，大家各行其是，自作主张，散乱无纪。

其实，李鸿章知道宋庆不足以服众，但是他实在别无选择。战前，他的理想统帅是刘铭传。刘铭传是淮军大佬级别的人物，德高望重，能力非凡，不仅对阵过太平军，还能在任台湾巡抚之时，跟法军抗衡到底。然而，刘铭传虽然比宋庆小16岁，此时却也白发苍苍，精力不济，只得以老朽多病固辞。事实也的确如此，两年后他就去世了——虽然听说他是台湾被割让给日本后气血攻心而死。

李鸿章没有办法，曾经的湘淮军大佬级别的人物基本都已经离世，他只能在矮子里拔高个了，这就是叶志超和宋庆这样威望不足的将领被委以重任的缘故。然而，这么做的风险极高。因为清军的派系林立非常严重，大家与其说是效忠清政府，不如说是效忠各自的老长官。所以，当各个派系的军队要统一行动时，没有一个资历和威望都超然于上的统帅，肯定会导致军队内部的涣散。

内部涣散的恶果就是，各派系部队都会互相猜疑互相提防，他们总会想：友军会不会想方设法退出战场，让我们来当炮灰？于是，在甲午战场上，常常会出现这样的现象，某支清军部队的长官会让士兵们在还没跟敌人照面之时，就把弹药全部打光，这样就可以名正言顺地被换下来，让另一支部队顶上。士兵们还会认为，还是咱们老大聪明，保住了兄弟们的命。

清军怎么这么没有军人的荣誉感呢？因为清政府没有实行普遍义务兵役制，所有的军人都是雇佣的。大家参军，只是想吃饱肚子，不是想保家卫国。

如果清军遇上有责任心的爱国将领，在该将领身先士卒、不畏生死的榜样作用下，也能奋勇鏖战，血洒沙场。例如中法战争中，刘永福率领的黑旗军，在镇南关取得大捷；刘铭传率领的台湾军民，在法国海陆两军的强大攻势面前，坚守阵地，让法军无法染指台湾。但是，在整个大清帝国，这样的将领少之又少，多数还是坚决贯彻“三十六计”的最后一计——走为上。

平壤战役中，叶志超统帅之下有卫汝贵的盛字军、马玉昆的毅字军、左宝贵的丰军、丰升阿的奉天盛字练军，以及叶志超的牙山残军。这些七七八八的部队汇合在一起，又都瞧不上在牙山战败的叶志超，根本就不想听他的话。于是，军内士气低下，毫无斗志。卫汝贵还在平壤城的军帐之中狎妓宴乐，而且明目张胆，毫不掩饰。俗话说，兵熊熊一个，将熊熊一窝。等到日本人打来，他又节节退缩，仓皇逃跑时还顺路纵容士兵抢掠朝鲜百姓的财物，严重破坏了清军在朝鲜百姓心中高大上的形象。

当然，临阵怯敌、贻误大局的不止卫汝贵，他的上司叶志超才是率先逃跑、动摇军心的罪魁祸首。而叶志超提出逃跑时，卫汝贵又是第一个举双手赞成的。有这样的将军，清军焉能不败？第二年，提督叶志超、总兵卫汝贵都被朝廷缉拿归案，叶志超被判“斩监候”，不过后来被大赦，侥幸逃过一劫。卫汝贵就没那么幸运了，被押到北京菜市口砍了头。

鸭绿江战役之时，宋庆统帅之下有刘盛林的铭字军、马玉昆的毅字军、吕本元的盛字军、聂士成的牙山军，还有黑龙江将军依克唐阿的部队、宋庆的直属亲兵和斋字练军等，总兵力达到 23750 人，野炮山炮 81 门，机关枪 4 门。然而，各路将领都没把宋庆当成什么人物，不服他的管制。宋庆本人也是叶志超的老年版本，毫无斗志，只知逃遁。日军没有费一枪一弹，就占领了重镇九连城，缴获清军遗留的 14 门大炮以及大量弹药、军粮，然后再不费一枪一弹，占领安东城，然后再占领凤凰城……

清军上演一出又一出的“空城计”，震碎了所有人的三观。就这样，鸭绿江战役草草结束，中国东北的大门，已经完全向日军洞开。清军遗留下来的大量军火和粮食，无疑是雪中送炭，弥补了日军因战线过长军需短缺的状况，激发了日军的士气。仅金州大连湾储备军械的炮弹，日军就缴获了246万发。《孙子兵法》中说，作战部队应该“因粮于敌”，即从敌方抢夺物资，满足自己的战争消耗，而日军根本就不需要去抢，只需要打开城门去接收清军遗留的物资就行了。

2. 派系林立：镇压太平天国的后遗症

鸭绿江战役结束后，清军还有一系列“精彩”表现：岫岩失守，金州失守，旅顺失守，析木城、海城失守，鞍山失守，牛庄失守，盖平失守，复州失守，营口失守……日军攻城略地，所向披靡，如入无人之境。旅顺失守之后，日军在旅顺展开对无辜平民的大屠杀，这笔血债，令中国人至今想起，心中都隐隐作痛。

难道我军就没有反击吗？有。1894年12月13日，清政府下令驻辽各军联手作战，一定要夺回辽南重镇海城。此次反击战还是由宋庆将军统帅，前后调兵60000人，而驻守海城的日军仅6000人。清军数万大军，前后5次围攻都拿不下海城。由此可见，清军战斗力之弱。

清军之所以弱不禁风，前文已经说明，一是将才凋零，后继无人；二是派系林立，互不配合。这里着重说说第二点，其实这是清政府镇压太平天国运动带来的后遗症。清政府也不想让军队都画地为牢、各行其是，但是没办法。

1851 年 1 月 11 日，洪秀全率领拜上帝教信徒在金田宣布起义，建号太平天国。此后，太平军爆发出惊人的战斗力，把所有前来围剿的清军都按在地上揍。咸丰帝走投无路，只得同意各地士绅组织团练，协助剿匪。曾国藩的湘军、李鸿章的淮军成为团练中的佼佼者、洪秀全的命中克星。这些团练大员在剿匪过程中，逐渐集地方军事、行政、财政等大权于一身，成为一方诸侯。

等太平天国被打败之后，清朝中央政府的力量严重弱化，地方督抚们的权力空前强大，形同割据。军队也由国家化逐渐变为地方化，甚至私人化。封疆大吏们只是在表面上服从中央政府，实际上屡屡抗衡中央，中央对他们束手无策。李鸿章曾说："湘人习气之重，他人视为棘手，选州必于湘人，朝廷亦深为顾虑。"

这就是为什么到了甲午战争之时，清政府派出的陆军都没有番号，而是什么这个字的军，那个字的军，各个军之间互相猜忌、互相防范，难以拧成一根绳、形成一股劲。

不但陆军如此，海军也是如此。黄海之战后，朝廷曾电令南洋大臣刘坤一："现在北洋舰队各船修理需时，各海口防务紧急，着暂调……三船迅速来助剿。"刘坤一却予以拒绝，回电说什么"再四思维，各船实难暂离"。其实大家都知道，刘坤一是湘军派系，怎么会来支援李鸿章的部队？

与此相反，当中国的中央集权体制遭到严重破坏的时候，日本却从封建体制转变为强有力的中央集权体制。德川幕府统治时期，藩镇割据，各藩都有自己的军队，这让幕府在调动地方兵力时往往有心无力，甚至个别强大的藩镇还要与幕府对着干，让幕府随时有被取而代之的风险。这样的日本军事力量软弱无力，根本无法应对西方列强的侵略。

幕府统治被推翻后，明治天皇新政府通过废藩置县，全面废除了封建的幕藩领主统治制度，建立起中央集权的国家。所有的藩镇军队全部奉还天皇，合编成天皇敕令下的国家军队。天皇还倡导士农工商“四民平等”的原则，以前只有武士可以打仗，现在大家都可以参军打仗了。明治六年（1873），天皇颁布“征兵令”，建立起普遍义务兵役制，从皇室成员到贫苦农民均必须履行兵役义务。人的天性都是爱自由的，没几个人想去军队里面受苦，有的人为了逃避兵役甚至捣毁征兵站。新政府对这些人毫不手软，立即拘捕了10万人。从此，日本人还有几个敢不服兵役？

明治政府效仿法国式军制改编军队，陆军编成六个师团和一个近卫师团，屯驻国内各地，并效仿德国，建立起军事参谋制度。和平时期，参谋总长担任全军统帅；战争时期，则建立参谋本部“大本营”，指挥全军作战。此外，政府还大力扶植军校教育体制，严格接受西方军事思想的训练。

由于清朝中央政府的权力已经下移，它就算想跟日本一样建立起现代化的军队，也得问问封疆大吏们同不同意。甲午战争之前，中国其实已经形成了两个政权系统，一个是慈禧和光绪的中央政权，一个是李鸿章的直隶“北洋政府”，而后者更能左右中国社会的走向。甲午战争之后，俄罗斯财政大臣谢尔盖·维特曾说："当时治理中华帝国的实际上就是李鸿章。"

李鸿章之所以还效忠清政府，无非是和他的导师曾国藩一样，有强烈的儒家观念和历史使命感，过于顾惜个人的气节操守及千秋万世功名。不然，以曾国藩和李鸿章所掌握的实力，他们任何一个人要颠覆清政府都易如反掌。进一步讲，他们和光绪其实有着极大的相似之处。光绪在慈禧面前，始终被"孝道"的伦理所束缚，使他不敢越雷池一步；曾国藩和李鸿章在清政府面前，则始终被"忠君"的伦理所束缚，使他们不敢推翻这个保守僵化的政权，担当起复兴华夏的历史重任。

反过来，李鸿章等封疆大吏再怎么雄霸一方，也毕竟不是中央政府，他们在打造自己的地方军队时，也只能沿用旧有的军事体制。

就这样，清政府以落后的军事体制来对抗已经西化的日本军事体制，自然不堪一击。甲午战争的失败，其实毫不意外。

最后再说一下，实现国家的现代化之路，中央集权并非必要条件，英美等国实行共和宪政体制也能成为世界一等强国。但是对于后发的国家来说，要想在短时间内"赶英超美"，摆脱民族危机，就只能选择建立中央集权体制，迅速集中国内资源，加速改革的进程。日本、德国就是这种先完成中央集权，实现君主专制，然后才开始走向现代化的典型成功案例。大清帝国也是后发国家，从国情出发，理应走德国、日本相同的道路，但是清政府未能治好镇压太平天国带来的后遗症，最后中央大权不再，国家大一统名存实亡。正如李鸿章在马关签约时对伊藤博文所说的那样："现在中国上下，亦有明白时务之人，省份太多，各分畛域，有似贵国封建之时，互相掣肘，事权不一。"①

3. 望风而逃：清军缺少荣誉感

由于清军不是一触即溃，就是望风而逃，使得讨论清军武器装备是否落后的问题已经没有什么实质意义。再怎么厉害的武器，士兵不去使用，却选择一味地溃逃，那么这种武器也只是废柴一个。

简略来说，清朝陆军的装备绝不逊于日军。开战之时，清军装备了大量的毛瑟枪、来复枪、速射机关枪、克虏伯炮等先进武器。有个清军俘虏曾对日军说，清军有 1/5 的士兵都配备西洋新式连发步枪。不过，令人困惑的是，清军还装备了大量的老式抬枪，日军缴获的清军枪械中，60% 都是抬枪。这种抬枪早在鸦片战争时期就已经落后了，放在甲午战争时期，更像是把军事博物馆里的武器给拖了出来。

总之，清军的武器装备并不差，如果将领指挥有方，意志坚定，士兵不畏强敌，冲锋陷阵，则日本不可能全面碾压清军。

这也是甲午战争与前几次对外战争的不同之处。第一次鸦片战争、第二次鸦片战争中的清军与西方列强的武器装备有代差，被列强

① 广西师范大学出版社编：《马关议和中之伊李问答》，广西师范大学出版社，2008年，第 13 页。

的军队揍得鼻青脸肿，还可以理解。第一次鸦片战争中，清军一败再败，但清军将领并不怂，仅战死疆场、以身殉国的将领就有9位，他们是：广东水师提督关天培、江南提督陈化成、两江总督裕谦和副将陈连升、定海两任总兵张朝发和葛云飞、处州总兵郑国鸿、寿春总兵王锡朋、京口副都统郭络罗·海龄，此外还有文官定海知县姚怀祥和典史全福。

第二次鸦片战争，壮烈殉国的有大沽口营副将沙元春、都司陈毅、大沽协副将龙汝元，直隶提督伊勒忒·乐善。而且，蒙古大将僧格林沁主持大沽防务，在第二次大沽口之战时，给予英法舰队重创。英法联军卷土重来，攻占大沽口，进军北京城的路上，僧格林沁率领几千蒙古骑兵勇敢地冲向敌阵。虽然蒙古骑兵队在英法联军的枪炮轰击中纷纷倒下，但是他们依然毫不畏惧，一往无前地冲向敌军，最终全军壮烈牺牲。英军少将罗伯特·纳佩尔写道："他们在战火里坚持了相当长的时间，对世界上任何军队来说，那都是严峻的考验。"

到了甲午战争，我们能知道的为国殉难的陆军将领只有一个左宝贵。平壤战役中，日军炮击平壤城外的制高点牡丹台，清军抵挡不住，放弃炮台溃退。防守玄武门的都总左宝贵，眼见牡丹台被占领，清军形势不利，士气低落，便换上御赐朝服，冲上城头督战，不幸被日军的榴霰弹片击中身亡。

即便左宝贵气贯长虹，他的部下如副将杨建春、都司徐玉生、守备杨建胜等都纷纷慌不择路、开城逃跑。

是的，当我们器不如人的时候，我们的将士们还能与敌人血战到底，谱写一个又一个悲壮的故事。可是当我们已经装备精良之时，我们的将士却在争相跑路，唯恐跑得不够快。有的士兵甚至随身带有老百姓的衣服，一准备逃跑，就脱下军装，换上民服，潜入老百姓中间，试图蒙混过关。这种胆小怯战的军队，确实是非常少见的。

无论是叶志超、卫汝贵，还是宋庆等人，他们都并非纨绔子弟，而是作为士兵从底层一步步爬上来的。在镇压太平天国和捻军等过程中，他们刀刀见血，枪枪飞魂，一次次从死人堆里爬起来，才成为独当一面的将领。

这些曾经血战沙场、九死一生的将领，当拥有了荣华富贵，往日的气魄与胆识顿时化为烟云，开始贪婪成性，治军无方，畏首畏尾，在和平的生活里完成了从英雄到逃兵的蜕化。例如，卫汝贵出征朝鲜时，一天 24 小时都待在司令部里，拒绝上第一线。

如果只是一两个将领这样贪生怕死倒也正常，问题是几乎所有的将领都贪生怕死，那就不是个人问题，而是制度问题了。最直接的原因，就是朝廷没有对军人进行荣誉感、责任感的教育，说白了就是让军人失去了信念。这些将领还是士兵时，年轻气盛，为了自己的前途也会冒死拼杀。但当他们步步高升之后，反倒没有了要建功立业的欲望，而且为了让自己可以继续享受高官厚禄，还会想方设法地逃离战场。

那他们逃离战场，就不怕受到朝廷的严惩吗？不用担心，他们可以编造谎言，糊弄朝廷。朝鲜战役初期，叶志超放弃公州，弃城遁走，事后上报朝廷“成欢一役，杀伤相当”，“我军占据有利地形，各营兵勇奋勇鏖战，放发地雷与敌血战六小时，倭敌死者约一千七百人，我军将士伤亡亦达数百之多”。李鸿章非常高兴，自己的淮军小老弟果然争气，于是嘉奖叶志超，还赏银2万两给他犒军。同时，光绪皇帝也非常高兴，谕旨叶志超为平壤四路驻军的“总统”。

不过，这种现象也并非是到甲午战争时才有的，早在鸦片战争之时，就有一些贪生怕死的将领编造谎言欺骗道光皇帝。由此可见，这种军人欺上瞒下、谎言连篇的现象，是清军内部的顽疾，一直都在毒化清军的肌体，没有得到根治。

日军则十分重视对将士的精神教育工作，也就是“洗脑”。明治政府将江户时代的武士伦理说教，精心包装，隆重推出“武士道”精神，来作为军人的精神支柱。新版“武士道”的核心就是“效忠”天皇，由于天皇即国家，忠君即爱国。为了天皇，士兵必须“尚胆勇”，即勇敢投入战斗，敢冒风险以成就功名，为国而死是士兵的职责和荣光。新版“武士道”被全面贯彻进新兵教育中，诱导士兵沉迷于为天皇尽忠的亢奋之中。

受过新版“武士道”精神洗脑的军人，一个个视死如归，作战勇猛，爆发出惊人的战斗力。鸭绿江之战时，日军工兵为了让军队迅速渡江，全都泡在冰冷的江水中，以夜幕为掩护抓紧架桥。10月底的东北，夜晚气温有多低，江水有多冰，众所周知。平壤战斗中，日军士兵冒死攀登玄武门城墙，前仆后继，如狼似虎。

如果有士兵胆敢贪生怕死、畏敌不前、临阵脱逃，那么等待他的将是宪兵队的抓捕，之后被移交给军法会议判刑严惩。在这军法制裁的威胁下，所有的士兵都不敢往后退，只能眼一闭，心一横，牙一咬，玩命冲杀。

相比之下，清军的战斗意志则普遍低落。没有人知道这场战争是为何而战，到底有什么意义，自己的牺牲是否值得。大家只是被朝廷莫名其妙地调到朝鲜战场，打着一场莫名其妙的战争。大家还想着当兵能存点钱，到时候回老家娶个媳妇生娃，谁要死在异国他乡啊？

当然，日军的“武士道”精神后来发生异化，变得越来越具有扩张性、侵略性，残忍成性，成了虐杀其他民族的禽兽道德，甚至导致日本后来的“招核”，走向自我毁灭之路。清军需要的也不应该是“武士道”精神，而应该是一种保家卫国、御侮图强的军队精神，为军队提供精神支柱。

第三节　全军覆没：北洋水师被“猪队友”坑惨

1．黄海海战：其实北洋水师的目的达到了

公元663年，正值大唐盛世，日本水军与唐朝水军在朝鲜白江口激战。唐军大败日军，“四战皆克，焚其舟四百艘，烟炎灼天，海水

为丹”。白江的军事较量，让日本举国震惊，惶恐不安，害怕唐军会乘胜进攻日本本土，所以在九江岛一线修栅筑城，紧张设防，惶惶不可终日。

到了 1894 年 9 月 17 日，北洋水师与日本联合舰队在黄海的大东沟海面发生了激烈的海战，史称黄海海战。5 个小时的激战，北洋水师致远、经远等 5 艘军舰被击沉，铁甲舰定远、镇远被击伤，海军官兵伤亡 1000 余名，而日本虽有 4 艘军舰被重创，但是一舰未沉。

北洋水师惨败于日本海军，从此失去了黄海的制海权。这场惨败的海战也成为中国人心中永远的痛，100 多年来，研究它的论文汗牛充栋，再现它的影视剧作品层出不穷。至于北洋水师为何会惨败，有人认为是航速不如日本军舰，有人认为是速射炮不如日本军舰，有人认为是作战阵型出现失误，有人认为是官兵素质低下，有人认为是弹药物资缺乏……

但是，我们都忽略了一点，那就是北洋水师虽然惨败，但最初的目的已经达到了。

什么目的？保护陆军刘盛休铭字军 4000 人和大量辎重武器在鸭绿江口平安登陆。如果不是北洋水师将日本海军引到远离登陆地点的大东沟海面决战，那么后果将更加不堪设想。之前在丰岛海战中，搭载清军陆军的英国商船高升号，被日舰浪速号攻击，千余名清军将士和无辜的民间水手全部葬身鱼腹，不但“出师未捷身先死”，而且使得驻朝清军的数量相比日军处于劣势。这样的悲剧，不能再发生第二次了。

也正是因为高升号的沉没，驻守牙山的叶志超感到兵力不足，便请求李鸿章迅速增派援军。9月15日，朝鲜北部重镇平壤被日军攻陷，叶志超一路北逃，但是李鸿章并不知道，所以援军继续按照原定计划派出。9月16日，天还没亮，丁汝昌率领北洋水师14艘战舰和4艘鱼雷艇，护送铭字军乘坐的美国哥伦比亚号等商船从大连湾出发，前往登陆地点鸭绿江口。下午2时，清军运兵船到达大东沟湾，然后换成吃水浅的木船上岸。然而，清军虽有4000人，木船却只有十几艘，因此登陆效率极低。

从下午2时，到第二天凌晨，清军昼夜不间断地忙碌，才只有不到一半人登陆。陆军慢悠悠地登陆过程中，丁汝昌一直心跳加速不止，因为高升号的前车之鉴，使他非常担心此时日军舰队会发现登陆部队。

正所谓，怕什么就来什么，丁汝昌的不祥预感得到了应验。当时，日本联合舰队正在黄海海面上四处游荡，寻找北洋水师的踪迹。北洋水师的锅炉，用的都是朝廷调拨的劣质煤，热效转换率低，一烧起来，便浓烟滚滚，直冲云霄，大老远就能看见。其实，北洋水师之前用的都是开平煤矿的优质燃煤，后来，开平煤矿被曾任醇亲王府总管的张翼接手，张翼为了谋取私利，就把优质煤都拿到市场上去卖，只留下一堆劣质的碎煤给北洋水师。北洋水师的军舰航速本来就比日本军舰慢一拍，现在可好，用了劣质煤，动力更加不足，航速再慢几拍。最要命的是，它会暴露清军军舰的位置，让敌人有时间做好战斗准备，排好战斗队形。

凌晨4时，日本海军发现了北洋水师的滚滚浓烟，便立刻开始备战。而北洋水师直到中午12时，瞭望哨才发现日军军舰的踪迹，因为人家日军用的是高价购买的英国威尔士无烟煤。

丁汝昌听到警报后，立即下令全军出击，以阻止敌方发现我军的登陆作业。而日军海军司令官桦山资纪发现，北洋水师编队庞大，肯定是来找我们报高升号的仇的。这种想法，让桦山资纪的注意力全放在了北洋水师身上，根本没有想到附近正有清军在登陆。

中日两国海军的激战过程，不是本文叙述的重点。总之，北洋水师逐渐落于下风，损失十分严重。历时3个多小时的激战后，北洋水师只剩下定远、镇远两艘铁甲舰还在跟日舰对战。定远、镇远由于被日舰围攻，伤痕累累，千疮百孔，但是，为了将日舰尽量引到远离清军登陆点，两舰还是艰难地向西南方向移动。

直到日落时分，日舰才停止攻击，调头东去。丁汝昌担心日舰回去之时，会发现清军登陆作业。因此，又率领幸存下来的6艘军舰赶往大东沟。幸好，夜色茫茫，日舰没有发现清军，而清军还在慢腾腾地登陆，估计第二天上午才能完成。

等到第二天上午桦山资纪反应过来，北洋水师的真实目的可能并非是来寻仇，而是在掩护清军陆军登陆时，后悔不已。他连忙派军舰前往大东沟附近海域，此时，清军陆军和海军都已经不见踪影。

丁汝昌是否是一个专业水准过硬的海军统帅还有待商榷，但平心而论，他确实是一个很有责任心的将领，为了保护陆军友军的安全，他拼尽全力将日军军舰引至远处，哪怕当自己的队伍已经折损过半，他还是连夜赶去护卫友军。北洋海军在黄海海战的惨败，不是丁汝昌一个人的责任，因为不给财政拨款添置新军舰的不是他，不给优质燃煤的也不是他。

跟叶志超、宋庆这些动辄就抛弃友军、仓皇撤退的陆军统帅比起来，丁汝昌的表现已经十分优异。

然而，遗憾的是，铭字军全部登陆之后，才得知平壤已经失陷，以叶志超为首的清军正在以迅雷不及掩耳之势向北溃逃。叶志超是为了保存李鸿章的家底吗？当然不是。如果是为了保存实力，他没有理由不做好撤退安排，而任由全军毫无纪律地狼奔豕突。

所以，铭字军如此辛苦地登陆增援，到底意义何在？而掩护铭字军如此辛苦登陆的北洋水师，又是为了什么？

2. 海防：消极的建军思想

北洋水师究竟为什么会惨败？究其根源，跟“海防”这两个字脱不了干系。“海防”就是清朝所有海军，包括北洋水师在内的建军思想，而且是一种消极的建军思想。

海洋是最好的战争舞台，由于它的贯通性，使海军可以自由游弋于世界各大洋，是当时唯一可以“全球到达”的兵种。不像陆军，要经过数个领土界限，且一旦陷入不利局势，就无法及时回撤。海军还能在和平时期随时处于备战状态，一接到命令，就能以较大的机动速度立即驶向战区，并且在航行中即可完成战斗准备，这在军事上、政治上都是极为有利的。

鸦片战争之时，一支规模不大的英军舰队就让清军毫无招架之力。清军当然也有水师，但是水师的战船太过落后，去缉捕海盗都未必能胜任，更何况是与英国的坚船利炮抗衡。于是，从辽东半岛到广东沿海，中国1.8万千米的海岸线完全洞开。英军的舰队既是战斗平台，也是运兵平台，可以凭借在海上的机动性，任意决定战争的地点、时间和规模。而清军陆军只能靠着两条腿机动，往往当清军气喘吁吁地赶到某处预判的战斗地点时，英军舰队已经扬帆起航，去往另一个地点了。就这样，清军士兵来回奔波，口干舌燥，还没跟英军交手，就已经累得只剩下半条命。这种战争，还怎么打?

一言以蔽之，海军就是天生的进攻性军种。

然而，鸦片战争之后，清政府对于海军的理解虽然有进步，却依然滞后，几乎没有认识到海军是一支能够独立作战和机动性强的兵种，仅仅将其视为陆军的附属物。换句话说，在他们眼里，建设海军，就是要建设海上长城。海军舰艇，就是移动的陆上炮台。

晚清创设海军的最早设计者丁日昌，于1867年草拟了《创建轮船水师条款》，其中提到创立三洋海军的目的是“分区设防”，北洋提督驻天津，东洋提督驻吴淞，南洋提督驻南澳。这个方案，把中国海军变成了分段防守海岸线的移动堡垒。

1874年，日本海军入侵台湾，虽然最后没能得逞，但是引起了清政府高层的警觉，在当时引起了一场海防与塞防的大争论。海防最有力的倡导者李鸿章认为，设防“惟有分别缓急，择尤为紧要之处”，并以大沽、北塘一带为“最要”，吴淞至江阴一带为“次要”。清政府采纳了李鸿章的建议，决定筹建北洋海军。1875 年，李鸿章开始向外国订造军舰。1879 年，丁汝昌开始主持北洋海军。

1884 年，中法战争爆发之后，清政府决定将全国海军事务统一管理，并建立海军衙门。不过，李鸿章反对以“海防”作为衙门的名字，“海防二字，顾名思义，不过斤斤自守，亦不足以张国威而慑敌情”。然而，李鸿章虽然意识到了“海防”思想的局限，却没有挣脱“海防”思想的束缚，他依然认为要加强海防，秘诀有二：“一为守定不动之法，如口内炮台壁垒格外坚固，须能抵御敌船大炮之弹，而炮台所用炮位，须能击破铁甲船，又必有守口巨炮铁船，设法阻挡，水路并藏伏水雷等器；一为那移泛应之法，如兵船与陆军多而且精，随时游击，可以防敌兵沿海登岸。”① 费了无数真金白银从外国买来的铁甲舰，居然只是用来放在海口守门的。

中国也有一些睁眼看世界的知识分子，认识到海军不能够局限于守门，而应该去外洋跟敌舰交手。但是，他们也只是想海军的作战范围从海口扩展到了外海而已，实质上还是在“海防”的框架里转圈圈。例如，王先谦就特别指出：“我不敢出洋一步，坐待敌人来攻，而竭力御之，虽愚者亦知守之不尽可恃也。故必能战而后能防。”② 梅

---

① 《李鸿章全集》卷二四，海南出版社，1999 年，第 16—17 页。

② 葛士浚编：《皇朝经世文续编》第 102 卷，（中国台湾）文海出版社，1996 年，第 12 页。

启照则称：“臣愚以为战、守、和三字，一以贯之也。何也？自古及今，断未有不能战而能守，不能守而能和者也。”①

梅启照的思想对李鸿章影响很大，李鸿章后来说：“夫水师所以不能不设者，以其化呆招为活招也。今募陆勇万人，岁饷约需百万两，然仅能专顾一路耳。若北洋水师成军，核计岁饷亦不过百余万两，如用以扼守旅顺、烟台海面较狭之处，岛屿深隐之间，出没不测，即不遽与敌船交仗，彼虑我断其接济，截其归路，未必无徘徊瞻顾之心。是此项水师果能全力经营，将来可渐拓远岛为藩篱，化门户为堂奥，北洋三省皆在捍卫之中。其布势之远，奚啻十倍陆军？”②

至此，李鸿章也只是看到了海军比陆军的性价比高，但是海军的作用还是“扼守”和“捍卫”。在这种思想指导下建立起来的北洋海军，先天基因里就存在着消极保守的缺陷。

所以，当甲午战争爆发之初，光绪和李鸿章都没有给北洋水师下达明确的作战目标，只是让舰队派出战舰护卫运兵船前往朝鲜。日本人桥本海关记载：“清国开战之初，自弃其握制朝鲜沿海之权，北洋舰队不敢出。故日军得随意输送兵马辎重于朝鲜，而清国反失其海上输送之便，以致迂回辽东乃至大孤山。”

其实他不懂，北洋水师并非不敢出，而是不能出。丰岛海战之前，李鸿章一心避战，对于日军堂而皇之地在朝鲜仁川登陆，没有做

---

① 张侠等编：《清末海军史料》，海洋出版社，1982 年，第 16、19—20 页。

② 《李鸿章全集》卷二四，海南出版社，1999 年，第 26 页。

任何阻拦。另外，北洋水师限于“海防”的定位，本来就应该帮助陆军守卫旅顺、烟台等海口，顶多就是在附近海域值班巡航，而不是去夺取什么制海权。制海权的概念，在李鸿章和丁汝昌的头脑里都是不存在的。

这就使得清军丧失了先发制人的优势，本来陆奥宗光还担心“中国在派兵的进退上比我们要自由得多，但就彼此与朝鲜的距离而言，他们若从上海关或是大沽派遣速度较快的蒸汽船直接驶往仁川，只需十二三个小时就可到达目的地了。而我们从广岛县宇品港出发前往仁川，不得不花费四十几个小时，彼此差异甚大”[①]。事实证明，陆奥宗光多虑了。

日本历史学家川崎三郎在《日清战争》中评说：“海军政略之要，在于占有制海权，而占有制海权，则在于能否采取攻势运动。清国舰队在作战伊始，就未能采取攻势运动，而采取绝对的守势运动，此乃清国之失算。”[②] 可谓一语中的。

相反，日本联合舰队从战争一开始，就有明确的作战目标。大本营和海军部长桦山资纪制定了上、中、下三策，上策“日本若海战获胜取得制海权，陆军就可以长驱直入进攻辽东、山东、北京”；中策“海战如果未决胜负，陆军只占领朝鲜，海军尽力维持朝鲜海域的制

① ［日］陆奥宗光：《蹇蹇录：甲午战争外交秘录》，徐静波译，上海人民出版社，2018年。

② ［日］川崎三郎：《日清战史》第7编（上），日本东京博文馆，明治三十年（1897），第19页，转引自林子年：《李鸿章的战略思想与甲午之败》，《福建论坛：文史哲版》1994年第4期。

海权”；下策“日本海战败北，陆军退出朝鲜，海军依靠海防力量拒敌于国门之外”。日军将夺取制海权视为首要战略目标，对于未能夺取制海权的情况也做了清晰的预案。

与北洋水师放任日军登陆仁川不同，日本大本营在得知清军正在向朝鲜运兵之后，立即下达了两项密令：一是“为掌握朝鲜半岛制海权，方便舰队机动，海军在朝鲜近海渔隐洞设立临时根据地”；二是“今后若发现清国向朝鲜增兵船，可以实施破碎行动”。所谓“破碎”，就是击沉敌方运兵船。日本海军为了集中主力进攻，只留下一些破旧的舰船防卫本土。

日本人之所以能豁出去放手一搏，一方面固然是这个民族的赌徒心理，喜欢以国运相赌；另一方面也是吃准了北洋水师不敢围魏救赵，奇袭日本本土。因为他们知道，北洋水师舰船的巡航速度和火炮发射速度都完全落于下风，李鸿章绝对不敢冒这个风险。李鸿章是个精明的政治家，跟中国国内那些喜欢异想天开的书呆子不同，他们会提出一些完全不切实际的幻想，例如有人就上奏朝廷，“至调南北洋兵轮，抽选坚利者，并向泰西友邦重价购买数只，鼓轮东驰，向日本海面游弋来往，声东击西”，即可达到“彼之海军既为我所牵制，无暇来犯”。

日本海军在丰岛海战中击伤了北洋水师的济远舰，俘虏了操江舰，并击沉了帮助清军运兵的英国商船“高升号”后，李鸿章下令北洋水师只在渤海湾附近巡航，凭借海岸炮台和港湾屏障与敌对抗。这等于日本在没有歼灭北洋海军之时,就已经获得了朝鲜海域的制海权。

黄海海战之后，清军更是连黄海海域的制海权都没有了，日军侵略中国本土的海上通道，从此畅通无阻。

我们再进一步追问，为什么李鸿章等高官会被囿于“海防”的思维中呢？

原因在于，清政府没有突破“海防”思维的动机。大清帝国是一个农业国，没有控制海上通道、占领向往的市场，同时阻止对手的控制和占领的经济动力。大清帝国也没有建立海外殖民地、从殖民地掠夺资源，加强本国原始资本积累的侵略野心。李鸿章等人要发展海军，完全是从保家卫国，不受西方列强欺负的目的出发，而这是一个十分保守的目的。

以英国为代表的西方资本主义国家，借助畅通的海洋和强大的海军力量，将欧洲霸权扩展到全世界。英国遍及全球的海外殖民地，大大扩充了海外贸易，而为了维护海外贸易的安全，英国就必须维持一支强大无比的海军，这是一种正向循环的关系，时时刺激着英国不能在海军建设上落伍。美国海军理论家马汉曾说：“多少世纪以来，英国商业的发展、领土的安全、富裕的帝国的存在和世界大国的地位，都可以追溯到英国海上力量的崛起。”其他列强也都纷纷效仿英国，为了海外商业利益，建设强大海军。

还有一种侵略成性的国家，为了实现自己称霸世界的野心，需要建设一支强大海军来冲锋陷阵。马克思曾说过，对于一种地域性蚕食体制来说，陆地是足够的；对于一种世界性侵略体制来说，水域就成为不可缺少的了。[①]

日本、俄国、德国就是这种国家，日本在被美国的坚船利炮撬开国门之后，逐渐意识到西方国家的崛起，靠的就是这片广阔无垠的海洋。每一个试图跻身于世界强国之林的国家，都必须将自己的思维空间扩展到大洋彼岸，扩展到整个世界。从此，日本开始走向海洋。1880年，日本参谋本部长山县有朋在《邻邦兵备略》中提出："强兵为富国之本，而不是富国为强兵之本。"自丰臣秀吉始，日本民族征服朝鲜、征服中国的梦想被点燃，这种梦想如同熊熊烈火，一发而不可收拾，让日本全国陷入海军军备竞赛的狂热中。

尽管日本发展海军的目的，是征服他国领土为主，发展海外贸易为辅，但这也是一种强有力的动机。

清政府搞了很多年洋务运动，但是在洋务运动中创办的近代企业绝大多数都是官督商办或官商合办，难以发展成资本主义经济体系，到甲午战争前，中国近代的工矿企业才100家，资本总额才3032万银圆。日本明治维新后，先是由国家出面办企业，然后将国有企业打折出售给民营企业，采取自上而下发展资本主义经济的方针，扶植了资本主义生产关系。日本还废除了封建领主土地所有制，确立了自由农民和新地主的近代土地所有制，将全国农业纳入了资本主义发展轨道，为资本主义工业化开拓了国内市场提供了大量资金。到甲午战争前，同时期日本的企业已经有3240家，资本总额为29457.9万日元，

① 《马克思恩格斯全集》第44卷，人民出版社，1982年，第322页。

全面碾压中国企业。

由于洋务运动未能推动中国资本主义经济的快速发展，导致中国对于发展海外贸易兴味索然。没有这种强烈开拓海外市场的欲望，自然也不会有在海军建设上持续投入的动力。慈禧、奕譞、翁同龢等决策者，看到北洋水师建成规模，军容齐整，就感觉已经大功告成、功德圆满。更何况，建设海军就是为了保家卫国，现在没有列强来打我们，那我们还买新军舰干吗？用这些银子来修园子岂不更好？

3. 格兰特的预言

现在，被打残的北洋水师只能窝在旅顺港了。

前面说过，1894 年 9 月 24 日，李鸿章要求北洋水师在 10 日内修复济远等舰，在一个月内修复定远和镇远两艘铁甲舰。但是，这是不可能的，旅顺船坞没有这样的修复能力。

李鸿章也知道丁汝昌的难处，但他也是被上级领导逼迫的。光绪皇帝一再电令李鸿章，尽速修复受伤的军舰，以备再战。

北洋水师的维修日期多一天，朝中的大臣们就越怀疑李鸿章是在袒护北洋水师这支私家军。他们越是怀疑，就越是要在皇帝面前抨击李鸿章。10 月，在翁同龢的策划下，翰林院编撰张謇上奏《推原祸始防患未来请去北洋折》称：“李鸿章既自负善和，必且幸中国之败，以实其所言之中；必且冀中国之败，而仍须由其主和，以谋其所挟之尊。即京朝官之尾附李鸿章者，亦必以李鸿章为老成谋国，展占相师。”[①] 紧接着，丁立钧领衔，联合翰林三十五人上书《请罪李鸿章公折》，斥责李鸿章主和误国。

10 月 18 日，日本陆军登陆大连湾，旅顺岌岌可危。此时，北洋水师的军舰根本就没修理好，但是为了安全起见，丁汝昌便率领舰队回到威海卫大本营。11 月 12 日，估计李鸿章被朝廷的舆论压到快精神崩溃了，发电斥责丁汝昌：“大连湾危在旦夕，旅顺口不保，尔等今坐视直隶门户，若渤海湾被日军打开，汝将罪不可赦。”丁汝昌吓得一激灵，连忙赶往天津去面见李鸿章。

李鸿章一见丁汝昌就是一顿臭骂，骂完之后，却又要求丁汝昌带领舰队回到威海卫，无论日本舰队怎样引诱出战，都充耳不闻。李鸿章之所以从要求丁汝昌出海迎敌，到要求他乖乖待在大本营里不出战，是因为听了北洋水师总教习德国人汉纳根的建议。汉纳根认为，北洋水师已经元气大伤，出去迎战就是死路一条，不如盘踞在威海卫港湾内，凭借着强有力的炮台火力支援，保护半死不活的舰队。至于旅顺，完全不用担心，旅顺港的防御体系坚如磐石，而且粮食、弹药什么的足够 3 年之用，日本人只能干着急。

汉纳根说得很对，但是他忽略了一个关键因素，那就是清军陆军根本就指望不上。

---

① 文廷式：《闻尘偶记》，转引自汤志钧：《戊戌变法史》，人民出版社，1984 年，第 399 页。

旅顺和威海卫港口就像是一双并举突起的犄角，守卫渤海的门关。清政府费时 16 年，耗资上千万打造旅顺要塞。旅顺港口周围部署有 20 多座炮台，150 多门火炮，防御体系固若金汤，号称远东第一要塞。朝鲜战役结束后，旅顺口成为日军一定要拿下的据点之一，因为它是日军海陆军联合进攻北京的最理想基地。

本来，丁汝昌还想在旅顺港把军舰都修好。不料，日军在辽东半岛攻城略地，进展惊人。清军陆军一败再败，很快，日军的先头部队就推进到了旅顺港，而此时，北洋水师的军舰还在敲敲打打地维修中。

清政府调兵遣将，在旅顺的兵力达到 1.4 万余人。但是，这些军队都是临时凑到一起的，大家你看我不顺眼，我看你不顺眼。更要命的是，李鸿章竟然没有任命旅顺守军的总司令，没有总司令，就没有统一的指挥。本来大家就士气低落，现在又要各自为战，结果可想而知。

远东第一要塞守了几天？一天！

11 月 21 日，日军一天之内就占领旅顺所有炮台。占领旅顺后，日军兽性大发，在旅顺屠杀了 2 万多名手无寸铁的中国军民。这段旷世惨剧，揭开了日军所谓文明外衣之下嗜血残忍的本性。本来，日本政府对这场大屠杀讳莫如深，全力掩盖。但是千防万防，记者难防。美国随军记者克里曼将旅顺大屠杀在《纽约时报》上披露，在全世界掀起了轩然大波，国际舆论纷纷谴责日军的野蛮行为。

日军的下一个目标是威海卫，因为北洋水师的定远、镇远还在，这两艘铁甲舰俱是明治天皇和伊藤博文心中的梦魇。

威海卫军港也是清政府花了海量资金建设的要塞，虽说跟旅顺要塞有差距，但也相差不远。但是，连旅顺港都被日军轻而易举地拿下了，那么威海卫就更没有希望保住了。

其实，清政府费尽心力建设这两座要塞，还是“海防”思想的产物。早在1640年，英国沃尔特·雷利爵士就认为，任何海洋国家，靠在岸上构筑坚固的防御工事，以迎击制海权在握的强大敌军都是办不到的。因为一来不可能在每条河川、每个港口或每片海滩上都有一支强大的军队扼守；二来军舰根本无须跑得上气不接下气，就能将岸上的士兵摆布得疲于奔命。他指出，最聪明的办法就是“秉承上帝的旨意，在海上运用你的精锐军舰”。

当时的克伦威尔政府正是采纳了雷利的建议，着手建立了一支专业化的海军。这支训练有素、装备先进的海军，帮助英国打败了海上马车夫荷兰，建立了海上霸权，开启了大英帝国在全球的殖民扩张时代。

果然，日军在威海卫侧面登陆后，守卫炮台的清军就逃之夭夭了，连阵地上很多大炮的闭锁器都没有来得及拆卸藏匿。日军正是用这些大炮，对着军港内的北洋水师大轰特轰，北洋舰队的军舰被轰得毫无招架之力，只能被动挨打。

与其说丁汝昌是被日本人逼死的，不如说他是被清军陆军给气死的。日军登陆占领了很多炮台之后，丁汝昌视察南北炮台防务，发现海岸炮台守军连枪支都没有配备，日岛炮台更是离谱，连指挥官都没有。丁汝昌建议陆军总指挥官陆宗骞，让大家把炮台上的闭锁器都卸下来，以免到时候这些大炮为日军所用。陆宗骞一听就火大，你是在怀疑我们友军的实力？然后发电报向李鸿章告状，要求以后丁汝昌管好自己的海军就行，别一天到晚教我们陆军怎么做事。

结果，日军一打过来，清军陆军没抵抗几下就纷纷溃散，丁汝昌的噩梦成了现实。背后有阵地大炮狂轰，正面有敌军舰队封锁，北洋水师真的是穷途末路了。

1895 年 2 月 12 日，北洋水师向日军递交了投降书，提督丁汝昌、定远舰管带刘步蟾、刘公岛陆军指挥官张文宣先后自杀。北洋水师的龙旗全部落下，中国近代自强运动的梦想在悲剧中落幕了。

日军给丁汝昌劝降信中的一些内容，倒是有些醍醐灌顶的价值："贵国败至今日，非君臣一两人之罪过，实为墨守成规之制度所累，有史以来，贵国奉行学而优则仕之吏治，千年历史证明此制度并非完美。贵国如此一来孤立独往于世界，自然会永远失去完美之物，今日变化中之大千世界，夜郎自大、孤陋寡闻之国，焉能不败乎？"①

① ［日］伊东祐亨：《致大清国北洋水师提督丁汝昌》，现馆藏于日本国立公文书馆，转引自宗泽亚：《清日战争》，北京联合出版公司，2014 年，第 382 页。

第四节　忍痛求和：光绪皇帝为什么不迁都再战？

1．九年前丢失的小字典，让大清成为“小透明”

仗打成这个样子，还有必要再打下去吗？

早在北洋水师投降之前，1895年1月7日，清政府便派出了总理衙门大臣张荫桓、湖南巡抚邵友濂作为全权代表赴日和谈。

但是日本政府认为，这两位代表的级别都还不够，清政府应该派出像恭亲王或是李鸿章这样的重量级人物来，才能体现和谈的诚意。

恭亲王奕䜣当然不能去，他的身体病恹恹的，“督办军务处”那里也三天两头请假。他若是去了，在船上晃荡晃荡，能不能活着在日本登陆都很难说。

没办法，那就只有李中堂去了。

李鸿章在面见光绪皇帝时，心想这黑锅不能咱一个人背，必须要把翁同龢也拉上。但是，翁同龢说：“余若曾办过洋务，此行必不辞，今以生手办重事，胡可哉？”①

---

① 中国史学会：《中国近代史资料丛刊·中日战争（四）》，新知识出版社，1956年，第538页。

这种会留下千古骂名的事情，打死我也不会去的。

两根炸了几十年的老油条没能绑在一起。

临行前，光绪皇帝给了李鸿章“商让土地之权”。

春帆楼里，日方代表伊藤博文狮子大开口，竟然索要赔款 3 亿两白银，割辽东半岛和台湾。李鸿章据理力争，但是日方态度蛮横，不容商量。直到李鸿章遭到日本浪人暗杀，差点死掉，日本政府才同意减少赔款一亿两。李鸿章还想讨价一番，但是伊藤博文寸步不让。

想当年，李鸿章刚刚升任直隶总督，志得意满之时，恩师曾国藩曾问他如何应对外交。李鸿章说：“与洋人交涉，不管什么，我只同他打痞子腔。”如今，李鸿章可能才明白，面对诡计多端、贪婪无度、恃强凌弱的强盗时，打什么腔都无济于事。伊藤博文告知李鸿章，限清政府在 4 天之内回复，不然就接着打。

谈判期间，李鸿章与朝廷的所有电报往来，都被伊藤博文所掌握。这还要追溯到长崎事件，当时，北洋水师的水兵跟日本人打得不可开交，一名水兵在群殴中丢失了一本小字典。这本小字典被一个叫吴大五郎的日本人捡到，并立即交给政府。日本电信专家判断，这是清政府电报用汉字译电本。这个译电本中的数字组合方法，揭示了清政府制造密码的方法。

此后，日本政府通过密码制造方法，成功破译了中国驻日公使馆的电报密码。这件事被列为国家最高机密，只有伊藤博文等极少数元老知道。

然而，从一开始，这名丢失译电本的水兵就没有将此事上报，导致清政府高层对此一无所知。由此可见北洋水师的管理制度形同虚设。

这个译电本一直沿用，贯彻整个甲午战争的全过程，清政府的每一项军事决策，日本政府都了如指掌。李鸿章去日本和谈，用的还是这个译电本，因此，清政府割地赔款的底线，对手一清二楚。

战场上，日本打翻了清军所有的牌；谈判桌上，日本则看透了清政府所有的底牌。无论是战场，还是会场，大清帝国的所有底细就像是被日本用 X 光照着一样，里里外外都是透明的，毫无隐私可言。

日本的勒索条件传到国内，北京城都炸锅了。朝堂之上，都是一边倒地反对议和、请求再战的呼声。外省的封疆大吏也纷纷上书，反对签约。短短两个月内，大批现职官员上奏、代奏或电奏的次数达 154 次，加入的人数超过 2464 人次。署理台湾巡抚唐景崧更是一日数电，请求朝廷不要割让台湾。只有四川提督宋庆，委婉地说咱实在打不过人家，要不就先卧薪尝胆，实事求是一下？但也不敢明确提同意。他跟日军交过手，知道清军手里的枪都不是枪，而是烧火棍。

朝堂之下，当时在北京参加乙未科会试的举人们闻讯之后，都群情激愤，纷纷以所在省为单位联名上书，共计 31 次，参加人数达到 1555 人次。康有为、梁启超当时也在北京参加考试，他们组织十八省举人联名上书，即“为安危大计请迁都练兵变通新法以塞和款而拒外夷呈”，又称为《上清帝第二书》。但是康有为、梁启超当时都还只是普普通通的考生，没有什么号召力，所以前来参加联名上书的人寥寥无几，也没有产生什么政治影响力。

康有为将联省公车上书不能上达天听、感动圣上，归咎于奸臣阻挠。这个奸臣，就是孙毓汶。但其实恭亲王重新主持军机处后，孙毓汶已经失势，做什么都很难影响中枢决策。再说，当时朝野汹汹，一致反对议和，孙毓汶怎么敢以一己之力，去做这种吃力不讨好的事情？连慈禧都不敢。而且，就算孙毓汶暗中使坏，康有为又是从何而得知的？

真相只有一个，那就是康有为压根没有去都察院投递这份上书，可见孙毓汶是莫名其妙被人攻击的。

不过，后来康有为将自己发动的联省公车上书夸大，把自己塑造成为各省举人们反对议和的精神领袖，并成功将绝大多数人的鼻子牵着走，以至于连美国汉学三杰之一的魏斐德都说："这次运动的领袖是广东人康有为。"①

茅海建先生认为，实际上，公车上书的幕后，有政坛高级官员的一手操纵。官员为了在京城形成反对议和的强大声浪，故意将马关谈判的基本条款通过下级官员，透露给康有为等公车，引导公车们纷纷上书。公车们不是普通人，而是帝国未来的各级官僚。上千的公车一同上书，足以给朝廷带来压力，迫使光绪拒约再战。② 这位高级官员，极有可能是翁同龢。

由此可见，康有为始终以为自己是公车上书的主角，但其实他不过是政府高层中人的一枚棋子。康有为虽然学贯中西，气贯长虹，但

---

① ［美］魏斐德：《中华帝制的衰落》，邓军译，黄山书社，2010年，第191页。

② 参见茅海建：《戊戌变法史事考》，生活·读书·新知三联书店，2018年，第38—40页。

是对政治运作的规则还相当陌生。政治经验的缺乏，注定了此后戊戌变法的失败。

2．光绪：我能怎么办，我也很绝望呀！

1895年4月17日上午，李鸿章颤颤巍巍地在《马关条约》上签下自己的名字。当天午后，他就愤然离开日本归国。随后，光绪皇帝朱批“依议”。

不过，条约签订后，还有一个互换条约的流程，如果清政府不按期换约，就等于条约作废，两国战争继续。

也就是说，在4月17日到5月4日换约日之间，还有17天的时间让光绪皇帝反悔。

可是，最后光绪皇帝还是没有反悔。

为什么举国之人都要求拒约主战，光绪皇帝还要同意签订这个丧权辱国、椎心泣血、剜肉补疮的条约？要知道他也是一个满腔热血的爱国青年啊。

可能是难以置信光绪皇帝会同意签约，康有为在日记中大开脑洞，为皇上开脱责任，说：皇上其实是不情愿签约的，但是奸臣孙毓汶和大太监李莲英狼狈为奸，内外恐吓，逼迫皇上签订。这时，刚正不阿、大义凛然的帝师翁同龢怒斥了孙毓汶可耻的卖国行为，让孙毓汶哑口无言。孙毓汶还不死心，又托李莲英去劝说慈禧太后，让太后来压迫皇上画押。皇上没有办法，只得含泪签约。[①]

孙毓汶不但再次无端被指责，连李莲英都被康有为莫名其妙地拉来一顿臭骂。至于慈禧，她始终就没有明确表过态，将决定战和的责任都推给了光绪。毕竟签订和约就意味着丧权辱国，就意味着愧对列祖列宗，慈禧虽然倾向于求和，但也不会主动把千古骂名揽到自己头上。

其实，光绪皇帝同意签约，完全是因为他认清了形势。

大家都坚持再战，但是拿什么来战？打仗是要真刀真枪，是要刺刀见红，是要血流漂杵的，不是上下两片嘴唇碰一碰就行的。李鸿章在答应赴日本后，日本大本营任命参谋总长小松宫担任征清大总督，率领日军实施跨海进攻直隶平原，打下北京城的计划。为此，日军调集 80 个步兵大队，14 个骑兵中队，40 个炮兵中队，13 个工兵大队。4 月 9 日，第一批日军近卫师团、第四师团从宇品港正式出发。

4 月 10 日，已经重伤在床的李鸿章在病榻上强硬反对日本的各项要求，伊藤博文语带威胁，告诉他昨夜已经有 20 艘运兵船渡过下关海峡，现在在广岛还有 60 艘运兵船整装待发。如果 4 天之内清政府不给答复，那么到时候连我都无法再阻止军队的进一步行动了。

伊藤博文敲诈是真，军方想发动更大规模的战争也是真。日军并不完全听命于文官政府，例如在辽东战场，陆军大将山县有朋就不理睬大本营的作战意图，擅自率领第一军进攻海城。军方执意要发动征

---

① 蒋贵麟主编：《康南海先生遗著汇刊》第 22 册《康南海先生自编年谱》，（中国台湾）宏业书局，1976 年，第 30 页。

清大决战，伊藤博文虽然强烈反对，却也正好利用这件事来要挟李鸿章。如果李鸿章答应签约，那么他又正好利用合约来掣肘军方。对于伊藤博文而言，这是怎么做都不会赔本的买卖。

此时，防守山海关的清军主帅是两江总督、南洋大臣刘坤一，防守天津大沽方向的是署理北洋大臣、直隶总督王文韶。李鸿章的淮军固然一触即溃，刘坤一的湘军也是不遑多让。刘坤一在关外，“一日讹言倭兵至，坤一惧而三徙，其悖谬如此”。湘军将领吴大澂甚至写信给日军，表示只要你们放下武器，跪下投降，我军一定宽大处理，如果执迷不悟，后果就是死无葬身之地。话说得虽然硬气，但是一开战就全线溃败，吴大澂差点拔剑自尽。

换约之前，光绪皇帝写信给这两人，要求他们对拒约再战明确表示态度，就是想知道他们的军队有没有能力跟日军交战。

王文韶回电，先是表明态度，必可一战，然后又说：“究竟是否可靠，臣实不敢臆断。”他用打太极的方式告诉光绪皇帝，我也没有把握呀。

太极宗师刘坤一回电，也是先说自己有持久作战的心理准备，但就是回避说有战胜的把握，“力任战事，此外非所敢知”。末尾，他说自己跟王文韶等人的意见相同，其实就是委婉表示对战争前景没有信心。

光绪皇帝不懂太极招式，可一看二位的电文，也就心里有数了。这些人嘴上都说要再战，其实都是指望不上的。

到底是战是和，光绪皇帝像是熬了几个通宵打游戏的学生，被折磨得容颜憔悴。

屋漏偏逢连夜雨。光绪正在愁眉苦脸之际，天津又突然爆发海啸，清军人员和军械装备都有重大损伤。根据王文韶的评估，沿海防务至少要一两个月才能恢复。言下之意，如果此时日本人打过来，清军肯定完败。海啸事件也动摇了主战派的信念，翁同龢在日记中自问："此时值此奇变，岂非天哉？"荣禄也说："莫非天意？"对于儒家知识分子而言，天怒大过人怨，灾异现象是上天给予统治者的警告，如果统治者不思悔改，一意孤行，那么老天爷将再降下可怕的灾难。因此，很多人就开始自我反省：再这么打下去是否违背天意？

光绪皇帝从下定决心批准条约，到最后批准换约，也是俄、法、德三国"帮忙"的结果。李鸿章在赴日之前，已经下定决心，不惜引狼入室，也要保住中国的国土利益。为此，李鸿章策动清政府外交人员，向俄、德、法提出三国干涉还辽的请求。此三国当然不会坐视中国这块奶酪被日本一家独占，因此联合向日本政府施加压力。

俄国是最觊觎中国东北和朝鲜半岛的国家，它率先表态，让清政府干脆先批准《马关条约》，反正"批而不换，约仍无用，即使已换，亦不能阻三国所商"。于是，当天光绪皇帝就批准了和约。

和约批准后，翁同龢跟光绪皇帝来到书斋，这对师生，同时也是君臣的两人，默默对视，涕泪不止。

翁同龢不能接受这个现实，他继续跟其他军机大臣激烈辩论，坚决不同意割让台湾。甚至他对光绪皇帝讲话，也失去理智，火气十足。但是光绪皇帝就想割让台湾吗？他在换约之前几天还电旨李鸿章，要求他再做最后的努力，看能不能劝说伊藤博文放弃索要台湾。但是，李鸿章又能怎么办呢？

李鸿章唯一能做的，就是策动列强干涉还辽，至于台湾，列强根本没有兴趣。因为辽东半岛是中国的生死命脉，谁掌握辽东半岛，谁就等于掐住了中国的咽喉。列强绝对不会让日本来掐住这个咽喉，所以才会对日本施加强大压力。日本也自知无法同时与三大强国对抗，只得同意归还中国辽东半岛，但是中国要用3000万两白银作为交换。换约日期可以延展5天，5天后再不换约，日军立即开战。

光绪没有办法，只得在绝望中批准换约。能赎回辽东半岛，已经是不幸中的万幸了，他还能奢望更多吗？

3．上清帝第三书：康有为进入高层视野

烟台换约两天后，光绪皇帝发下一道谕旨，向满朝文武解释为什么要签订和约：一是水陆交绥，战无一胜；二是陵寝重地，宗社攸关；三是慈闱颐养，不能惊扰；四是天心示警，海啸成灾。

光绪皇帝还痛定思痛，宣告要进行战后改革："嗣后我君臣上下，惟当坚苦一心，痛除积弊，于练兵、于筹饷两大端，尽力研求，详筹兴革，勿存携志，勿骛空名，勿忽远图，勿沿故习，务期事事核

实，以收自强之效。”①

不过，他对中国战败的反思，还停留在表面，仅仅以为是军事上和财政上有严重问题，却没有意识到整个大清帝国政治文明的落伍。

其实这并不意外，光绪皇帝从小接受的教育，跟所有中国参加科举考试的知识分子并无不同，都是摇头晃脑地背诵“天地玄黄，宇宙洪荒”之类的东西。只不过，光绪皇帝是名师一对一授课，能享受全方位的经学辅导。翁同龢老师多年来担任同治皇帝经学辅导教师，熟悉经学教材，了解经学考纲，特别是对今文经学的教学，更有独到的见解。

翁同龢跟李鸿章一样复杂，既大忠似奸，又大奸似忠。他的思想也很难定性，他既不是徐桐那种油盐不进的老顽固，也不是李鸿章这种痞里痞气的洋务派。他半旧不新，新旧交织，是一个处在三千年变局中的矛盾体。

1886 年，翁同龢向小皇帝推荐早期改良思想家、著名洋务派骨干冯桂芬的著作《校邠庐抗议》。所谓抗议，不是字面意思，而是指越级提出意见。冯桂芬是道光二十年（1832）的榜眼，早在中举之前他就曾在林则徐等封疆大吏的幕府中服务。太平天国起义后，他曾经协助曾国藩、李鸿章搞洋务，为他们的洋务事业出谋划策。

1871 年，冯桂芬的著作《校邠庐抗议》刊行，书中系统论述了西方先进技术越洋而来后的中国局势。他认为，中国现在已经面临前

---

① 参见军机处《洋务档》，光绪二十一年四月十六日。转引自茅海建：《从甲午到戊戌：康有为〈我史〉鉴注》，生活·读书·新知三联书店，2018 年，第 84—85 页。

所未有的内外危机，要想绝地求生，就必须全面实行变法。他大声疾呼："法苟不善，虽古先吾斥之，法苟善，虽蛮貊吾师之。"

但是，他的著作几乎无人问津，沉寂了20多年，就跟魏源的《海国图志》一样。

这样一本滞销书，竟然被翁同龢拿来推荐给小皇帝，还嘱咐他从中自选、自修、自用。小皇帝也读得很认真，并把书中汰冗员、许自陈、省则例、改科举、采西学、善驭夷等篇抄录成册，放在床边，日日研读。

翁同龢向小皇帝推荐的早期维新思想家的书不止一本。

所以，小皇帝会在亲政之前就认识到用人之道，不拘资格，"其人贤，既少年新进，亦不妨拔举之；其人不贤，既阅历已久，安得不除去之！此朝廷用人之权衡也"。

所以，小皇帝会对科举考试的内容产生不满，认为考中的人"其于文字盖能通晓矣，至于德行政事，犹必明试而后乃知之。故艺文者，取士之权舆也"。

所以，小皇帝会对清朝皇帝集大权于一身的制度表示不屑，认为天下之大，绝非一人就能治好，要找贤才一起来治，"人君无权，则天下不可得而治，然使权尽归于人君，而其臣皆无权，则天下亦不可得而治"。

这个北京紫禁城里的小皇帝，在思想上其实早已跟广东南海的康有为有了共振的频率。

但是，小皇帝的思维仍局限在洋务派那套体系里，还是没有意识到清王朝在政治文明方面的全面落伍，他对外界的认识还停留在表面，而且隔阂甚深。

要知道在整个皇宫里，当时连一张世界地图都没有。[①]

现在，国家已经到了鱼烂河决的田地，再不变法，自己说不定就要跟崇祯皇帝一样去找棵树“自挂东南枝”了。但是，变法究竟该怎么变？他需要一个具体可操作的方案，而不是夸夸其谈，或是正确的废话。没有可行的操作方案，任何政治愿景都会变成不了了之。

早在1866年，大清政坛就有过一场关于变法的争论。当时，英国参赞威妥玛执笔为英国驻华公使阿理国撰写了《新议略论》一文，照会总理衙门，建议中国尽快变法，如果还泥古不化，那么后果不堪设想。

朝廷很重视这位英国友人的建议，并将这份文件下发给沿海各省督抚们进行讨论，结果分成了两派：一派是义正词严，坚决反对；另一派是赞成变法，却提不出如何变法的主张。例如，当时还是江西巡抚的刘坤一在上奏时指出科举考试的弊端，在于所学非所用，所用非所学，“其应如何变通旧章，力挽陋习，俾士人皆崇实学而达政本，以副朝廷求才之盛心。伏乞饬下礼部及各省学臣敷议实行”。把责任推给了其他人。

各省大员们的讨论也都是含糊不清，要么语焉不详，要么语无伦次。因此，这场争论也就无疾而终了。

---

① 直到1898年，光绪才意识到身边没有世界地图可用的窘境，便命令上海道蔡均负责办理。

一年后，英国公使阿理国见清政府毫无动静，实在按捺不住，再度上书清政府，“设立新法，整顿旧基”。

朝廷觉得很有道理，许多大臣也觉得变法刻不容缓，但是没人知道应该从哪里着手。

1879年，美国已离任的总统格兰特看到日本明治维新之后蒸蒸日上的局面，以及对中国磨刀霍霍的架势，感到非常忧虑，便劝中国要立即进行自强运动，不然“以日本一万劲旅，可以长驱直捣中国三千洋里，而为中国所不能抵御者也”。他的先见之明，比康有为还要早。

像这种出于好心劝告中国政府变法的外国人很多，清政府也都认为言之有理，但是往往很快又抛之脑后了。

如今，格兰特的预言已经成真，中国究竟该怎么自强？

恰在这时，康有为的《为安危大计乞及时变法呈》，即“上清帝第三书”被都察院呈送上来。《马关条约》签订后的第二天，殿试放榜，康有为中二甲第46名进士，随后被分配为工部虞衡清吏司的候补主事。清政府的各个机关单位，编制名额有限，想加进去一个新员工，就必须等一个老员工退休。因此，排队等候的人就叫作候补主事。以兵部为例，通过科举的候补主事要补上正式主事，至少要十六七年，通过捐纳的候补主事，至少要三四十年。在那个人均寿命较短的年代，能在五六十岁成为正式员工的已算幸运，有的人可能还没当上正式员工就两腿一蹬驾鹤西去了。

康有为如果想补缺，最快也要10年，而此时他已经快40岁，估计补缺之后也有50多岁。但是，康有为在外一直声称自己是“工部主事”，听起来更高端大气上档次一些。

不过，候补主事虽然不是正式主事，毕竟也算是工部的人了。只要你有了归属的机关单位，那么以后上书言事就方便了许多。

康有为把那封未呈递的“上清帝第二书”稍微修改了一下，作为“上清帝第三书”，委托都察院代奏。但为什么康有为不通过本部门的工部来代奏，而是选择别的部门，实在是令人费解。

都察院将康有为的折子上交给军机处，军机处在经过审核之后，由军机章京抄录一遍，再由军机大臣上交给光绪皇帝。光绪皇帝看完之后，军机处又将这封上书呈送给慈禧太后。

因此，这是康有为的名字第一次给光绪和慈禧留下深刻印象。他们3个人的纠葛，也在此正式展开。

“上清帝第三书”长达1.5万字，为光绪提供了一整套变法方案，其中，富国之法有六：钞法、铁路、机器轮舟、开矿、铸银、邮政；养民之法有四：务农、劝工、惠商、恤穷；治兵之法有六：汰冗兵而合营勇、起民兵而立团练、练旗兵而振满蒙、募新制以新器械、广学堂以练将才、厚海军而威海外；教育改革则包括改革科举制度，设立道学一科以崇孔子教等。

这套方案中，有些具有可操作性，有些属于异想天开，有些属于大而化之，根本不可行。但是，这毕竟是一份完整的改革方案，引起了光绪皇帝的高度重视。光绪皇帝随后将几份他很中意的改革奏折下发给所有的中央官员和地方高级官员，要求他们认真学习研讨，并在一个月内上交读后感。其中，“上清帝第三书”在下发的九件奏折中排在第二。[①]

这等于康有为的名号从此进入各封疆大吏的视野，为他获得了极大的政治名声。晚清一颗冉冉升起的政治明星，正在蓄势待发。

① 排在第一的是广西按察使胡燏棻的奏折《因时变法力图自强条陈善后事宜折》。胡燏棻当时在天津小站负责编练新军“定武军”十营，后被调任顺天府尹，由袁世凯接任（1895）负责小站练兵。

第三章
康党崛起

第一节　路在何方：甲午战后三年的清朝政局

1. 恭亲王：借钱赔款是头等大事

1895年9月，英国驻华公使欧格纳任期结束，准备回国。临走前他去总理衙门辞行，语重心长地对恭亲王奕䜣说："王爷在中国为第一有权有势之人，王爷拿不定主意振兴中国，即无人能拿主意，但此时急矣。若并日而作，百废俱举，各国闻之，自不敢动。若如此因循，恐不数年，便不可问也。日本先下手得便宜，各国未尝不动心也。好自为之，无为天下万世笑也。"①

---

① 上海图书馆编：《汪康年师友书札·一》，上海古籍出版社，1986年，第714页。

此时，甲午战争的硝烟刚刚散去，《马关条约》的墨迹未干，割地赔款的创伤还在隐隐作痛。过去大家搞洋务运动，本意是为了“师夷长技以制夷”，结果二三十年过去，不仅西洋的夷人没能“制”住，连东洋的夷人也骑到我们头上来了。如今，洋务运动的首领、晚清新式外交的开拓者——奕䜣“王者归来”，任领班军机大臣与领班总理衙门大臣。满朝文武都认为，他肯定能够带领整个国家一元复始，万象更新，重新实现大国崛起。

尽管朝野上下都对奕䜣充满了期望，但是奕䜣无论在生理上还是在心理上都已经不堪重任。生理上，他已不是当年那个意气风发、精力旺盛的年轻人了，而是一个 63 岁的白发老人。心理上，他早已屈服于慈禧的打压，甲申易枢后，为了躲避杀身之祸，他跑到了西山戒台寺，读书吟诗，坐禅悟道，不问世事，就差削发为僧了。此次归来，他不再锐意进取，不再挥斥方遒，而是凡事虚与委蛇，唯唯诺诺，毫无主见，比醇亲王有过之而无不及。

而且，奕䜣在复出后经常生病请假，根本无法开展正常的工作。按理说，要是你实在身体不舒服，难以承担重任，那就主动辞职呗，可是奕䜣就不。难怪欧格纳对他说：“且王果善病，精力不继，则宜选忠廉有才略之大臣专图新政，期于必成，何必事事推诿，一无所就乎？”[①] 没办法，奕䜣还有权力欲望，他可以不干事，但是必须赖在这个位子上。

① 《翁同龢日记·五》，中华书局，1997 年，第 2843、2845 页。

甲午战后，奕䜣最重要的任务就是筹巨款赔偿日本，仅这一件事，就足以让任何人的头大上一圈，因为大清朝已经穷得山穷水尽了。以前清政府财政紧张，还可以拆东墙补西墙，现在面对这 2 亿两白银赔款和 3000 万两白银的赎辽费，根本就无墙可拆。

这时有人站出来说，我有办法来负责赔款，这个人就是湘军将领、湖南巡抚吴大澂，他给湖广总督张之洞发电：

> 倭索偿款太巨，国用不足，臣子当毁家纾难。大澂廉奉所入，悉以购买古器，别无积蓄，拟以古铜器百种、古玉器百种、古镜五十圆、古瓷器五十种、古砖瓦百种、古泥封百种、书画百种、古泉币千三百种、古铜印千三百种，共三千二百种，抵与日本，请减去赔款二十分之一。请公转电合肥相国，与日本使臣议明，作抵分数。此皆日本所希有，置之博物院，亦一大观。彼不费一钱而得之，中国有此抵款，稍纾财力，大澂藉以伸报效之忱，一举而三善备焉。[1]

张之洞哭笑不得，这个下属真的很有去说脱口秀的潜质。

言归正传，奕䜣既然无墙可拆，那就只能通过出卖国家权益来换取西方列强的债款了。

所以，《马关条约》签订后，清政府立即成立了借款委员会，由

---

① 《张之洞全集》，河北人民出版社，1998 年，第 6456 页。

奕䜣全权负责。

这明显是一个吃力不讨好的工作，可奕䜣不去承担，谁去承担呢？李鸿章早已经被逐出权力核心；孙毓汶很自觉地提出了退出军机处，他的亲密战友徐用仪还待在军机处，也早就无人问津，几年后也会被扫地出门；至于翁同龢，他对外交什么的根本就两眼一抹黑，让他去负责借款根本不现实。没办法，谁叫自己是爱新觉罗家族的人呢，总不能眼睁睁地看着它崩溃，硬着头皮也得上了。

《马关条约》规定，全部赔款要分 8 次交完，第一次 5000 万两白银在 6 个月内交清，第二次 5000 万两白银在 1 年内交清，剩下的分 6 次于 7 年内交清。且第一次交清之后的余额，要每年按照 5% 的利息支付。为了保证清政府按时还款，日军还要在威海卫驻军，每年驻军的费用 50 万两白银也由清政府支付。

另外，3000 万两白银的赎辽费必须一次交清。

这 2.3 亿两白银，日本随后又要求用英镑来支付。因为当时国际银价下跌，英镑相对升值，所以日本通过汇率手段，又间接地多榨取到白银约 1500 万两。

看看人家做强盗，不但要让你倾家荡产，还要让你背负天价债务，让你永世不得翻身。

清政府要借钱倒也不难，列强们都争着抢着来借钱给你。毕竟清政府给的利息，是任何理财产品都要甘拜下风的。

从 1895 年到 1898 年奕䜣去世，这 3 年间，清政府总共向外国银行借款 7 次，共计白银 3.7 亿两。其中，1895 年的俄法借款和 1896

年英德借款数额最大，各1亿两。俄、法借款，为俄、法银行包销的清朝政府公债，回扣5.875%，年息4厘，分36年还清，该款用于第一期赔款及赎辽费；英、德借款，为汇丰银行、德华银行包销的清朝政府公债，回扣6%，年息5厘，也是分36年还清，该款用于第二、三期赔款。至此，清政府还有8700万两的赔款要还。

这些借款都是以清政府的海关税收、盐税和厘金作为担保，为此在海关税务司的监督下，在长江流域设立了6个厘金局，列强相当于控制了中国内陆的财政。

列强们为了“借款”给清政府可谓挤破了脑袋，就在清政府准备第三期借款时，英国、俄国吵个不停。两国公使甚至跑到总理衙门，对着奕䜣、翁同龢等大肆咆哮，毫无顾忌。[①] 一个泱泱大国的外交部门，居然成为列强随意撒泼的地方。

奕䜣谁都不能得罪，也不敢得罪，最后只得决定：两不相借。

得知奕䜣的决定，一向蛮横的俄国居然偃旗息鼓了，而英国则继续无理取闹，要求清政府因为“失信”给予赔偿。奕䜣经受不住英国公使的压力，只得同意开放中国内河供英国船只航行，开放湖南，并担保不将长江流域租让给他国。英国公使空手套白狼，不费一枪一弹就勒索到中国的国家权益，为此还受到英国首相的高度赞赏。

奕䜣请求日本延缓第三期赔款期限，被日本断然拒绝。无奈之下，他只得向汇丰银行、德华银行再次借款，这其中所遭受的屈

① 参见《翁同龢日记·六》，中华书局，1998年，第3086页。

辱，可想而知。

《马关条约》的巨额赔款，是一副架在清政府和中国人民头上的沉重枷锁，从此寸步难行，康有为为此痛心疾首：“吾民精华已竭，膏血俱尽，坐而垂毙，弱者转于沟壑，强者流为盗贼，即无外患，必有不可言者。”

在这 3 年间，奕䜣的精力都花在了怎么借款之上，借款要考虑如何出卖国家主权，要考虑如何伺候好大肆咆哮的列强，这些都不是轻松的事情。奕䜣为此殚精竭虑，再无其他精力去做一些改革朝纲之类的事情。他所能做的，就是在一些小地方做些修修补补的工作，例如同意贵州学政严修的建议创设特科以广收人才，同意荣禄的建议增练新军以固国本，开设武科以培养新式军官等。他还低调处理了康有为创办的强学会，保护了青年一代的爱国热情。

但是，他做得远远不够。

2. 人才匮乏的窘境

自己的叔叔无能为力，那么作为皇帝，光绪自己是如何思考拯救这个千疮百孔的国家呢？

上章说过，光绪皇帝忍痛批准《马关条约》后，就下谕旨提出要进行战后改革。

1895 年 7 月 5 日，光绪皇帝又明发上谕：“为政之要，首在得人。前谕中外巨工保荐人才，业经次第擢用。当兹时事多艰，尤应遴拔真才，籍资干济。着各部院堂官及各直省将军督抚等，于平日真知灼见、器识闳通、究心时务、体用兼备者，胪列事实，专折保奏。其有奇才异能，精于天文、地舆、算法、格致、制造诸学，必试有明效，不涉空谈，各举所长，俾资节取。”①

从上谕中可以看出，光绪渴求的是精于“天文、地舆、算法、格致、制造诸学”的人才，也就是技术性人才，这依然是洋务运动所需的人才标准。当时，中国需要的是能够引领改革的人，类似于德国的俾斯麦和日本的伊藤博文、大久保利通。

求贤的谕旨发出后，保举人才的奏折纷至沓来。（茅海建教授在清宫档案中查到52件相关的保折、片、单，并整理出附表，放在《戊戌变法史事考二集》中，有兴趣的读者不妨去看看。）说实话，官员们保举的人才很多都不靠谱，例如翰林院侍讲王荣商保举学生萧开泰，说此人非常不满西方人在技术上卡我们脖子，所以自学成才，钻研出几样高科技的武器：“一曰火镜，用玻璃板镕铸而成，借日光取火，厚二寸者，可烧三里外之敌船，厚至一尺者，可烧三十里外之敌船；一曰炮架，用牛皮水袋，可御敌炮，中设机关，两旁安凸镜，能使放炮有准，合之可成营垒，分之可肩负而行；一曰竹筏，左右用木轮驾驶，中安木槽，可仰卧放炮，以攻敌船；一曰海镜，能入水不濡，洞见海底，又推其法为暗船，可驶至敌船之下，运放水

① 军机处《上谕档》，光绪二十一年闰五月十三日，转引自茅海建：《戊戌变法史事考二集》，生活·读书·新知三联书店，2018年，第130页。

雷；一曰气球，如鸟鼓翼，前后左右，惟意所向，中置炸弹，可自上击下，以毁敌垒。”①

像这样会忽悠的人才，也算难得一见。光绪没有定王荣商欺君之罪，可以说是个非常仁慈的君主了。

正如茅海建教授所言，这些保举的官员，“大多数属于‘察吏安民’的性质，这与光绪皇帝下诏求贤的主旨并不吻合，也与甲午战后‘卧薪尝胆’的‘自强’风尚不那么合拍”。

光绪皇帝下诏求贤的两年时间里，没有获得什么令人满意的人才。在实际操作中，很多高官借此良机扩充势力提拔下属，很多下层官员特别是候补官员借此良机获保以升官发财。中国政坛一如既往：腐败、因循、推诿、消极、愚昧……

年轻的皇帝想要收拾旧山河，现实却打了他一记耳光。因为在举国世道人心、风俗习惯、思想信仰、品行操守都全面败坏的情形下，如果没有有计划、专门化地来培养现代化的人才，只是“求贤于隐”，是根本求不到的。这个问题，光绪皇帝没有认识到。

当时中国人才匮乏的现状，康有为曾在“上清帝第三书”中提到症结所在，西方已经实行义务教育和高等教育，而中国则没有现代化的教育体系：“尝考泰西之所富强，不在炮械军兵，而在穷理劝学。彼自七八岁人皆入学，有不学者责其父母，故乡塾甚多。其各国读书

① 《军机处录副·光绪朝·内政内·职官项》，3/98/5328/3，光绪二十一年七月十七日，转引自茅海建：《戊戌变法史事考二集》，生活·读书·新知三联书店，2018 年，第 132 页。

识字者，百人中率有七十人。其学塾经费，美国乃至八千万。其大学生徒，英国乃至一万余。其每岁著书，美国乃至万余种。其属郡县，各有书藏，英国乃至百余万册。所以开民之智者亦广矣。而我中国文物之邦，读书识字仅百之二十，学塾经费少于兵饷数十倍，士人能通古今达中外者，郡县乃或无人焉。”①

康有为说的很对，回顾洋务运动的二三十年，只是强调片面的工业化，甚至把眼光紧紧地盯住军事国防，忽略了现代化教育的建设。以至于当光绪皇帝需要改变中国的人才时，却发现举国滔滔竟无人可用。

这其中，最紧缺的还是军事人才。

1897 年 11 月 14 日，德国借口曹州教案，派军强占了胶州湾。12 月 15 日，俄国军舰驶入旅顺，并向清政府提出修建中东路支线及租借旅顺、大连的要求。清政府完全没有抵抗能力，只得低声下气地全部同意。

帝国主义瓜分中国的狂潮即将来临，亡国灭种的危机已经迫在眉睫。

当战争一触即发的时刻，光绪皇帝发现朝中没有能够独当一面的将领。当年镇压太平天国的湘淮军宿将们垂垂老矣，年轻一辈的将领也没有几个熟悉近代战争的。将才凋零，青黄不接，光绪皇帝简直要抓狂了，他连忙发下谕旨：“各省将官有老于兵事，缓急可济者，

---

① 孔祥吉：《康有为变法奏章辑考》，北京图书馆出版社，2008 年，第 58 页。

无论官职大小，现任退闲，准其一律奏调等语，所奏尤为当务之急，着即迅速筹办；如有知兵之员，为该将军督抚等素所深悉者，准其保奏，以备干城之选。”①

也就是说，不管是好桃子还是烂桃子，只要你摸过枪打过仗，就赶紧到我这里报到，我这里一网兜收。由此可见，光绪皇帝焦急到了什么程度，这也能反映出甲午战后的下诏求才根本没起到什么效果。

1898 年 1 月 17 日，光绪皇帝又下发谕旨，要求地方将军督抚保举“知兵之员”。毫不意外，各省封疆大吏们的奏折再一次纷纷飞往京城，结果他们保举的将才基本都只在地方上跟土匪交过手，缺乏近代战争的经验。

现在想想，后来清政府要抵御外侮，保家卫国，除了跟能够呼风唤雨、刀枪不入、飞檐走壁的义和团合作，还能依靠谁呢？这一出腾笑中外的闹剧，其实不正是一个王朝无可奈何的悲剧吗？

3. 大家不种鸦片，怎么继续修园子？

15 世纪的意大利政治学者马基雅维利曾说过一句名言：“现实主义者时常会对非理性的对手产生误判，因为他们以为对方和自己一样理智。”

---

① 军机处《上谕档》，光绪二十三年十一月二十五日，转引自茅海建：《戊戌变法史事考二集》，生活·读书·新知三联书店，2018 年，第 142 页。

不幸的是，19世纪后半叶中国的最高统治者慈禧太后就是这么一位非理性的人。当恭亲王奕䜣在辛辛苦苦地借债还款，当光绪皇帝在迫不及待地向天下访求人才之时，慈禧的颐和园还要接着修。

甲午战争之前，慈禧还可以利用海防建设的名义来敛财。可是，甲午战争之后，清政府已经穷得叮当响了，从哪里搞钱继续修园子呢？

情急之下，慈禧想到了鸦片的税款。

1896年，黄海上的硝烟尚未散尽，慈禧下令将“洋药”厘金全数提归颐和园工程处。

“洋药”厘金还是不够填补颐和园的建设费，慈禧又想到了中国国产鸦片，即“土药”的税款了。1897年6月11日，户部奏请：“将来各省收有成数，准提一成开支局用经费；六成留归本省，专备拨还续借洋债；其余三成尽数解部，照案作为奉宸苑颐和园等处工程之用，庶巨款不致尽归无着。”[①] 国产鸦片每担100斤，征收厘金60两白银，全国每年可征收2000万两白银。2000万两的三成，就是600万两。这600万两白银不用于国计民生，不用于重建国防，只因为这些在慈禧眼里都是无关紧要之事，修园子才不会让这笔巨款“尽归无着”。

但是，颐和园就像是钞票粉碎机，每年600万两白银的巨款还是不够用。于是，1898年2月10日，户部又奏请在全国城市乡镇一律设洋药、土药牙行，“凡有洋药、土药交易，悉由该牙经手，约取用

① 《光绪朝东华录》，光绪二十三年五月，转引自戚其章：《颐和园工程与北洋海军》，《社会科学战线》1989年第4期。

钱。并准该牙自行营运贩卖，独专共利”，并规定：“不准一县境内不设一牙。”也就是说，清政府要在全国各地强行推广鸦片专卖，鸦片只有卖得越多，税款才能收得越多。不得不说，户部尚书翁同龢在敛财方面确实很有一套，只当光绪皇帝的老师确实有些屈才。

清政府高层能提出这个敛财方案，本身就已经说明当时中国的国产鸦片已经大规模种植，所以才有可能从中榨取巨额税款。

在《天津条约》中，清政府在事实上承认了鸦片贸易的合法性，只是中国可以确定征税的额度。此后，清政府为了抵制鸦片的进口，就提高关税，期待通过抬高鸦片价格而减少吸食者。但是，利欲熏心的英国政府和鸦片商人不允许中国提高鸦片的关税。到了 1870 年，英国的财政收入中，鸦片贸易所占比例已经从第二次鸦片战争之前的 1/18 猛涨到 1/7。几乎所有的英国人都沉醉在鸦片贸易带来的真金白银中，连曾经严厉谴责鸦片贸易的威廉・格拉斯顿都开始出卖灵魂，在下议院发表热情洋溢的演讲，坚决拥护这项贸易。①

清政府不能眼睁睁地看着白银继续大量外流，于是他们决定，既然我们无法对付或者左右英国政府的决策，那么我们就在中国大规模种植罂粟，以更低廉的价格制造鸦片，与其让白银被外国的鸦片贩子赚去，不如被本国的鸦片贩子赚去。正如直隶总督李鸿章在 1874 年的奏折中所言，中国应该“暂弛各省罂粟之禁，而加重洋药之税厘，使

---

① 参见 [美] 特拉维斯・黑尼斯三世、[美] 弗兰克・萨奈罗：《鸦片战争：一个帝国的沉迷和另一个帝国的堕落》，周辉荣译、杨立新校，生活・读书・新知三联书店，2005 年，第 328 页。

外洋烟土既无厚利，自不进口”，这样“不但夺洋商利权，并可增加税项”。直到国产鸦片垄断了国内市场，到那时我们再来严禁鸦片，就容易得多了。

于是，清政府开始鼓励国产鸦片的种植。1885 年，清廷规定“洋药”每百斤收税银 86 两，而对“土药”只征收 60 两。因为政策利好，所以全国上下开展了轰轰烈烈地种植鸦片的“运动”。一时间，罂粟花遍地绽放。国产鸦片的数量在 1866 年约为 5 万箱，1870 年已达到 7 万箱，已超过了进口洋烟的数量。至 19 世纪 80 年代，国产鸦片的总量已是进口鸦片的二至四倍，急得英国鸦片贩子大把大把地掉头发。有个叫阿尔柯克的人甚至提议，要把印度鸦片全部倾销到中国，这样中国市场上的鸦片价格就会暴跌，中国本土的罂粟种植者就会大批破产。这显然是不切实际的想法，但也从侧面反映出当时进口鸦片的滞销窘境。

从慈禧在全国各地强行推广鸦片专卖之后，中国的鸦片种植、贸易更是蒸蒸日上。1868 年，清政府的主要鸦片税收为 2427631 两白银，到了 1905 年，已经猛涨到 6548349 两。与此同时，1909 年时，全国约有 2500 万人染上了烟瘾，超过 70% 的成年男性都在吸食鸦片。

清朝末年，鸦片种植已经成为人民群众和统治阶级的共同利益。对于老百姓而言，“种植罂粟花，取浆熬烟，其利十倍于种稻”，“鸦片之利，数倍于农。小民无知，孰不弃农而趋利乎？”既然种植鸦片的利润比种其他农作物高出 10 倍，那谁还愿意去辛苦费力地种水稻、小麦？而且当时印度的鸦片生产、加工制造技术，已经随进口鸦片传到了清朝的内陆，全国各地区的鸦片生产、加工制造水平都有了空前的提高，帮助国产鸦片实现了“师夷长技以制夷”的目标。于是，大量的耕地被用来种植鸦片，很多地方如云贵川、东北、陕甘等地，比例能占到总耕地面积的一成，甚至是半数以上。其中，四川的鸦片种植可以说是全国标杆，据说连平时吃的蔬菜都没人种，要从外地调运。

对于清政府而言，由于要同时应付太平天国运动和英法联军，朝廷的财政出现前所未有的危机。经济学家彭泽益根据中国社会科学院经济研究所藏清代钞档及当时各省督抚、统兵大臣的文集、奏稿等，估算出镇压太平天国的军需开支高达 8.5 亿两白银。如果将此数额分摊至每一年，再加上第二次鸦片战争中的开销，每年的军需开支将在 4000 万两以上，由此可见清政府的财政压力。

这时，鸦片税收自然成了一棵关键的救命稻草。1858 年，咸丰帝默许政府向鸦片抽税，从此，鸦片税变成了政府的一大收入，税率也逐年增加。与此同时，各省也开始多借洋药之名开征土药厘金。1881 年，四川省加抽土烟厘金，据《丁文诚公遗集》记载：“今川省市卖土烟，每百斤约值价银一百六十两，计每斤价银一两六钱，照洋药见十抽三章程，每斤应征税厘银四钱八分。”可见，四川土药厘金是每百斤抽银 48 两，比其他洋药每百斤抽银 30 两足足多了 18 两。即使不直接抽取土药厘金，也可以征收种罂粟的土地税，以徐州为例，一亩需纳土地税 3 钱给知县。正如 1878 年郭嵩焘指出：“川、滇、甘、陕各省栽种罂粟，州县私收土税，数倍于常赋。”

就这样，清政府获得了镇压太平天国急需的资金。1859年，清政府规定：所收洋药厘捐，按三个月报部解库一次，其有军务省份，准留充军饷，按三个月造册报部。正是因为规定的含糊，湘军、淮军才可以任意截留洋药厘捐作为军费，客观上导致了后来地方势力的坐大。

土药厘捐不但帮助清政府度过了最艰难的岁月，还为清政府继续苟延残喘提供了活力。甲午战争之后，清政府开征土药统捐，对于税收分配特别提到要做练兵经费之用。鸦片税收也包括偿付外债和赔款，“国家既得此大宗款项，举新政，偿债金……”而自强事业和新政改革推动也都要靠鸦片税，“近可以抽大宗之膏捐，远可以为自强之基础”。平心而论，如果没有鸦片税作为国家主要财政收入来源，中国现代化改革的初期，在晚清财政困窘，其他税收难以因应情况下，可能要捉襟见肘，困难重重。就此而言，鸦片仿佛成为现代化的有力推手。

甚至从某种程度上来说，鸦片国产化也确实减少了一部分白银的外流，打击了英国政府的嚣张气焰。最后，英国政府只得放弃毒品政策，国内出口形式也转变为通过日本毒贩的加工，将鸦片制成吗啡向中国兜售。

但是，清政府这种大力发展鸦片种植、贸易的政策依然是饮鸩止渴，自我毁灭。

鸦片对个人身体、劳动生产、社会治安、道德风俗、国家财政、国防军备，甚至种族繁衍都有恶劣的影响。中国的传统价值体系、社会秩序、政治制度，以及国家的权力基础都面临崩溃瓦解的危机。1896年，云南一省年产“土药”8万吨，合计16万担，这还没算上贵州、陕西、四川、甘肃、直隶等省。而1863至1905年，进口“洋药”加上估算的走私“洋药”总数，也就在11万担而已。而大清遍地罂粟，饥荒成为常态，疲弱之民遍野，彻底输在了20世纪的门槛上。

为什么饥荒成为常态？因为大片耕地都在种罂粟，导致粮食减产。1877年持续3年的特大干旱袭来时，华北地区饿死千万，这就是“丁戊奇荒”。饿死人最多的地方就是山西，因为山西530万亩的耕地中土质最好的60万亩全部用于种植鸦片。《温洗马戒吸食鸦片栽种罂粟说》一文中说：“按吾晋土田志旧书所载四十九万五千九百三十四顷，今自罂粟盛行，每县之田，种罂粟者不下十之三四，合全省土田计之应占十五万顷。”当毒品驱逐粮食，贪婪驱逐良心之时，就会出现这种饿殍遍野的人间惨剧。

鸦片的大众消费化和日常生活化，造成中国人身体素质、社会、国家、种族的发展危机，中国呈现出病夫病国的状态。如果说，咸丰帝最后默许抽取鸦片税，是因为太平天国的威胁近在眼前，让他不得不出此下策。那么，慈禧太后为了一己私欲，而在全国各地强行推广鸦片专卖，那就是真正贻害国家民族的滔天罪行了。

国产鸦片为清政府带来了滚滚财源，也同时加速了这个王朝的灭亡。直到1906年，清政府才改变态度，禁止鸦片的销售，但是很显然，已经太迟了。而且这条规定说60岁以上的老人可以豁免，这不由得令人浮想联翩，是否连慈禧太后这个最高统治者也在吸食鸦片？

第二节　国政为民：康有为思想的真正价值

1. 此议院非彼议院

上章说到，康有为的“上清帝第三书”被光绪皇帝下发给封疆大吏们学习，并要求他们一个月内提交读后感。

但是，各省大吏们似乎并没有从甲午战争的创伤中感受到多少疼痛，既然已经签订了和约，那么日子就可以继续混下去。所以，他们提交的读后感，仿佛都是按照同一个写作模板改出来的，只有敷衍了事的空言，没有痛彻心扉的反省。

李鸿章曾在马关的谈判桌上对伊藤博文说：“我国人民对贵国抱怨之声甚多，然而与抱怨之声相比，余个人也许应该感谢贵国唤醒了吾中华国人。”现在看来，李鸿章明显是一厢情愿了，除了极少数的知识分子被唤醒，绝大多数的国人还在抱着枕头打呼噜。

光绪皇帝下发“上清帝第三书”之后不久，康有为意犹未尽，又写了一封长达万字的上书——《变通善后讲求体要以图自强呈》，即“上清帝第四书”，主要目的是说明变法的先后次序。不过“第四书”被康有为自己的单位——工部拒绝代为上奏，康有为又去找都察院，都察院也拒绝代奏，他又接着去找袁世凯，希望由督办军务处代奏，但是这封上书跟军务没有关系，也被拒绝代奏。

康有为没有办法，便计划在上海、广东刊印。第二年，由梁启超为主笔的上海《时务报》馆代印了“第四书”，在国内引起轰动。

孔祥吉先生认为第四书的核心价值，就是提出了“设议院以通下情”的政治主张，这在康有为的宪政思想史上具有划时代的意义。

笔者虽然学识浅陋，但也不敢苟同。

因为，康有为所说的议院，不是西方资产阶级的议院，而是一种上情下达的机构，在这个机构里，“会议之士，仍取上裁，不过达聪明目，集思广益，稍输下情，以便筹饷”。西方的议院是国家政治活动的中心，由少数代表通过讨论或辩论，进行主要立法和行政决策，这种政治制度也叫作国会制。因为有议会在，所以能防止最高统治者——无论他叫国王，还是叫总统，还是叫皇帝——一人独裁专制。

独裁专制与民主制度的区别，就是有没有权力的制衡机制。有了制衡机制，就可以防止某些人做出挪用海军经费来修豪华园林这种蠢事。议院，就是近代西方国家的制衡机构。

而在康有为的设计中，议院就是个咨询机构，充其量也就是个智囊团，它对皇权产生不了制衡的作用。

那中国古代有没有对皇权的制衡机制？

还真有，那就是老天爷。

西汉时期，大儒董仲舒一边为汉武帝建立“一统乎天子”的思想体系，一边为君权制造了一个制衡机制——天，正所谓，“以人随君，以君随天”，“屈民而伸君，屈君而伸天”。如果统治者暴虐无道，民不聊生，那么老天爷就会出来伸张正义，董仲舒说：“凡灾异之本，尽生于国家之失，国家之失乃始萌芽，而天出灾害以谴告之；谴告之，而不知变，乃见怪异以惊骇之；惊骇之，尚不知畏恐，其殃咎乃至。以此见天意之仁，而不欲陷人也。”[①] 老天爷拿过人间君主的政绩过失，一看都不合格，就会先降点小灾来警告一下。如果警告无效，君主一如既往，那么老天爷就要降点灾异来吓唬一下。如果吓唬还是无效，那么老天爷就会给君主降下滔天大祸，甚至是国家灭亡这样的惩罚。

董仲舒希望统治者都能够做贤君，但是老天爷毕竟是看不见摸不着的，这样的制衡机制完全取决于统治者信不信。碰到无法无天的统治者，人家相信“我命由我不由天”，那就完了。

我们不能过多地苛责董仲舒，要知道，在董仲舒之前，秦国的意识形态——法家，连老天爷都不放在眼里，荀子说：“大天而思之，孰与物畜而制之？”把老天爷看成是可以蓄养的对象，对老天爷一点敬畏之心都没有。法家强调君权至高无上，没有安排哪怕一丁点的制衡机制，所以秦始皇可以为所欲为，根本不管老百姓的死活。董仲舒在汉朝君主专制已经建立起来的情况下，费尽心思为统治者找来老天爷这样一个制衡者，已经是一大进步。虽然这个制衡者虚无缥缈，但

① 董仲舒：《春秋繁露》，中华书局，2012 年，第 176—177 页。

是总比什么都没有强。

就拿慈禧来说，她虽然祸国殃民，但是对老天爷还算有点畏惧，《清史稿》中就说她后来要推行新政搞立宪，原因就是“怵天命之难堪，察人心之将涣，而欲救之以立宪”。就是说，她搞清末新政，有试图苟延残喘维持统治的目的，也有讨好老天爷的意思。

不管怎么说，老天爷实在不能算是一个正儿八经的权力制衡机制，所以近代中国先进的知识分子要寻找一个可行的制衡机制。

很遗憾，康有为的头脑中并没有多少现代政治的构想，他给光绪皇帝画的蓝图，参照的也不是西方的英、法、美，而是军事封建主义的俄国，以及名为君主立宪制，但实际上不过是寡头统治的日本。康有为的目的，也只是让中国成为一个拥有现代工业化和强大军事力量的中华帝国，免遭被列强亡国灭种的命运。从这一点来看，他跟以李鸿章为代表的洋务派,在挽救国家的思想核心上也只是五十步笑百步。

所以，他对议院的理解，就出现了巨大的偏差。

2. 地方自治：康有为的真实目的

康有为“上清帝第四书”思想的先进之处，就是要求统治者允许“天下士民，皆得上书”，他还充分认识到“国政之立，皆以为民，民政不举，等于具文而已”。为了实现“以国政为民”的主张，他倡议中央政府在各个地方政府设立各级民政局，以督办新政。

这个主张到底有什么先进性？难道不还是上情下达那一套吗？

非也。

我们要知道，近代西方的集权国家，跟中国的秦汉式集权国家并不相同，这里引用一段张宏杰老师的论述："欧洲集权国家是在议会、自治城市、行会等多种社会力量发育起来之后出现的，因此君主的专制权力是有限的，君主的权力不仅受法律、议会的制约，也受到各社会阶层、利益团体的限制。因此，虽然现在的西方国家都是大共同体，但是它们都保留了很多自治传统。"①

因为有自治传统，所以老百姓都能保存自己的自立性和创造性，就能促进社会的繁荣和国家的兴盛，正如美国学者阿夫纳·格雷夫所言："文明的动力归根结底来自社会基层，当一个社会活跃着无数自治群体，每个人都参与社区事务的时候，这个社会才是健康的。当一个社会把所有权力都由高高在上的政府垄断，这个社会注定失去活力。"

中国在秦汉王朝之前，有着优良的社会自治传统。"社"初指土地神，也指祭祀土地神的场所，后代逐渐演变为地方基层组织或民间自治团体。各种各样的"社"聚"会"在一起，才组成"社会"。《周礼》中记载："五家为比，十家为联；五人为伍，十人为联；四闾为族，八闾为联。使之相保、相受，刑罚庆赏相及、相共，以受邦职，以役国事，以相葬埋。"可见，我们的祖先一开始就是自己维持

① 张宏杰：《简读中国史》，岳麓书社，2019年，第87—88页。

公序良俗，根本不需要国家来插手。

秦国统一天下之后，建立了一竿子插到底的官僚体系，中国社会原有的那些小自治体被尽数消灭，地方民众的公共生活都被政府接管。这种制度有利于朝廷汲取社会资源，来修绵延万里的长城，来修规模宏大的阿房宫，来打造秦始皇喜欢的大型“手办模型”——兵马俑。但是，由于每一个老百姓的吃喝拉撒到意识形态，无一不被政府包办，导致老百姓逐渐丧失了自我管理的主动性，变成了“编户齐民”下的一个个分散的原子，整个社会的活力无法维持。

儒家就是坚决反对这种政府包办一切的制度，他们强调家族自治，强调化民成俗，认为社会的优良治理，有赖于组织的自治，而不能依靠政府强力管制；只要国家权力少些干预，民间就会自发形成良好秩序。

当然，大一统郡县制也有着明显的制度优势，它可以集中力量办大事，无论是修建庞大的水利工程，还是组织强大的军队抵御游牧民族的入侵，都要比周朝的封建制度有效。这也是为什么孔夫子周游列国，到处宣传要回到周朝秩序，却一无所获的原因。因为大一统郡县制是历史的趋势，想人为地逆转趋势，回到周公之制，这是不可能的事。

历史上，虽然大家都说“皇权不下县”，但现实中并非如此，起码在清代就不是。清朝的礼部，负责教化民众，以宣讲圣谕为主；户部管理保甲、社仓，专门用来缉盗安民；社学专门用来教养，社仓专门用来救济。试问，老百姓自己管理了什么？

中国历朝历代，都有很多知识分子反对郡县制，提倡地方自治。例如明末清初的陆世仪，他强调天下大治应该是自下而上的，“治天下必自治一国始，治一国必自治一乡始，治一乡必自五家为比、十家为联始”。

因此，康有为倡议中央政府在各个地方政府设立民政局，与其说是从西方政治学著作中得到的启示，还不如说是从中国儒家学说中得到的启示。

除了康有为，康党的重要成员梁启超、谭嗣同、黄遵宪等都有提倡地方自治的言论。梁启超在变法之前，就在湖南倡办时务学堂和南学会，目的是“以提倡实学，唤起士论，完成地方自治为主义”，德国侵占胶州湾之后，他又反对部分湖南人倡导的湖南独立，认为“独立之举，非可空言，必其人民习于政术，能有自治之实际然后可”。强调湖南人首先要开启民智，逐渐培养人民的自治能力。

康有为的目的，可能是要借清政府的力量，来培养中国人民的自治能力，激发国民的创造力和进取心。一个活力四射的社会，必然要比一个死水一潭的社会更有前途。他的救国路径，已经不是用什么君主立宪制可以框住的了，洋务派跟他比起来，格局简直是太小了。

3．康有为的地方自治实验

康有为更厉害的是，他不是一个嘴上说说而已的人，他真的实践过地方自治。

1888 年，康有为写信给曾国藩的儿子曾纪泽，信中提到他正在运营一个叫“同人局”的政治组织，该组织以南海县西樵乡为中心，行地方自治之法，但是他现在遇到一些麻烦：“仆观于吾乡团练之局，推举各绅督董乡事，甚类泰西议院之制。然偏私不公，立党相倾排者，比比皆是，则亦岂能为治耶？其令长之选，由君长选之，抑由民举之？若由民举，得无有结党之弊耶？”[①]

这说明，康有为对西方议院的误解在戊戌变法的 10 年前就已经有了，而且 10 年间没有纠正这个误解。

西樵乡是康有为的故乡，全乡人口 5 万。由于世风日下，乡里沉迷赌博的人越来越多，又由于经济衰退，失业率高，以强盗为职业的人也越来越多。乡里本来有一个团练局，可以负责维持地方治安，这个团练局的创始人不是别人，正是康有为的伯祖康国器。当年，康国器为了帮助官府平定“红匪”作乱，创建了这个团练局。到了康有为这一代，团练局被一个叫作张嵩芬的劣绅所掌控。张嵩芬是大涡乡回籍知府，在官场很有人脉，跟康有为的交情也很好，他掌握团练局后，竟然跟土匪达成交易，土匪抢劫的财物，跟他五五分成，他则为土匪提供保护伞。

张嵩芬的族人也积极参加抢劫活动，而且还很嚣张地把抢来的赃物放在大庭广众之下，对着乡民们叫嚣，我就是强盗，你们为什

① 《与曾劼刚书》，张荣华编：《中国近代思想家文库·康有为卷》，中国人民大学出版社，2015 年。

么不来抓我？

没人敢抓他，因为大家都知道他后台很硬。

康有为有个同乡，叫陈千秋，后来成为康有为的第一位弟子。他是个很聪明的读书人，康有为在写《大同书》时，经常跟陈千秋讨论，其他弟子只能远远看着。有一天，他突然觉得该读的书已经读完了，现在不如将所学的经世之学付诸实践。于是，他便选择了在家乡建立自治组织，改变目前这种人心败坏的现状。家乡虽然很小，但是“亦一国土也”。

梁启超曾劝他，你有天大学问，应该做经天纬地、救国救民的大事业，干吗要纠结于家乡的这点小事呢？这不是大材小用、杀鸡用牛刀吗？

陈千秋说，事业不分大小，古人所推崇的尧、舜、禹的丰功伟业，放在宇宙的尺度上来看，都不过是半点浮云，如果说一个乡的事业不重要，那么一个国家的事业就算大吗？我就是要脚踏实地，从小做起。

说干就干，陈千秋得到康有为的鼓励后，联合32位乡绅，将张嵩芬驱逐，夺回了团练局的公章大印，张嵩芬跟康有为自此反目成仇。陈千秋在众人的推举下，主持团练局事务。其间，他又带领团练局与张氏族人激烈对抗，差点大权被夺。

陈千秋和康有为治理乡事，厉行改革，他们开办书院和藏书楼，花了上千两白银购买各种书籍，开设中学与西学课程。他们还仿照西式警察，用新法办保甲，严禁黄、赌、毒，成效显著，乡民称颂。

不过，陈千秋的乡村改革并非一帆风顺，例如他禁止赌博，丝毫不讲情面，让很多赌博成瘾的乡民非常不爽。有一次，有个乡民被杀，陈千秋怀疑某个富商有杀人嫌疑，就把他抓了起来，但是又没有确凿的证据，这件事引起诸多乡民们的不满，怨声载道。张嵩芬也不闲着，他串通南海县令杨廷槐，买托言官攻劾陈千秋和康有为，追缴团练局的公章大印。

1894 年 8 月 3 日，都察院给事中余联沅上奏，指责康有为的著作《新学伪经考》，刊行海内，离经叛道，非圣无法，惑事诬民，煽惑后进，请求政府严惩不贷，并请旨整饬广东督抚臣，将《新学伪经考》立即销毁，并晓喻康有为的弟子们“苦海无涯，回头是岸”，赶紧跟康有为这种人断绝关系，走上正途。

因为此事，康有为被南海县衙拘捕，幸亏当时梁启超在北京奔走联络，打通官场关系，才迫使两广总督李瀚章放康有为一马，仅仅命令他自行销毁《新学伪经考》，此外不再追究。

康有为被迫离开广东，去广西桂林讲学。陈千秋本来就有肺病，加上积劳成疾，不久就吐血而死，团练局的权力也被张嵩芬重新夺回。而康有为和陈千秋花重金买来的书籍，都被盗窃一空，自始至终也没有派上用场。

陈千秋的死给了康有为极大刺激，他耿耿于怀，反复言之，他说团练局这样一个区区小事，根本不值得我们为它耗费心血，花费时间，葬送掉陈千秋。但是，我们要践行自己的理念，就必须要不计大小，不计祸患，甚至不计成败。尽管一个小小的西樵乡，无论是人口还是面积，都跟全中国不可同日而语，但是要推行改革，所遭遇到的各种艰难险阻，其实都是一样的。“治同人局与治中国，真未有以异哉！”①

团练局改革是康有为及其弟子推行地方自治的一项社会政治实验，通过团练局，康有为充分认识到理论要付诸实践，必须要付出难以想象的心血，做出无可挽回的牺牲。就算明知道会失败，也要一往无前地做下去。

团练局的最终失败，反而增强了康有为救国救民的决心，促使他更加积极地投入变法维新的宏伟事业中去。

这里还有后续剧情，康有为一直没有忘记要打击报复伤害过他和陈千秋的人。只是张嵩芬本来就是退休官员，弹劾他也没有什么用。康有为将反攻倒算的对象重点放在新任两广总督谭钟麟身上，从1895年开始，他就委托御史王鹏运等人上奏弹劾谭钟麟等广东地方官员，有些官员也确实因此丢官。②

也有丢官的官员不惜与康有为同归于尽。有个叫刘学询的官员，

---

① 蒋贵麟主编：《康南海先生遗著汇刊》第22册《康南海先生自编年谱》，中国台湾（台北）宏业书局，1976年，第28页。

② 孔祥吉：《康有为变法奏章辑考》，北京图书馆出版社，2008年，第99—100页。康有为为了说服朝廷严惩谭钟麟，甚至不惜把孙中山发动的广州起义污名化。王鹏运奏折中称：“今年九月，土匪（兴中会）谋攻省城，聚集多人，军械炸药，无所不备，经香港洋员电知，该督置之不理，逮营员请兵截缉，该督尚斥其勿为洋人所愚。至十一日，匪党千余，搭港轮抵省举事，洋员再行急电，该督始仓皇布置，致令大股及头目尽行逃逸，仅获余匪四十三人，正法三人，余俱释放，该头目等至今未获，亦遂作罢论，事关谋逆，全省几震，乃知而不备，备而不严，且如此巨案，并不奏闻，昏谬可想。”

在戊戌变法失败，康有为逃亡日本后，自备资金和武器，前往日本追杀康有为。

好在康有为福大命大，逃过一劫。

第三节　南海圣人：康有为引起朝廷关注

1. 惊世骇俗：康有为脚踹两千年学术史

1891 年，康有为在广州设立万木草堂，收徒讲学，开始组建自己的团队。尤其是少年天才梁启超的加入，让康有为如虎添翼。一个大龄非举人能让一个 17 岁就中了举人的小神童佩服得五体投地，拜他为师，并心甘情愿跟随他一起做救国救民的大事业，可见康有为的人格魅力。

康有为和一班弟子朝夕相处，谈经论道，草堂里不但教授中国传统典籍，还教授西学、体育和音乐，跟当时一般的私塾截然不同。草堂没有图书馆，康有为把家中几代积累的藏书搬来，还托人购买西学书籍，推荐给学生们阅读。康有为讲课，一讲就是三四个小时，同学们也都听得津津有味，而当康有为讲起国家内忧外患、民不聊生之时，总会热泪盈眶，语带哽咽。梁启超后来在《南海先生七十寿言》一文中说："我们受他的教导，感到震动、恐惧而又警惕，深深懂得匹夫之责，而不敢自抛自弃，游手好闲。每当我们离开万木草堂，总是把所听到的告诉亲戚朋友，并不怕厌烦地反复这样做。世俗之人惊讶地称我们为'康党'，我们也当之而不疑惧。"

"康党"之名，看来早已有之。

同时，康有为怀着以天下为己任的强烈使命感，开始著书立说，为维新变法做理论与舆论准备。

1891年，康有为的《新学伪经考》正式刊行，该书旨在说明，秦始皇焚书坑儒，确实把所有的古书都烧光了，后来汉朝出现的所谓古代经书，都是假冒伪劣作品。造假者刘歆为王莽篡汉提供意识形态工具，因此要泯灭圣人真迹中的微言大义。刘歆涂抹古书之后，东汉的学者们都被蒙在鼓里，没有意识到他们手里拿的都是伪经。伪经大行其道，真经反而默默无闻。

按照他的观点，刘歆简直就是中国第一流的编剧，他一手编造了中国上古几千年的历史。

康有为狂狷的性格可见一斑，他敢以一己之见，一脚踹翻中国两千多年神圣不可侵犯的传统经学体系。洋务派还只敢宣扬"中学为体，西学为用"，康有为则直接摧毁汉朝以来的整个"中学"，胆大包天，惊世骇俗。不要说徐桐这样的守旧派看到这本书会直接跳脚骂娘，就连张之洞这样比较开明的人看到都会怒火中烧。

1894年，广东地方官员为了夺回西樵乡团练局的权力，便以《新学伪经考》离经叛道、惑世诬民为借口来打击康有为。朝廷也认为这本书危害性极大，会开启狂人们怀疑并打倒一切古典的先河，因此下令予以销毁。

然而，《新学伪经考》被禁止刊行一事，反而让康有为登上了大清国的热搜榜第一名，从此名动公卿，家喻户晓。

一个人不怕被骂，怕就怕根本没人知道你。

光有破坏不行，还得有建设，为了弘扬孔子的崇高救世精神，发掘出孔子的真实思想，康有为又推出新的鸿篇巨制——《孔子改制考》。该书说明，孔子不但是万世师表、至圣先师，而且是一位伟大的先知和儒教教主。孔子著述的目的是为了托古改制，建立太平盛世，为中国人确立万世一脉的文化思想体系。然而，小人刘歆为了自己的卑鄙目的，篡改了孔子的学说，影响了中国传统文化的发展道路。

因此，我们中国人要想进行变法改良，就必须高举孔子托古改制的大旗，连孔子都要改制，我们这些后人又有什么理由拒绝改制？

而且，这本书还有一个隐秘的妙处，就是它等于将晚清以来国事败坏的责任都推给了刘歆，为清政府开脱了治国无方的责任。它既可以塑造康有为本人忠于大清的形象，也能在无形中化解光绪皇帝对康有为的戒备之心。

毫不意外，《孔子改制考》也引起了巨大轰动，康有为再一次登上热搜榜第一名。

康有为以一己之力，睥睨一切，打破古往今来一切廉价的学术教条，以及所有已经僵化陈腐的思想理论。他在大清帝国死水一潭的文化思想界，抛下一块激起水花的石头，让水面不再死气沉沉，不再毫无波澜，为后来水面“激起千层浪，卷起千堆雪”埋下伏笔。其气魄之大，其野心之强，足以耸动视听，石破天惊。

康有为写得这两本书，牵强附会，强词夺理，在学术上肯定是站不住脚的，当然他的目的也不是去考辨历史真伪，而是要为自己的政治目的服务。

很显然，康有为靠着这两本书成为朝野皆知的名人，为他扩展人脉、打入高层奠定了基础。

但是，康有为的事业也吃亏在这两本书上，可谓“成也萧何，败也萧何”，我们将在后面细讲。

2. 强学会的无疾而终

1895 年，甲午战争战败，康有为一边给光绪皇帝上书，一边在北京创办《万国公报》。康有为认为，要想推行变法，就必须在京师扎根，必须从王公大臣入手。如今，北京城的士大夫们对外国政事风俗一窍不通，必须要有人敢于为天下先，在北京办报，开启民智，鼓动风气。

梁启超则透露办报的另一个目的，就是康有为想在北京组织一个鼓动维新变法的学会，但是没有什么人愿意加入。因此，康有为打算先办报，去改变一部分人安于现状、不愿革新的心理，吸引他们加入学会。

为什么要创建学会？单打独斗不行吗？因为康有为主张“行仁”，行仁就必须合群。他说“孤与独，乃鬼神之道，非人道也”。要想做一番大事业，普度众生，就要联合更多志同道合者，才能担负起维新救国的责任。

《万国公报》是双日刊，每册有编号，无出版日期，每册印3000份。每册都有论文一篇，如果论文太长，就连载刊出。由于能写文章的只有梁启超等几个人，内容生产难以为继，所以报纸上的内容，大部分转载自上海广学会的刊物《万国公报》，就连名字都是照搬的。

当时的北京城，远远没有上海那么“国际化”，你只要知道整个京城连幅世界地图都没有卖的，就可以感受到京城的风气是何等闭塞了。

在这种闭塞的环境下，几乎无人有订阅报刊的意识，而且大家也不清楚《万国公报》到底是干吗的，会不会都是些惑世诬民、离经叛道的内容。康有为只得买通很多报童，让他们把《万国公报》夹在朝廷的“宫门钞”里，免费分送给京城的各个深宅大院。可即使是免费送，也有很多王公大臣怀疑《万国公报》藏有什么不可告人的目的，不敢收了。最后，连报童也感到害怕，不敢再送。

不过，《万国公报》还是起到了一定的开启风气的作用。到了七八月间，在康有为的倡议下，由杨锐、袁世凯、张权、沈曾桐、陈炽等人发起，组织起强学会。康有为认为，中国风气向来散漫，士大夫连聚在一起讨论学术话题都不敢，但是只有将很多人聚在一起，才能形成强大的合力，才能对抗压制的力量。如果在外省开学会，当地的地方官就可能将学会解散，因此只有在北京开学会，才能起到登高望远、振臂一呼、四方响应的效果。也正因为在天子脚下，开学会能够免除官府的怀疑——正所谓最危险的地方就是最安全的地方。

强学会又叫作译书局，先翻译外文报纸，如《泰晤士报》《代谟斯报》，每天出一册，每册十页。等到从外地购买的西学书籍到了，再动手译书。

强学会的成立，震动了京师，很多京官纷纷加入。强学会还给各省督抚致函，请求捐款，湖广总督张之洞捐了5000金，两江总督兼南洋大臣刘坤一捐了5000金，袁世凯捐了1000金，盛宣怀捐了2000金，等等。此外，英国传教士李提摩太与美国传教士李佳白等也鼎力相助。总之，强学会收到了不少高官的捐款。

强学会还有个广为流传的故事，说是李鸿章也想捐款入会，但是被康有为严词拒绝：你签订丧权辱国的《马关条约》，是万人唾骂的大汉奸，你还是有多远滚多远吧！

这当然是无稽之谈，事实上康有为一直想获得李鸿章的支持。后来，康有为通过结交李鸿章的主要幕僚之一于式枚，才终于结交上李鸿章，因此他怎么可能拒绝李鸿章的捐款呢？

1895年底，康有为为了给母亲做寿诞，回到广东。梁启超将《万国公报》改名为《中外纪闻》，作为强学会的会刊。但是，《中外纪闻》不到一个月就停刊了。

至于原因，是因为强学会内部出现了内斗，导致报纸难以为继。

年底，御史杨崇伊上奏弹劾强学会，即《京官创设强学会大干法禁据实纠参折》，历数强学会几大罪状：一是强学会办报纸对救国救民没有半毛钱作用，反而还会造谣生事；二是强学会通过卖报纸，以及请求各省大员捐款，属于非法集资；三是强学会组织朋党，试图干涉朝政，图谋不轨。

杨崇伊当天上奏，封禁强学会的谕旨当天就下达了。谕旨都没有要求都察院去查明一下真实情况就直接封杀，令人不解。而且，封杀强学会的指令，就是光绪皇帝本人下达的，跟慈禧太后无关。茅海建先生说："慈禧此时虽住在西苑，但光绪皇帝当日并未前往请安，杨崇伊奏折也是第二天才送慈禧太后。"当天在朝的军机大臣，有恭亲王奕䜣、翁同龢、刚毅等，他们对强学会的态度难以判定，但他们也的确没有去阻止谕旨的下发。

对于光绪皇帝为何要下谕旨封杀强学会，我们不得而知。当时日本驻华公使林董在给日本国内发去的报告中推测，光绪皇帝的计划是先封杀强学会，然后再解除禁令，允许强学会重新开张，这样强学会就如同得到了敕许一般，会运将更加昌隆，正所谓"空山新雨后"，"青天无片云"。

总之，光绪皇帝可能只是一时冲动下达的谕旨，事后很快就后悔了。强学会被封杀后半个月，御史胡孚宸上奏，请求光绪皇帝恢复强学会，光绪皇帝和总理衙门都没有异见。强学会很快恢复，只不过被改为官书局，光绪皇帝命令孙家鼐为负责人。虽然强学会从民营变成了官营，但这也能说明光绪皇帝对于设立书局、翻译西书、开启民智做法的认同。

3. “中国事，大抵如此”

强学会被封杀，也说明在当时的中国，想做点事有多么难。

首先，强学会刚刚成立，什么正儿八经的事都没有开始办，内部就已经斗起来了，而且斗得不可开交。有人主张，我们开一个书店，专门卖国朝掌故之类的书；有人就反对，说我们应该专卖经书。主事的张孝谦声称强学会能筹到这么多款项，都是他一个人的功劳；另一位主事的丁立钧跟张孝谦有矛盾，赌气离开了强学会。不料张孝谦说我本来就没有请你来强学会，你怎么能说你离开呢？张孝谦和丁立钧闹完，又开始跟陈炽闹，闹得乌烟瘴气。在强学会中编报的主笔汪大燮就写信给好友汪康年说：“此间事大糟，一人为恶，和者亦半……近日冗碌已极，无一如意事，无非拂意事，乏味之至。”

不仅是汪大燮要离职，另一位主笔梁启超也写好了辞职报告。可见，当初强学会刚成立时全员那种团结共进、欲有作为的积极心态已荡然无存，取而代之的是争权夺利，互相倾轧。汪大燮感叹“中国办事所以难成，所以无效也”，汪康年的好友吴樵则感慨“中国事，大抵如此，不必诧也……与会诸人官气重而本领低，私意多而急公鲜，议论乱而本旨悖”[①]。

① 上海图书馆编：《汪康年师友书札·一》，上海古籍出版社，1986年，第460—461页。

是啊，中国事，大抵如此。

这句话是如此的悲凉，如此的无可奈何，如此的恨铁不成钢。

我们的确是太喜欢内斗了，并且往往斗得不亦乐乎，小到妯娌间斗，婆媳间吵，同学间互相攀比，同事间明争暗斗，同行间互相拆台；大到政治斗争此起彼伏。历史上因为内斗而导致国家衰亡的惨痛教训比比皆是，汉代的党锢之祸，唐朝的牛李党争，宋代的新旧党争，明代的东林阉党之争，无一不将朝政搞得乌烟瘴气，最终将整个国家和民族带入万丈深渊。北洋水师在甲午战争中的惨败，也跟李鸿章与翁同龢之间的内斗有着重要关系。

强学会的内斗，其实就是缩小版的朝廷政治斗争。即使没有杨崇伊上奏弹劾，强学会的元气也早已耗尽，走不了多远。

其次，强学会作为一个新生事物，刚刚萌芽，就被杨崇伊弹劾封杀，而杨崇伊所弹劾的理由，也都是捕风捉影。然而，他就要以这种捕风捉影的理由，来扼杀一个志在救国的组织。杨崇伊绝对不是为了什么正义感所驱使，而完全是一种不健康的心态作祟。这也是当时国人之间缺少信任感的表现。

谭嗣同曾推测杨崇伊的动机，说他是李鸿章的亲家，而李鸿章被强学会所排斥，所以杨崇伊就想方设法报复强学会。日本公使林董则推测，杨崇伊一开始想加入强学会，但是由于抠门，不想出会费，就被强学会拒绝了，这导致杨崇伊心怀怨恨。但是这两种说法，没有什么依据。

强学会被封杀的命运，其实从历史的角度来看并不奇怪。大家想想洋务运动领袖恭亲王奕䜣创办京师同文馆的艰难，就会发现其相似之处。1861 年，奕䜣等人上奏，提出拯救清朝的《章程六条》，其中有一项是开设同文馆，为大清培养懂外国语言文字的人才，让大清在外交场上也有以夷制夷的干部。后来，随着洋务运动的步步深入，单纯培养外语人才已经不能满足需要，同文馆又增设了“天文馆”“算学馆”等系科，教授数学、物理、化学、医学等西方的自然科学知识。

但是，同文馆刚一成立，四面八方的谩骂、嘲讽、谤议就汹涌而来。大学士倭仁一马当先，攻击奕䜣居心叵测，居然让中国人学洋文，洋文是敌人的语言，学敌人的语言就是汉奸卖国贼。他上奏说：“夷人吾仇也，咸丰十年称兵犯顺，凭陵我畿甸，震惊我宗社，焚毁我园囿，戮害我臣民，此我朝二百年未有之辱，学士大夫无不痛心疾首，饮恨至今。朝廷亦不得已而与之和耳，能一日忘此仇耻乎？”[①] 言之凿凿，大义凛然，好像学洋文就等于忘掉了国仇家恨。

同文馆增设天文、算学科目之后，倭仁又上奏：“窃闻立国之道，尚礼义不尚权谋；根本之图，在人心不在技艺。”[②] 倭仁之后，还有很多人再接再厉，有人说近年来的久旱不雨、瘟疫流行，就是因为开设算学馆惹怒了老天爷，有人说最近北京城刮了两个时辰的大型沙尘暴，也是因为同文馆触怒了老天爷，有人说同文馆是宋代奸臣蔡京

---

① 中华书局编辑部、李书源整理：《筹办夷务始末（同治朝）》五，中华书局，2008 年，第 24 页。

② 中华书局编辑部、李书源整理：《筹办夷务始末（同治朝）》五，中华书局，2008 年，第 24—25 页。

陷害忠良的监狱狱名，有人说天文、算学都是精神污染物，我们儒家知识分子根本就不应该沾上……

在倭仁等守旧派的轮番进攻之下，奕䜣头疼万分："自倭仁倡议以来，京师各省士大夫聚党私议，约法阻拦。甚且以无稽谣言煽惑人心，臣衙门遂无复有投考者。"[①] 好几年，同文馆都招不到学生，门庭冷落，形同虚设。

倭仁等人攻击同文馆的理由，笔者在此不一一分析反驳，因为毫无意义。笔者所不解的是，同文馆只是一个刚刚开办的外语培训机构，学生都还没有招到几个，教师都还没有招聘满员，就把它跟以夷变夏、卖国求荣、颠覆道统之类的宏大议题挂钩，置之死地。以一个未来可能出现的"恶果"，来否定一个还在襁褓中的新生事物，真的有这个必要？

为什么倭仁等人一定要把一个小小的同文馆无限上纲上线，然后绞尽脑汁要将其摧毁？为什么就不能静下心来观望一阵，看看它到底是利国利民还是祸国殃民？如果它真的是祸国殃民，到时候再封杀就一定来不及吗？

表面上看，他们只是站在守旧的立场上来攻击同文馆，其实，他们心中那种阴暗的心态才是攻击同文馆的真正原因，守旧只不过是他们的一层遮羞布。这种阴暗的心态来自他们心中深深的不安全感。当国家面临三千年未有的变局时，他们拿不出任何有效的应对之策，只

---

① 中国史学会主编：《中国近代史资料丛刊·洋务运动（二）》，上海人民出版社，1961年，第36页。

能喋喋不休地说一些诸如“窃闻立国之道，尚礼仪不尚权谋”之类的无用废话。当其他人开始摸索新的应对之策时，他们唯恐这些应对之策会取得成功，从而衬托出自己的无能，彰显出自己的失败。无论是从维护自身的尊严，还是从维护自身的既得利益出发，他们都不能眼睁睁地看着这一切变成现实。为了防微杜渐，他们必须将新生事物扼杀在摇篮之中。

笔者讲述同文馆的案例，就是因为强学会的处境跟它几乎一模一样，理解了同文馆的挫折，有助于我们理解强学会的遭遇。杨崇伊从毫无根据的事实出发，恶意揣测，大肆攻击，跟倭仁当年的行为别无二致。而且，杨崇伊在戊戌变法期间还有更“光彩夺目”的表现，就是他在慈禧面前的一纸弹劾，推动了慈禧发动政变扼杀维新变法。

晚清先进的中国人要做成点事，是何其艰难，同文馆、强学会的遭遇就是活生生的例子。倭仁、杨崇伊之流不是一两个人，而是朝野上下无处不在，他们一无所成，毫无建树，却喜欢摇唇鼓舌，大言炎炎，来拆毁别人尚未建好的高楼，阻挡中国人“欲穷千里目”。

“中国事，大抵如此。”所以我们在鸦片战争之后，总是走一步又被某些人拽住脚后跟，向后拼命拉扯。在前进的步伐与后拽的拉扯之间，国家自强的能量被大量消耗，时机在扯皮不休中丧失殆尽。

后来戊戌变法会失败，根本不足为奇。

4. “山重水复疑无路，柳暗花明又一村”

佛教经典《法华经》中有一个词，叫“福不唐捐”，意思是人们在世上的所有功德与努力都不会白白浪费，都必然会有回报的。后来，“福不唐捐”被新文化运动的干将胡适改为“功不唐捐”，把单纯指代佛教功德的“福”，扩展成了可指代一切努力奋进的“功”。

从《新学伪经考》被销毁到强学会被封杀，表面上看都是康有为的失败，但是康有为所做的这些“功”，都没有“唐捐”。《新学伪经考》为康有为赢得了巨大的声名，强学会为康有为带来了更多的政坛高层人脉，它们都为未来康党的崛起奠定了基础，是真正意义上的“功成不必在我”。

强学会被封杀之后，1897年，康有为来到广西桂林讲学，继续“招兵买马”，鼓动风潮。这时，《新学伪经考》给康有为带来的盛名和强学会给康有为带来的官场人脉发挥了重大作用，当地臬台蔡希邠给予他大力支持，提供一切方便。康有为在讲学的同时，还与前台湾巡抚唐景崧、前太常寺少卿岑春煊、前广西巡抚史念祖等人一起组织“圣学会”，算是强学会的广西版。圣学会购置书籍、刊刻报纸、广设学塾、翻译西刊等，对广西学术界思潮产生重大影响。

康有为还在广西继续著书立说，编有《春秋考义》《春秋考文》。不过，这两本书现在都看不到了，据他自己说是在逃亡日本后，因为火灾被焚毁。

康有为在广西讲学半年后回到广东，在大本营万木草堂讲学两个月，之后又带着女儿去上海跟梁启超会合。当时梁启超离开北京后，正在上海办《时务报》，收入不错，可以为师父提供经济上的支持。

康有为在上海，虽然矢志不渝，但是此时有些迷茫，毕竟努力了这么多年，还是没能得到“得君行道”的机会，“时经割台后，一切不变，压制更甚，心虑必亡，故欲开巴西以存吾种”[①]。对，他甚至异想天开，提出要在巴西建立殖民地的设想，因为巴西地广人稀，物产丰饶，如果我们大量移民过去，“可以为新中国”。

这个设想反映了康有为对清政府的极度失望，以至于他觉得这片国土已经无药可救，干脆就让它被列强瓜分了吧，我们不如在海外建立一个新的中国，“以存吾种”。毕竟，保国是为了保种，保种才是根本目的。

就在康有为脑洞大开之时，1897年底，亡国灭种的危机再一次空前加剧——德国借口本国传教士在山东被杀，出兵强占胶州湾，拉开了德国政府推行“世界政策”的帷幕，也同时掀起了帝国主义瓜分中国的狂潮。

国事抢攘，民情沸腾，康有为闻讯北上，再次上书光绪皇帝，即《外衅危迫宜及时发愤革旧图新呈》，也称“上清帝第五书”。在这

① 蒋贵麟主编：《康南海先生遗著汇刊》第22册《康南海先生自编年谱》，中国台湾（台北）宏业书局，1976年，第39页。

封上书中，康有为不顾生命危险，言人所不敢言：“恐自尔之后，皇上与诸臣虽欲苟安旦夕、歌舞湖山而不可得矣，且恐皇上与诸臣求为长安布衣而不可得矣。”

按照大清法律，这句话已经属于冒犯皇权的弥天大罪，说话者是要被送往菜市口砍头的。因此，工部在收到这份上书后，也不敢代为上奏，因为需要冒的风险实在是太大。

康有为虽然性情狂狷，但也知道这封上书可能会带来杀身之祸，可是，他目睹中华民族面临亡国灭种的现状，已经顾不了那么多了。遗憾的是，这封“冒犯圣听”的上书居然没有被光绪皇帝见到。

陆游诗云：“山重水复疑无路，柳暗花明又一村。”

1897 年 12 月 11 日，翁同龢来挽留心生绝望的康有为。当时康有为正准备离开北京，连行李都打包好了。

这不但是康有为一生的重大转折，也是维新变法得以实现的关键一步。

德国强占胶州湾后，慈禧和光绪都决定不与德国开战，而是进行外交交涉。这倒不是因为他们没有胆量，而是因为清政府已经手无缚鸡之力了。

负责对德交涉的人，是翁同龢与张荫桓。他们计划将山东教案与德国强占胶州湾分开处理，只要德军愿意撤离胶州湾，什么事情都好商量，官员该惩办的就惩办，损失该赔款的就赔款，至于开办铁路、矿山的优先权等，都拱手送给你，只希望中德两国尽快和解。

翁同龢和张荫桓害怕中德交涉的时间拖得太久，其他列强会纷纷插进一脚，都向中国索取更多利益，让整个形势更加复杂化。负责谈判的德国公使海靖在给德国皇帝威廉二世的电报中说："他们问起我们是否于一切要求履行后即行撤退占领，当我闪烁其词回答时，大员宣称，中国完全没有抵抗能力，届时如我们继续占领，其他列强必将乘机仿效，这样，中国势有灭亡的危险。因此他们在恳求绝对保密下建议我们根据友谊的谅解撤退胶州。"[①] 由此可见，翁同龢是何等的焦虑。

然而，当慈禧太后看到翁同龢拟订的准备与海靖结案的"照会稿"后，却感到太过屈辱，难以接受，认为翁同龢无能。翁同龢得知后，深受刺激，因为他也不想这样丧权辱国，可是他又有什么办法呢？于是，在朝见光绪皇帝时，"词多愤激，同列讶之"。

委屈、焦躁、无奈、愤怒、自责等情绪全涌上翁同龢的心头，他不知道前路到底该怎么走了。

当天，军机处下班后，他来到宣武门南的南海会馆见康有为。他之所以来见康有为，很有可能是看了康有为的"上清帝第五书"等奏折，觉得这个年轻人或许真有救国救民的良方。

翁同龢与康有为到底聊了些什么，两人的日记中都没有记载。翁同龢的确是被康有为拉过来了，有了翁同龢作为友军，康有为才有机会"得君行道"。

两人见面的第二天，兵科掌印给事中高燮曾上奏光绪皇帝一折两

① 孙瑞芹编译：《德国外交文件有关中国交涉史料选译》，商务印书馆，1960年，第1卷，第187—188页。

片，其中附片二为《请令主事康有为入西洋弭兵会片》，称西洋各国在瑞士设有一个叫弭兵会的机构，专门调解各国争端，我们中国也应该派个代表去参加，这样可以保证中国不被列强欺凌。这个代表的最好人选就是康有为，因为他“学问淹长，才气豪迈，熟谙西法，具有肝胆”，请求皇帝能特别召见他，并派他去参加弭兵会。

有足够多的证据表明，这个附片是康有为与翁同龢共同策划的结果，或是康有为直接贿赂高燮曾上奏保举，翁同龢作为内应。有了翁同龢的内应，光绪皇帝才会在高燮曾上书的当天就下达谕旨，让“总理各国事务衙门酌核办理”。如果没有帝师的帮忙，康有为作为一个还没正式上班的工部主事绝不可能会有这样的待遇。

1898 年 1 月 24 日，康有为被总理衙门请去问话。

当天，总理衙门十位堂官[①] 全部到场，他们都是当时清政府最有实权的政治人物。不过，他们不是专门为了见康有为，而是为了英俄两国公使来交涉借款之事。前文已经说过，英俄两国公使在总理衙门撒泼打滚，大肆咆哮，就是发生在这一天。

两国公使的事情结束之后，有五位堂官先后离去。翁同龢、李鸿章、廖寿恒、荣禄、张荫桓留下来接见康有为，询问变法事宜。至于弭兵会，那本来就是康有为道听途说的一个不存在的机构，总理衙门就没提这件事。

我们绝大多数人都见过下面这段对白，说是康有为在总理衙门

① 总理衙门十位堂官分别是：恭亲王奕䜣、庆亲王奕劻、翁同龢、李鸿章、廖寿恒、荣禄、张荫桓、敬信、崇礼、许应骙。

受到顽固派大臣的刁难，他慷慨激昂，义正辞严，驳斥得对方无地自容——

> 荣禄曰：祖宗之法不可变。
>
> 康有为：祖宗之法，以治祖宗之地也。今祖宗之地不能守，何有干祖宗之法乎？即如此地为外交之署，亦非祖宗之法所有也。因地制宜，诚非得已。

这段对白出自康有为的自传，翁同龢、张荫桓等人的日记中都没有记载，也就是说，这是康有为的一面之词。康有为再怎么大胆，此时还只是个小官员，不至于傻到一上来就跟慈禧跟前的大红人荣禄唇枪舌剑，更何况荣禄也不是那种泥古不化的顽固派，怎么会一上来就抛出“祖宗之法不可变”的宏大命题？你要说这是徐桐说的，那还可信。

康有为跟几位大员聊了约两个小时，其间荣禄提前离去。康有为所讲内容，与他之前几次上书的内容基本相同，在此不再赘述。

康有为在被总理衙门接见后，再接再厉，上书光绪皇帝，此次上书为《请大誓臣工开制度局新政局折》，即“上清帝第六书”。第六书与第五书基本雷同，康有为只是删减了诸如“长安布衣”“歌舞湖山”之类大逆不道的词汇，以便能够通过总理衙门的审核。

总理衙门拖了整整 40 天才将第六书呈送光绪皇帝。康有为认为，第六书之所以迟迟不能上呈，主要是有小人从中作梗，这个小人就是总理衙门大臣许应骙，此人在恭亲王面前极力诋毁康有为，致使恭亲王迟迟拿不定主意。但是，康有为并没有证据可以证明是许应骙在暗中捣乱。

最有可能的是，总理衙门根本忙不过来，才将康有为的上书搁置处理。当时，德国占据胶州湾，俄国占据旅顺、大连，英国又以政治讹诈手段将长江流域纳入自己的势力范围，还强租威海卫，法国出兵广州湾，日本要求福建及其沿海不得割让他国，加上列强之前的贷款之争，这些复杂的事情全都一股脑地涌往总理衙门，让总理衙门大臣连喘口气的时间都没有。

翁同龢在呈送第六书的头一天日记中说："晚赴总署，明日递康有为折，又议复陈琪璋折，又片请派使议保东方大局，皆速议也。"证明总理衙门对康有为等人的折子都是草草通过，根本没有发生什么内部争论。康有为后来也说："是时以旅大事，朝廷震悚，不惶及内政。"

光绪皇帝看完第六书后，当即发下谕旨，让总理衙门复议。这在当时属于清政府的常规操作，皇帝在收到奏折后，不会轻易下决定，而是让军机处或总理衙门先讨论，让他们给出自己的建议，如果皇帝觉得他们的建议可行，就直接批准办理，如果觉得不可行，就不予批准，或者做出自己的决策。

总理衙门呈送"上清帝第六书"的次日，康有为再次上奏，并附带一本《俄彼得变政记》，该折即"上清帝第七书"。康有为认为，美国的民主制度，英国、德国的君民共主制度，都与中国有所不同，难以模仿，唯独俄国的君权制度，与中国最为接近。俄国之前也是一个弱国，被西方国家瞧不起，后来俄国沙皇彼得大帝以君权变法，转弱为强，所以光绪皇帝应该利用手上掌握的君权，效法俄国，让中国振衰起敝，自立于世界民族之林。

光绪皇帝收到《俄彼得变政记》和奏折后，将它们一并呈送给慈禧太后过目。但是我们很难想象，以慈禧的文化水平是否能读懂。你让她去欣赏《四郎探母》之类的戏曲是可以的，让她去阅读正儿八经的外国历史书，简直就是为难人。所以，慈禧那边一直没有传来读后感言，估计是翻几页就放一边去了。至于光绪皇帝，他此时跟总理衙门和军机处的大员们一样，为列强纷纷前来勒索之事忙得茶饭不思，就差拿脑袋去撞墙了。

但可以肯定的是，康有为接二连三的上书，已经给光绪和慈禧留下了深刻印象，引起了他们的关注。

第四节　帝师被逐：翁同龢究竟犯了什么错

1．保国会：现代政党的尝试

1898 年 4 月 10 日，康有为再次上条陈，条陈有两件，一件是《译撰〈日本变政考〉成书并进〈泰西新史揽要〉〈列国变通兴盛记〉折》，一件是《请照经济特科例推行生童岁科片》。此次上奏，总理衙门居然只用了两天就呈送给光绪皇帝，而且是专折专奏，不跟其他奏折一并呈送，可以说重视程度非比寻常。至于原因，有可能是翁同龢作为内应，也有可能是光绪皇帝提前打了招呼，让总理衙门以后特别关照这个叫康有为的人的奏折。

康有为这次将日本明治维新作为光绪皇帝应该学习的榜样，认为日本的文字、政俗都跟中国相同，中国如果学日本的变法方案，亦步亦趋，稳扎稳打，肯定能快速成功。而且大清帝国还有日本没有的优势，即大清帝国是一个大一统的帝国，没有封建割据势力，光绪皇帝乾纲独断，不像日本明治天皇，还要费尽心力去推翻德川幕府的统治。

康有为在末尾还声称要继续给光绪皇帝送书，例如《英国变政记》《法国变政记》《德国威廉第三作内政记》《波兰分灭记》《大地兴亡法戒》等。

此次，光绪皇帝将康有为历次条陈及呈送书籍全都汇总，呈送给慈禧太后。可见，光绪皇帝对康有为的赞许态度。

由于慈禧太后一直没有把康有为的条陈和书籍都送回来，所以，光绪皇帝又命令康有为“再写一份递进”。

如果不是特别欣赏，光绪皇帝不会如此要求。

与此同时，康有为在北京组织救国团体“保国会”。当时，正逢戊戌科会试之年，各省公车入京，康有为的弟子梁启超、麦孟华、梁朝杰、况仕任等也在其中。御史李盛铎建议康有为，联合各省公车，成立一个大会，以伸张国愤，自己可以提供组织经费。康有为表示同意，但是他坚持认为不但要联合公车，还要联合京官，这样才能壮大声势。李盛铎一开始表示反对，但是最后被康有为说服。

1898 年 4 月 17 日，保国会在粤东新馆召开，参加的人数至少有 127 人。康有为作为发起者和组织者，在成立大会上发表了一通激情洋溢的演讲，在此选一段特别激励人心的话：

> 孟子曰“国必自伐，然后人伐之”，故割地丧权之事，非洋人之来割胁也，亦不敢责在上者之为也，实吾辈甘为之卖地，甘为之输权。若使吾四万万人皆发奋，洋人岂敢正视乎？而乃安然耽乐，从容谈笑，不自奋励，非吾自卖地而何？故鄙人不责在上而责在下，而责吾辈士大夫义愤不振之心，故今日人人有亡天下之责，人人有救天下之权者！①

康有为自身深受儒学思想熏陶和训练，具有强烈的原始儒家救世理想，因此他期望中国所有的知识分子，不管是上层的还是下层的，都能够自觉地肩负起救国救民的责任，而不是“两耳不闻窗外事，一心只读圣贤书”。

这也说明，康有为并没有把希望都放在光绪皇帝身上，他还是希望将主动权掌握在自己手里。康有为可能已经意识到了，自己的事业

---

① 汤志钧编：《康有为政论集》上册，中华书局，1981 年，第 237—241 页。

即使得到光绪皇帝的支持也难以维持，因为他跟李鸿章这些洋务派一样，都缺少广大民众的有力支持。而且他还不如洋务派，洋务派好歹在朝廷树大根深、势力稳固，而自己在朝廷毫无政治根基。无论是在朝廷，还是在民间，维新派都是没有依靠的浮萍。因此，康有为要争取知识分子阶层，用儒家的救世理想感召他们，将他们聚集在自己身边，形成自己的政治力量。

另外，康有为也的确有自下而上改革中国的思想，他在《日本变政考》中对于日本的学会、政党的广泛建立有详细介绍，他声称“日本法变自下者，于其国中立会最多”，“日民大会纷纷，多至九千人，余皆千人，几以为聚众不道矣，而日民皆知间国威、保民利、开民智”，“日本会党至盛，然其士民益智，其国益强，其主益尊，未闻有一酿乱之事，亦可以鉴矣”。他从日本成功的经验出发，来倡导社会上成立各种救国团体，而建立保国会，就是为了给全天下的人做榜样。

可能，这就是保国会成立的根本原因。

康有为制定的《保国会章程》，一共30条，以“保国”“保种”“保教”为宗旨。保国，即“保国家之政权、土地”；保种，即“保人民种类之自立”；保教，即“保圣教之不失”。保国会的组织架构与强学会也截然不同，俨然是一个严密的政治组织，会中公选总理、值理、常议员、备议员董事，总理以议员多寡决定事件推行，常议员公议会中事务，董事管会中杂事，包括入会之事及文书会计一切诸事。保国会还计划在地方上开分会，各地方会议员设置分理议员约 7 人，各分会每年于春秋二八月将各地方入会名籍寄总会。想入保国会的人，须要会中人推介，然后总理、值理进行审查，如果合格，再给予入会凭票……[①]

总之，保国会已经有了现代政党的雏形。如果康有为能将保国会发展壮大下去，将触角伸入全国各地的民间，说不定真的能够争取到广大民众的支持。

然而，保国会只存在了 16 天。

原因是礼部尚书许应骙和兵部侍郎杨颐强烈反对[②]，与当年杨崇伊弹劾强学会的理由差不多，无非是康有为收取入会费，有非法集资的嫌疑。其他守旧派官员见有人带头，也纷纷群起而攻之。有人说康有为聚众谋反，有人说康有为目无君上；有人说康有为无权无势、赤手空拳，从何保起？

笔者倒是可以理解这些人围攻保国会的深层心理原因，那就是保国会的存在，恰恰证明了清政府的腐败无能。正是因为清政府没有能力保国，康有为这些知识分子才站出来保国，那么请问清政府的存在到底又有什么意义？本来清政府作为少数民族建立的政权，就一直有着严重的不安全感，现在还被质疑连国家的生存都已经无法保证，那么，你的政权合法性是不是应该掂量掂量？一旦清政府倒台，他们这些官员的饭碗可就没了，这可不是开玩笑的事情。

---

① 详细章程请参见汤志钧编:《康有为政论集》上册，中华书局，1981 年，第 233—236 页。

② 两人均为当时广东京官中官职最高者，广东京官和广东会馆都听其命令。

保国会只要存在一天，清政府脸上的手掌印就存在一天，且皮肤感觉火辣辣的。

但是，光绪皇帝对保国会采取了保护的态度。

御史潘庆澜上奏一折三片，其中片一即为弹劾康有为，要求查禁保国会。然而，光绪皇帝并没有对潘庆澜的弹章做任何批示，也没有将片一送给慈禧太后过目，而是将另外的两片呈送了过去，这表明光绪是在有意地维护康有为。

光绪皇帝的这种处理方式，康有为及其弟子很明显地感受到了。受到鼓舞的康党，以《国闻报》作为基地，对这些官员口诛笔伐，不遗余力。

但是，就算有光绪皇帝的支持，奈何围攻的声浪越来越大，越来越多的人退出保国会，导致保国会只得匆匆停办。

不过，通过保国会事件，康党虽败犹胜。第一，他们探明了光绪皇帝对于维新变法的态度，增强了他们对未来“得君行道”的信心；第二，保国会虽然失败，却带动了保滇会、保浙会等政治团体的建立，康有为的理念依然在中华大地上传播。

2. 光绪皇帝与翁同龢分道扬镳

正当光绪皇帝跟康有为逐渐心意相通之时，他跟老师翁同龢的关系却走向了分裂。

主要原因是，光绪逐渐抛弃“天朝”观念，而翁同龢还在坚守“天朝”观念，两人的思想产生激烈冲突，分裂就不可避免。

这种“天朝”观念在现实中的反映，就是礼节。

我们现在很难理解，为什么中国古代的统治者会如此重视三跪九叩的礼节，这些仪式真有那么重要？真能带来什么实惠？

200多年前的英国人也有同样的困惑，他们无法理解，为什么外国使节必须向中国皇帝三跪九叩，要知道他们对自己的国王都不会三跪九叩。

1793年，中国无大事，大英帝国派遣以马戛尔尼为首的庞大代表团，以给乾隆祝寿的名义出使中国，这是东西方两个大国的第一次正式接触。然而，英国的目的是通商贸易，清政府却坚持认为是远方蛮夷的进贡与朝拜，他们“远慕声教，倾心向化”。

当中国官员提出，马戛尔尼觐见皇帝时必须行三跪九叩之礼，被马戛尔尼断然拒绝，大家都是平等的国家，为什么我要如此卑躬屈膝？由于马戛尔尼油盐不进，导致中国官员对他的态度变得非常冷淡，乾隆皇帝的大红人和珅在接见他时，不起立欢迎，语气也特别傲慢专横。英国人认为和珅是故意要居高临下，“为了表示国家的尊严，他们似乎决心避免以平等的精神回答特使的敬意”。

由于礼仪谈判的僵持不下，最后双方各退一步，马戛尔尼同意单膝跪地，随众俯首，中国官员也不再强迫他们必须把头碰到地上。

虽然马戛尔尼觐见了乾隆皇帝，但乾隆帝的心里无疑是非常不满的。马戛尔尼也没有得到自己想要的结果，大清帝国的大门依然敲不开。

礼节从表面上看不过是一些仪式，但在当时的人们心中，中国是天朝上国，所以其他国家的使节来中国，必须要向皇帝三跪九叩，否则，怎么证明你们国家是真的顺服上国？如果你们都用平等的礼仪来觐见中国皇帝，那么中国皇帝还是不是天下共主？中国还是不是万邦敬仰的天朝？而且，如果各国都是平等关系，那么中国上至皇帝下至百姓的世界观都会轰然坍塌，导致全体国民思想上的无所适从，到时候可能会天下大乱。

坚持“天朝”观念不是清政府独有的，几乎当时所有的中国人都是如此，太平天国也不例外。北王韦昌辉在接见来访的英国特使托马斯·泰勒·密迪乐时，曾以书面形式回答他关于天王洪秀全的询问：“太平王是真正的主——是中国的主，也是全世界的主——他是上帝的次子，全世界所有的人都必须服从他。”①

太平天国以换汤不换药的方式，将“天朝”观念作为自己的外交理念。

换言之，19世纪的中国人，无论是九五之尊还是贩夫走卒，都被“万邦朝拜”的文化心理所控制。这种控制是如此的强大，以至于清政府当权派难以调试自我，做好跟其他民族、国家进行平等外交的行为习惯和思想准备。

1873年，同治皇帝在紫光阁接见各国使臣，不再强迫他们三跪九

① ［英］查尔斯·麦克法兰：《遗失在西方的中国史——太平天国》，乔国强译，华文出版社，2020年，第235页。

叩，只要鞠躬就可以，但是，这只是表面上的改变，是对西方列强武力侵略的恐惧所作出的妥协。当权派在心里依然瞧不上这些夷人，为什么要在紫光阁接见，因为紫光阁就是专门接见外藩贡使的地方。清朝君臣正是靠耍这种小心眼，来维持自己的“天朝”脸面。

同治皇帝对于蛮夷的使节站立在自己面前这件事，心里堵得慌。因此，这次会面的详细过程从未被载入《穆宗实录》和同治皇帝的起居注。而这两份文档，本该详细记录朝廷的政务大事和皇帝每天的所有活动。

这些蛮夷使节知道紫光阁的历史后，非常气愤。《伦敦新闻画报》1873 年 9 月 13 日的一篇报道说：“西方世界主要列强的代表在觐见中国皇帝时已经不必磕头。然而在仔细审视觐见礼仪的细节时，我们仍然可以发现一些令人不快的东西，它们反映出中国人不想承认‘洋鬼子’的地位要高于‘朝贡者’——这是对所有到北京宫廷来的外国使节们的称呼。”①

公使们提出，皇帝应该在太和殿召见他们。太和殿就是我们常说的“金銮殿”，它是紫禁城中规模最大的殿宇，是明清两代帝王举行登基、朝会大典等重大礼仪的场所。公使的要求被清政府断然拒绝。

1894 年 11 月 12 日，甲午战争最激烈，也是清军正一败涂地之时，光绪接见了英、法、美、俄、西班牙、比利时等国驻华公使。此次，光绪皇帝将觐见地点从紫光阁改为文华殿，这表明光绪皇帝外交

---

① 沈弘编译：《遗失在西方的中国史：〈伦敦新闻画报〉记录的晚清 1842—1873》（下），北京时代华文书局，2014 年，第 603 页。

思想已经有所转变。

光绪皇帝还特意效仿西方的做法，赐予各国公使“宝星”。这个“宝星”，就是荣誉勋章。

军机大臣兼总理衙门大臣孙毓汶和徐用仪非常反对光绪皇帝赐给蛮夷“宝星”，但遭到光绪皇帝声色俱厉的驳斥。

这两位老顽固后来也没有什么好下场，不久就被光绪皇帝赶出了紫禁城。

光绪皇帝可能是觉得，这场中日战争中国败局已定，之后的和谈肯定需要列强帮忙调解，所以开始主动效仿西方的外交仪式，以加强清政府与各国的友好关系。

《马关条约》签订后，按理说，天朝上国的尊严已经被别人践踏得体无完肤，中国的宗藩体系也已经被彻底打破，当权派应该会放弃不合时宜的“天朝”观念了吧？

1897 年，朝鲜王国改制，称大韩帝国，新成立的韩国政府非常重视原先宗主国的态度，希望能率先得到清政府的承认。韩国政府首先向清朝驻韩总领事唐绍仪试探，但是碰了一鼻子灰。韩国政府还计划派公使驻华，被总理衙门拒绝。韩国政府通过求助日本，借日本之口向清廷施加压力。总理衙门被迫妥协，但是不允许韩国使者觐见皇帝。

最后还是光绪亲自拍板，下达谕旨：“所有派使，递国书，议约，韩使来京，递国书，觐见，均准行。”这才迫使总理衙门以平等的心态来看待昔日的藩属国。

虽然光绪已经展现了自己要摆脱传统外交的束缚，但是他的老师翁同龢没有放弃，他还在坚守天朝礼制不变为上的信条。

1898年2月13日，光绪皇帝决定，今年新年各国公使觐见贺岁，都可以骑马或坐轿子从文华门中门进出。按照清朝礼制，外国人最多只能够从文华门左门进出，且只能步行。所以翁同龢表示反对，他认为洋鬼子还没有自己请示从文华门中门进出，我们就主动给他们这样的待遇，“恐亦非礼也”。但其实当天美国公使已经照会总理衙门要求从文华门中门进出，只是翁同龢还未收到消息。

光绪皇帝坚持己见，总理衙门也表示默认，翁同龢只好在日记中安慰自己：“稍有失，亦未与较。”

5月份，德国皇帝威廉二世的亲弟弟亨利亲王访华，为此，光绪皇帝早已命令清朝驻德公使许景澄查明西方外交礼节，打算按照西方外交礼节来接见亨利亲王。他提出，要将觐见的地点改为毓庆宫，并且开前星门，在东配殿宴请招待，准许亨利亲王的轿子、马车从东华门进入。这毓庆宫是清朝皇子居所，后来为皇帝读书学习的地方，其在宫中的地位仅次于皇帝寝宫养心殿。前星门则是毓庆宫的南门，儒家强调“南面为君”，让亨利亲王从南门进，表示对他的优待。至于东华门，位于紫禁城东城墙偏南，朝廷只准予内阁官员和年事已高的一、二品大员出入。

当光绪说出自己的决定时，军机大臣们都目瞪口呆，因为这一切都不符合清朝礼制。他们表示强烈反对，并跟光绪起了口角冲突，光绪为此勃然大怒，他还当面斥责军机大臣刚毅：“谓尔总不以为然，试问尔条陈者能行乎？否乎？”

翁同龢比刚毅聪明多了，他不再正面跟光绪对抗，而是选择去劝说庆亲王奕劻和恭亲王奕䜣，希望他们二人能在皇帝面前好言相劝。奕劻说这事咱别管了，慈禧太后已经传旨让总理衙门去办理这件事了，觐见地点在宫中或是在颐和园都行。慈禧的言外之意，就是在毓庆宫也是可以的。奕䜣则站在光绪这一边，而且更激进，表示在乾清宫也行。乾清宫在明朝是皇帝寝宫，自永乐帝至崇祯帝共 14 位皇帝曾在此居住，在清朝则是皇帝召见廷臣、处理政务、批阅奏章、岁时受贺、举办宴筵的场所，等于大清的政治中心。

第二天，光绪同意了慈禧的意见，将觐见地点改为颐和园，翁同龢才终于松了口气。

本来，亨利亲王想在觐见慈禧太后时能有个座位，但是奕劻和张荫桓表示坚决反对，最后亨利亲王只得放弃被“赐座”的要求。

亨利亲王在颐和园乐寿堂觐见完慈禧之后，去颐和园玉澜堂觐见光绪皇帝。光绪皇帝在接见时，不但赐予亨利亲王座位，还按照张荫桓拟定的“口敕”询问亨利亲王。要知道以前清朝皇帝接见西方国家使节，都不直接跟使节对话，而是让身边的亲王讲几句礼貌性的话就结束了。西方使节可谓是来也匆匆去也匆匆。此次，光绪皇帝跟亨利亲王一问一答的交流，前所未见。

接见结束之后，亨利亲王被奕劻带去南配殿用餐。亨利亲王用餐时，光绪皇帝亲临现场慰问亲王，估计是问饭菜合不合口啊，有没有吃饱啊，并赠其宝星。然后，亨利亲王邀请光绪皇帝检阅随他来华的德军卫队，卫队士兵举枪致敬，光绪皇帝则含笑点头，表示欣赏。最后，奕劻带领亨利亲王一行参观了颐和园的大好美景。

德国政府对这次觐见非常满意，就打算进呈皇太后礼物，并授予光绪皇帝黑鹰勋章。亨利亲王原定5月15日离开北京，要求5月14日再次觐见。总理衙门建议他还去颐和园，但是亨利亲王不愿意，坚持要在紫禁城觐见。颐和园距离北京城区有15千米，来回就是30千米，亨利亲王不想再跑那么远的路。光绪皇帝一口答应，却遭到翁同龢的极力反对。

光绪皇帝没有理睬翁同龢，决定在宫中西苑勤政殿接见亨利亲王。西苑离颐和园比较近，光绪皇帝常在西苑勤政殿处理政务。本来，光绪的预定行程是28日才离开颐和园回到宫中，但是为了再次接见亨利亲王，他特意从颐和园赶回紫禁城，然后又在觐见结束后的次日再返回颐和园。

光绪皇帝的所作所为，都是西方国家常见的外交礼节，但是在礼教立国的大清帝国，却是石破天惊、骇人听闻的。

3．政治斗争的牺牲品

此后，光绪皇帝继续“放飞自我”，在接见俄国使臣时，提出使臣可以直接将国书递到自己手中。为此，翁同龢强烈反对，人家俄国人根本就没主动提出这个要求，咱干吗要额外给他恩典？但是光绪坚持己见，声称“此等小节何妨先允，若待先请而后允，似不必加礼”。

在接见法国使臣时，光绪突然佩戴了前一年法国总统所授予的勋章，法国公使还可以像俄国公使一样，将国书亲手交给光绪，光绪还跟公使问答交流。

不要说翁同龢了，就连曾出任清朝驻美国、西班牙、秘鲁三国公使，思想相当开放的张荫桓都在日记中用“异数”来表示自己的惊愕。

皇帝的步子迈得太大，作为老师的翁同龢已经完全赶不上了。

光绪不理解老师为何要顽固坚守这些细枝末节，翁同龢则不理解学生为何要自毁国体。为此，他一再阻挠光绪改革外交礼节的做法，令光绪皇帝怒火中烧。

光绪可能是受到了康有为上书内容的影响。康有为说：“今当以开创之势治天下，不当以守成之势治天下，当以列国并立之势治天下，不当以一统垂裳之势治天下，盖开创则更新百度，守成则率由旧章，列国并立，则争雄角智，一统垂裳，则拱手无为。”[①] 此语直接向大清帝国君民普遍存在的“天朝”观念发出挑战。

总之，光绪跟康有为的思想越来越接近，而他对翁同龢的不满，则在与日俱增。

与此同时，翁同龢的日子也越来越不好过。

本来，甲午战争之后，翁同龢最大的死对头李鸿章势力惨遭削弱，国人皆曰可杀，对于翁同龢来说是件天大的利好。但是，他万万没有想到，李鸿章退居二线，自己却要顶上来背李鸿章曾经要背的大

---

① 孔祥吉编著：《康有为变法奏章辑考》，北京图书馆出版社，2008 年，第 50 页。

锅。德国侵占胶州湾后，强迫清政府签订《胶澳租界条约》，光绪皇帝就命令翁同龢去签字。因为你现在是总理衙门的一把手，你不签，还能指望别人去签？翁同龢没有办法，只得硬着头皮去签，为此他痛心不已："以山东全省利权形势拱手让之腥膻，负罪千古矣。"如果李鸿章还主持总理衙门，那么倒霉的人轮不到翁同龢。

不知翁同龢此时可否稍微理解到李鸿章的难处？

此时此刻，在这个世上，最难写的字，恰恰就是自己的名字啊。

翁同龢此时还是清政府中枢的实际操盘手，虽然他只是甲午战争后军机处的大员之一，但是恭亲王奕䜣已经奄奄一息，清流大佬李鸿藻已经病逝，其他几个人也都人微言轻，根本无法与两朝帝师并驾齐驱。慈禧等一众朝臣甚为忧虑，一旦奕䜣撒手归天，翁同龢将独掌朝廷大权。为此，他们想到的办法是，将湖广总督张之洞调来北京，加入军机处，以此来制衡翁同龢的权力。本来张之洞都走到半路了，湖北突然发生日本人房屋被烧的沙市事件，朝廷叫他赶紧回去处理，北京就不要再来了。

正所谓，高处不胜寒，翁同龢的处境非常不妙，他已经成为众矢之的。1898年4月15日，安徽布政使于荫霖上奏弹劾翁同龢，指责其处理胶州湾事件不力。5月29日，御史王鹏运上奏弹劾翁同龢，指责其在洋人面前一味退缩，毫无作为，误国误民。

王鹏运上奏之时，正是奕䜣去世之时。奕䜣快咽气时，光绪皇帝去看他，他给光绪的遗言中提到翁同龢，"所谓聚九州之铁，不能铸此错者"，"十数年之教育，数千万之海军，覆于一旦，不得已割地求和”，“居心叵测，怙势弄权”。很显然，奕䜣对于翁同龢主持户部时克扣北洋海军经费，以及贸然主张对日开战的做法恨之入骨，死不瞑目。

另外，奕䜣去世3天前，光绪跟翁同龢之间还爆发了一次冲突。光绪让翁同龢去找康有为，让康有为把之前所呈送的书再抄写一份送上来——因为之前呈送的书都给了慈禧，而慈禧一直没有发还。翁同龢说，自己跟康有为没有往来。光绪问他为什么，他说康有为居心叵测。光绪又问他，你之前怎么不这样说，他说我最近看了康有为的《孔子改制考》才发现的。

没错，翁同龢之前的确跟康有为是“友军”，但是当他后来看到《孔子改制考》后，无法赞同康有为的学术观点，就走到了对立面。

第二天，光绪皇帝再次命令翁同龢去找康有为，翁同龢还是说自己跟康有为没有交情，导致光绪皇帝大发雷霆，严厉斥责。翁同龢说你要不叫总理衙门去通知康有为吧，反正我不去。光绪不同意，就让翁同龢先去找张荫桓，让张荫桓去通知康有为。翁同龢反驳说，你天天都接见张荫桓，为什么不直接面谕他。光绪皇帝还是不同意，就是要让他去传告张荫桓，翁同龢没有办法，只得照办。

不得不说，在光绪跟翁同龢的正面交锋中，翁同龢作为臣子，态度有些嚣张跋扈，而光绪皇帝不依不饶，就是要翁同龢去做自己推卸的事。他们师徒二人的情谊，可以说此时已经走到了尽头。

刚刚跟翁同龢吵完架的光绪，现在又听了六叔弥留之际的忠告，更加怨恨老师。这就可以解释，为什么光绪此前没有将于荫霖的弹章呈送给慈禧，而现在却把王鹏运的弹章呈送给慈禧。他可能是想借慈禧之手，来解除翁同龢的一部分官职，或是直接将其罢黜——要知道朝廷中枢的任免权都在慈禧手上。

如果更深入分析，甚至可以说光绪是要借刀杀人。

6 月 9 日，给事中高燮曾上奏攻击张荫桓，但其实剑指张荫桓背后的翁同龢。慈禧也下定罢黜翁同龢的决心，一周内两次调整中枢，将翁同龢罢免，调直隶总督、北洋大臣王文韶接替翁同龢的军机大臣、总理衙门大臣、户部尚书职位，荣禄则接替王文韶留下的空缺。

可能是为了报复翁同龢，光绪在罢黜翁同龢的当天还特意用朱笔要求总理衙门再议觐见礼仪，还明确要求“参酌中西体制”。很明显，他就是想刺激翁同龢。

被罢黜的这天，正是翁同龢虚岁 69 岁的生日，想不到他会在这一天被逐出权力核心，被命令离开紫禁城，回江苏常熟老家待着。

康有为从张荫桓那里得知罢黜事件之后，立刻去拜访了翁同龢。他不知道翁同龢早已将他视为居心叵测之人，他依然以为翁同龢是力挺他的盟友。但是两人到底谈了些什么，翁同龢日记中没有记载。

总之，光绪跟翁同龢的决裂，代表着光绪要跟保守派决裂。在他一路狂飙的改革之路上，不允许有任何人挡道。

然而，翁同龢的离开，使得光绪少了一个强有力的政治人物的护驾。翁同龢虽然在一些细枝末节的事情上斤斤计较，甚至多次对光绪皇帝出言不逊，但他仍然是忠于光绪皇帝的。满朝文武，几乎都是慈禧的人，就连皇后都是慈禧的侄女，负责监视光绪。唯有翁同龢作为帝师，可以算作光绪的亲信。如果当初翁同龢还在中枢，可能慈禧就没那么容易发动戊戌政变了。

慈禧则利用光绪对翁同龢的厌恶，乘机罢黜翁同龢，加强对权力的掌控。尤其是她将亲信荣禄升为直隶总督兼北洋大臣，是她控制京师的重要举措。

在这场权力的游戏中，慈禧才是真正的赢家。

第五节 明定国是：光绪皇帝开启维新变法

1. 光绪皇帝召见康有为

罢黜了翁同龢，光绪可以放开膀子大干一场了。正如总理衙门章京张元济所言："自常熟去国后，举国新政，明诏迭颁，毫无阻滞。其融泄之情必更有进于畴昔者矣。"

1898 年 6 月 11 日，即慈禧宣布调整中枢的第二天，光绪皇帝颁布"明定国是"的上谕，拉开了维新变法的大幕。所谓国是，是指治国的根本大策，明定国是，就是要明确国策。首先，光绪认为目前革新与保守两派还在针锋相对，各执一词，互不相让，除了浪费口舌，对国家毫无益处，因此现在要统一思想，全国上下齐心协力，学习西洋之长，变法图强，振兴国家。其次，光绪提出要举办京师大学堂，为国家培养新式人才。

慈禧对此表示默许。其实，她根本就不是徐桐、倭仁那种守旧派，因为守旧派必须要对旧学有一定的钻研，才能全身心地陶醉其中，而慈禧除了懂点三纲五常、二十四孝之类，对传统文化可以说是一片茫然。慈禧是天生的政治动物，她所在意的不是什么新和旧、中学与西学、传统与现代之类的宏大命题，而是自己的权力是否能得到保障。能保障自己权力的，就表示支持；会威胁自己权力的，就坚决扑灭。此时，她对变法的走向还没有把握，因此暂时采取了不干涉的态度。

两天后，翰林院侍读学士徐致靖上奏《国是大定密保人才折》，保举康有为、黄遵宪、谭嗣同、张元济、梁启超五人，尤其是对康、梁二人推崇备至。徐致靖建议光绪皇帝，在变法时一定要破格用人，“盖行非常之法，必待非常之才”。

研究戊戌变法的大家黄彰健、孔祥吉、茅海建都认为，这份奏折是康有为自己撰写的，然后让已成为康党成员的徐致靖代为上奏，等于是自己推荐自己。徐致靖奏折中的很多话，简直就是复制粘贴康有为的很多言论。而且康有为之前曾多次托人上奏，所以此次托人自荐并不意外。

光绪皇帝当天就发下谕旨：“工部主事康有为，着在总理各国事务衙门章京上行走。”所谓章京，是清代各衙门办理文书的官员。

章京虽然只是个差，而不是官，但它能接近朝廷最重要的官员，所以往往能得到他们的保举，升迁也非常快，是当时所有京官们梦想的美差。康有为能得到光绪皇帝这样的安排，可以说是圣恩眷顾。

此外，光绪皇帝还谕旨召见康有为、张元济，黄遵宪和谭嗣同则由吏部带领引见，但只是见皇上一面，没有跟皇上说话的待遇，梁启超则交由总理衙门察看。

康有为一个工部候补主事，张元济一个刑部候补主事，两个九品芝麻都算不上的小官，居然可以得到皇帝的亲自召见，这在大清历史上都是极为罕见之事。

6 月 16 日，早朝之后，光绪皇帝在颐和园仁寿殿接见了康有为和张元济。召见时没有旁人在场，当时情形如何，只有康有为和张元济二人自己的回忆作品作为依据。在康有为的回忆中，光绪皇帝仿佛是一个万木草堂的学生，听康有为循循善诱，然后不断点头称善。康有为在谈话中主要强调：第一变法要全变；第二要先开制度局，统筹全局；第三要重用小臣；第四要废除八股；第五要开启民智，主要通过译书、游学、派大臣出国游历等。

在张元济的回忆中，光绪皇帝力图变法维新的意志相当坚定，并指出他所面临的“旧党阻扰，部议拘执，帖括无用”的变法阻力。君臣二人谈论了设立学堂培养人才、兴修铁路便捷交通等话题，光绪皇帝尤其对中国内陆交通系统落后的情况非常愤慨，他语带火气地说：“我们如果派人到云南去，要两个月才会走到，但外国人只要十天、八天就会到达。我们中国道路不通，一切落后，什么事都赶不上外国，怎么好和人家办交涉呢？”①

康有为建议光绪开制度局，作为统筹变法事务的领导机构，这是他一直以来的政治主张。制度局负责草拟变法章程，之后下设法律、度支、学校、农工、商矿、铁路、邮政、海军、民兵以及各省民政诸局。康有为如此设计，也有他自己的政治目的，就是要光绪皇帝任命他为制度局的一把手，作为光绪皇帝之下领导变法的第一人。但是，朝廷大员们都很清楚，这个制度局，其实就是新成立的军机处加总理衙门，是大清帝国最高的权力机关，一旦它成立，且让康党把持，那么自己的权位就会不保。因此，无论是军机处，还是总理衙门，他们在维新变法的百日之内，一直在全力阻击光绪皇帝要设立制度局的意图，使得康有为梦想破灭。

因此，康有为非常不满光绪提拔他为总理衙门章京，他认为这是大材小用，甚至是“辱曲”，他要的是掌握朝政大权，例如当军机大臣或总理衙门大臣，或是开设制度局安置他。但是，光绪要任命高级别官员，就必须经过慈禧太后的同意，而慈禧那边几乎可以断定，不会火箭式提拔一个工部候补主事。所以，光绪给予康有为的职位，已经是力所能及的了。可是，康有为并不领情，他认为自己没有被任命为大官，是因为翁同龢被罢免，使得他没有得到高层的鼎力支持。这是他对清政府高层政治运作的隔膜所产生的误解，因为翁同龢根本没

① 张元济口述、汝成等笔记：《戊戌政变的回忆》，《新建设》第1卷，第3期，转引自中国史学会编《中国近代史资料丛刊·戊戌变法》第4册，神州国光社，1953年，第324—325页。

有迫使慈禧任命官员的能力。

康有为心怀不满，被召见之后一度产生要和梁启超离开京城，南下广东的想法。

由此可见，光绪皇帝的内心世界该有多么孤独，他想拯救这个国家，可是养母慈禧太后不理解他，老师翁同龢不理解他，六叔奕䜣不理解他，甚至连维新变法的倡导者康有为也不理解他。估计能理解他的，也只有珍妃了。

但好在，维新变法的齿轮转动起来了。

2. 废除八股：维新变法的探路石

张元济被召见时，光绪皇帝明确告诉他“八股试帖之无用”。康有为得知后，趁热打铁，立即命梁启超起草《请改八股为策论折》，然后由康党成员御史宋伯鲁代为上奏。该奏折光绪皇帝看后，当日就呈送给慈禧太后过目。

废除八股，也一直是康有为长久以来的政治目标。康党人士曾多次上奏，声称八股是造成士愚国弱的罪魁祸首，要求朝廷废除八股。所谓八股文，就是科举考试的考生要将文章分为 8 个部分，文章的格式、语气、内容都有严格的规定，考生必须揣摩古人语气，代圣贤立言，基本上是以孔孟之言、程朱注疏为据，对经义不得发挥己见。而且，由于文章题目只能出自“四书五经”，为了防止考生猜题，只得不断出一些偏题、怪题，结果走向求才的反面。这就导致读书人的思想被牢牢禁锢，朝廷也选拔不到真正的栋梁之材，久而久之，国事就日渐败坏，以至于一发不可收拾。

光绪皇帝雷厉风行，看完奏折后第二天就命令军机处草拟废除八股改策论的谕旨。仅过了5天，即6月23日，光绪就跟慈禧共同接见军机大臣，明发上谕，宣布科举考试废除八股，一律改试策论。慈禧没有意见，因为这项改革不会威胁到她的权力。

康党目标达成。与此同时，光绪还给了康有为一个很大的特权，即康有为以后要上奏，不必通过任何部门、任何人代奏，可以直接交到皇帝手中。要知道，这种直接上奏的特权，可是军机处等帝国权臣才有的。

废除八股，慈禧没有意见，却遭到读书人的忌恨。之前梁启超联合百余名士子，联名上书要求朝廷废除八股时，就遭到上万考生的嫉恨，还有人要殴打梁启超。因为他们寒窗苦读，悬梁刺股，努力钻研八股文考试的套路，就是为了以后能“春风得意马蹄疾，一日看尽长安花”。结果自己辛辛苦苦钻研了十几年，对科举考试志在必得，现在突然冒出来一个康有为说以前的考纲、考点全部作废，那我们以前的汗水岂不是白流了？而且你康有为、梁启超自己通过八股文成了举人，现在飞黄腾达了，就要来剥夺其他人改变命运的机会？这个康有为实在是太可恨了！直隶地区的很多读书人已经准备刺杀这个人面兽心的家伙，以解心头之恨。

在康有为眼里，旧党开始蠢蠢欲动，他听说御史文悌、黄桂鋆正在四处奔走联络官员，要迫使皇帝恢复八股。他决定先发制人，指示康党成员御史杨深秀上奏，即《请惩阻扰新政片》，要求皇帝对反对废八股改策论的人，轻则象征性地惩罚，重则革除官职，如果被惩罚后还敢再提恢复八股之事，就处以莠言乱政之罪。

这道奏折同样被光绪呈送给慈禧太后，慈禧表示默许。很快，就有人撞在枪口上了。户部右侍郎浙江学政陈学棻上奏，认为朝廷一下子废八股改策论，会导致读书人人心涣散，借端生事，希望朝廷能在策论之外，还保留八股文考试项目。光绪看后很不高兴，第二天就去颐和园请示慈禧可否严惩此人，得到同意后，光绪立刻摘了陈学棻浙江学政的乌纱帽。

光绪杀鸡儆猴，让其他官员都不敢再置喙废八股之事。

皇帝虽然规定了不能反对废八股，但没说不能反对康有为啊，那就干脆从弹劾康有为这个罪魁祸首入手。7 月 8 日，御史文悌出面弹劾康有为，洋洋洒洒写了 4000 多字，说康有为专主西学、结交台谏、私结外洋等，他还说张荫桓就是康有为的后台老板，康有为还去张荫桓家里住过，二人狼狈为奸，有结成朋党之势。

文悌本来跟康有为交情不错，但是他跟康有为的学术观点不同，所以二人渐行渐远。文悌在上奏弹劾康有为之前的 12 天，还去看望过生病的康有为。现在突然攻击康有为，还顺带捎上张荫桓，很明显心怀鬼胎。翁同龢被罢黜后，张荫桓作为翁同龢的亲信，已经成为朝中很多人想清除的对象，文悌上奏的目的，就是想一石二鸟，同时除掉两个麻烦的对手。

光绪皇帝看完之后，龙颜大怒，明发上谕，将文悌痛骂一番，并革了他御史的职位。光绪皇帝这种明显偏袒康党的作为，一目了然。

在废八股这件事上，康党获得了全面的胜利。光绪也以说一不二的态度，强迫所有官员接受他的科举改革，彰显自己作为皇帝的权力。

废八股也是一颗维新变法的探路石子，光绪将其率先抛出，试探慈禧以及所有官员的反应，以此来作为自己下一步行动的参照。果然，光绪在压制住所有的反对意见后，信心大增，加快了新政改革的步伐。

3. 京师大学堂的明争暗斗

光绪的另一项大动作，就是设立《明定国是诏》中的重点项目——京师大学堂。

这个计划的最初提议，来自康党成员御史王鹏运1898年2月15日的奏折。光绪当天就批准建立京师大学堂，并要求军机处和总理衙门给出具体操作方案。但是当时这两个部门都在忙着应付列强来勒索的麻烦事，根本就无暇讨论京师大学堂的事情。

《明定国是诏》颁布的第二天，受到光绪皇帝压力的总理衙门，立即发电清朝驻日本公使裕庚，要求他将日本东京大学堂的章程尽快发过来。翁同龢作为两朝帝师，又是军机大臣和总理衙门大臣，理所当然地负责起草大学堂章程。但是翁同龢才接手这个任务没两天就被罢黜了，之后这个任务就被撂在一边，大家该吃吃该喝喝。到了6月26日，光绪皇帝见军机处和总理衙门毫无动静，不由得怒火升腾，明发谕旨将两个部门骂得狗血淋头，并且下了最后通牒，倘若再敢拖延，“定即从严惩处不殆”。

在光绪皇帝的疾言厉色之下，两个部门快马加鞭地起草大学堂章程，不到一个星期，就把章程给拟好了。

不过，这份《京师大学堂章程》是梁启超起草的，总理衙门稍微做了些修改。

翁同龢走后，接手章程起草任务的人是军机大臣兼总理衙门大臣廖寿恒。廖寿恒跟康党的关系不错，在张荫桓的提议下，他将这个任务委托给了康有为。但是康有为当时正在忙着准备被光绪召见之事，就把任务交给了梁启超。梁启超少年英才，举世皆知，又对各国教育问题有深入的研究，章程由他来起草，无疑是最佳选择。

《京师大学堂章程》既然是由康党起草，自然要实现康党的政治目的。其一，大学堂管学大臣，统管大学堂的一切事务，管学大臣下面设总教习，这个总教习有任命所有教习的权力，还有参与拟定毕业生出洋留学章程，参与拟定各府州县学堂训章等重要权力。此外，章程总纲中规定，京师大学堂既是全国最高学府，也是全国最高教育行政管理机构，“各省学堂皆当归大学堂统辖，一气呵成。一切章程功课，皆当遵依此次所定，务使脉络贯注，纲举目张”。在一个讲究“门生故旧”关系的年代，大学堂培养出来的精英人才，也自然会成为总教习的门生，被纳入总教习的势力。也就是说，这个总教习不但是大学堂真正的校长，还相当于整个国家的教育部长。

梁启超给总教习定的选取标准为："中国通人，学贯中西，能见其大者。"这个人不是他的老师康有为，还能是谁？

其二，章程规定，朝廷应该在上海成立一个编译局，统一编写全国小学、中学、大学教材。西学的教材，翻译自西方人的教科书，然后加以润色；中学的教材必须"取其精华，去其糟粕"，然后"勒为定本"。毫无疑问，编译局肯定是由康党成员掌握，所编写的教材，尤其是经学教材，也肯定会以康有为的思想为核心。康有为要将万木草堂的模式应用到全国的学校，向全国的读书人灌输自己的理念。张之洞曾一语道破，说康有为是要做当代的王安石，王安石当年就是将自己写的几本书颁行全国，作为大宋的科考依据。

如此看来，康有为既要做大清帝国文教领域的一把手，也要做全国读书人的精神领袖。不过，康有为这个目的倒并非完全出于私心，他有着更宏大的动机，就是通过自己之手，来重新塑造全国读书人的儒家人格，以挽救"人心之坏"，抵御基督教等西方"异教"的诱惑，也即保国会纲领中所提到的"为保圣教之不失"。因为他知道，一旦启动维新变法，进行大规模的社会变革，就可能会引起社会的动荡、人心的混乱，因此他必须要借用儒家的号召力来巩固社会的认同。

从本质上来说，康有为又跟倭仁、徐桐这些人一样，都是要拼死维护儒家价值的优越性。只是在做法上有所不同：倭仁、徐桐采取的是鸵鸟战略，以为把头埋进沙子里，看不见附近的危险就等于附近没有危险；而康有为采取的是主动出击的战略，利用发掘儒家价值来为现实变革服务，又用社会变革来争取保护儒家价值。

对于康有为的政治野心，朝廷上的人岂能不知？

于是，又一场权力的斗争徐徐展开。

6 月 30 日，跟康有为有过交往，早已洞悉康有为目的的江南道监察御史李盛铎上奏，提出自己拟订的京师大学堂大纲，其中第五条说开办京师大学堂兹事体大，必须要派位尊望重的大臣来管理，建议皇帝任命协办大学士孙家鼐，因为他识虑深远、条理秩然，是当仁不让的人选。李盛铎是典型的机会主义者，他曾支持保国会，后来一看风头有变，又转而反对保国会。也就是说，李盛铎跟康有为结下梁子后，他怕康有为得势后会对其打击报复。

如果孙家鼐当上管学大臣，他是不会任命康有为当总教习的，因为孙家鼐根本不认同康有为《孔子改制考》中的思想。李盛铎先发制人，就是要断掉康有为的念想。一切正如他意，《京师大学堂章程》上奏后的第二天，光绪皇帝就予以批准，并按照李盛铎的建议，任命孙家鼐为管学大臣。孙家鼐还获得了总教习的提名权，只要孙家鼐不提名康有为，康有为就无可奈何。

光绪同意任命孙家鼐，一是因为孙家鼐是协办大学士，位高权重，这样的人能“镇得住场子”，也能得到慈禧太后的批准；二是孙家鼐不是老顽固，他也主张政治改革，非常推崇冯桂芬的思想；三是孙家鼐也是光绪的师父，算是光绪的亲信，在光绪看来，任命孙家鼐跟任命康有为没有什么区别。

正如李盛铎预期的那样，孙家鼐全面排斥康党。孙家鼐提名前驻德公使、现赴俄专使许景澄为总教习，在许景澄尚未回京之前，自己兼任总教习。这得到了光绪的批准。而其他职位的提名，除了一个张元济任总办，一个康党成员都没有。

你想，康有为能咽得下这口气？

康党成员宋伯鲁立即上奏，声称大学堂的人选应该只看有没有才华，而不应该看官阶的大小。再说，为了能将大学堂办好，所有被提名的人，都应该全部辞掉本来的官职，这样才能专心致志地在大学堂工作。至于孙家鼐则被冷嘲热讽："该大臣自宜振刷精神，虚心延揽，方翼有济。此何时也，此何事也，若仍以官常旧法，瞻徇情面行之，鲜不贻笑外人矣。"①

光绪皇帝看完后交给孙家鼐，让他谈谈看法。孙家鼐表示所有提名人员根本不需要辞掉本职工作，光绪皇帝表示同意。

张元济也非常反感孙家鼐的提名人选，不顾孙家鼐的挽留，坚持辞掉了总办的职位。结果，孙家鼐提名李盛铎为总办，得到光绪皇帝批准。如此一来，李盛铎在这场斗争中也获得了相应的回报。

平心而论，孙家鼐的人事安排并不合理，很多人要么不懂时务，要么就是来混个差使，这样的一群人凑到一起，根本不可能把大学堂办成真正培养新式人才的基地。很有可能，这个大学堂会变成官员上下钻营的平台，从中渔利的私产。李鸿章在给他儿子李经方的信中就曾表达过自己的担忧："燮臣（孙家鼐的字）管学，徇清流众议，以

---

① 孔祥吉编著：《康有为变法奏章辑考》，北京图书馆出版社，2008 年，第 310 页。

中学为主，恐将来不能窥西学堂奥，徒糜巨款耳。”①

而且，孙家鼐之前曾主持过官书局，主要工作是编译西报，结果毫无成就，遭到很多人的严厉批评，就连光绪皇帝读了《官书局报》，都朱批“平淡无奇”。试问，编译西报这样一个不算太复杂的工作他都做不好，统筹京师大学堂这么复杂的事情，他就能办好吗？

相比之下，康有为在广东办过万木草堂，之后又在多地讲学，教育经验比较丰富，的确比孙家鼐更能胜任大学堂的管理工作。

至于大学堂的教材，孙家鼐绝不同意将康党思想灌输其中，一是他反对康有为的孔子改制学说；二是他瞧不上康有为的中学功力，认为康有为没有资格来编订中学教材。孙家鼐是咸丰九年（1859）的状元，光绪皇帝的老师，经史子集无一不通，你康有为一个大龄进士，算得上哪根葱？

这里还要说一下梁启超，光绪在批准大学堂章程的当天，还特别召见了梁启超，赏给六品衔，并任命他办理译书局。这个译书局，包括大学堂译书局和上海官译书局。光绪皇帝还在梁启超申请开办经费1万两白银的基础上，再另拨银1万两，每月经费也提升到3000两白银，可谓是出手阔绰。梁启超当时连某某部门的候补主事都算不上，却被光绪如此优待，可见其的确才华过人。但问题是，光绪并没有说明译书局有编订大学堂教材的任务，这就使得康有为做全国读书人精神领袖的计划落空了。

---

① 顾廷龙、戴逸编：《李鸿章全集》，安徽教育出版社，2008年，第188页。

由于康党与孙家鼐派的明争暗斗，梁启超没有按计划去上海，也没有编订出一本教材，译书局事业相当于荒废了。

总之，在主导京师大学堂的斗争中，康党完全落败。然而，就算康有为胜利，其结局也一定会失败。正如奕䜣当初创办京师同文馆一样，大学堂开办后，遭到四面八方的言路攻击，不仅招不到足额的学生，教学工作也一直受困。戊戌政变之后的1899年年中，孙家鼐再也支撑不住，只得以病重为由辞职，将工作都交给了许景澄。以孙家鼐的地位，尚且扛不住强大的舆论围堵，更何况是官阶低下的康有为？

康有为也好孙家鼐也罢，他们都是那个时代的输家。

第四章

百日维新

第一节　紧锣密鼓：康党的夺权野心

1．军机四章京：光绪操作的政治套路

光绪皇帝一鼓作气，在宣布《明定国是诏》之后，连续推出了100多条诏令，令人眼花缭乱。但是从中央到地方，绝大多数官员都在消极抵抗，因为大家都是在官场这个大油锅里反复炸了几十年的老油条，都知道稍有不慎，下场就会很惨。目前，紫禁城里的局势还云山雾罩，最好再观望一阵，心急不但吃不了热豆腐，还有可能让自己被别人做成了豆腐。

官员不急皇帝急，眼瞅着新政在地方上推行得磨磨叽叽，皇帝大

发雷霆。1898 年 6 月 23 日，光绪皇帝特下谕旨，再三申明自己的变法决心，以及变法的刻不容缓，并对磨洋工的代表两江总督刘坤一、湖南巡抚谭钟麟严厉批评。这两位都是对光绪皇帝的新政诏令采取不闻不问的态度，光绪问他们为什么这么长时间还不答复诏令，刘坤一假装说自己压根就没有收到诏令，谭钟麟则连借口都懒得找，不答复就是不答复，你能奈我何？

光绪确实拿他们没办法，毕竟地方大员的任免权都在慈禧手里，而且就算是慈禧想罢免他们都未必能行，因为人家已经是一方诸侯，形同割据，真以为会百分之百地服从于朝廷？

至于朝廷的军机处和总理衙门，则是抱成一团，对新政百般阻挠。8 月 2 日，总理衙门上奏，把康有为"上清帝第六书"从头到脚批得体无完肤，三项要旨，即大誓群臣、开制度局、设招待所，被全面否定。12 个要开的新机构，即法律、税计、学校、农商、工务、矿政、铁路、邮政、造币、游历、社会、武备，除了铁路、矿物两局可以设立，其余都被否定。至于地方上开新政局、民政局，也都被否定。

否定，否定，还是否定，皇帝的头都要裂开了。

中枢大员之所以对新政方案全盘否定，第一当然是方案中有威胁到他们自身权力的内容，例如开制度局，就是要架空军机处；第二则是慈禧太后尚未明确表达自己的态度，对于新政中那些关系到帝国政治制度重大改造的方案，谁也不敢贸然表示赞同。日本学者加藤彻认为，慈禧对维新变法没有明显的干涉，保持了令人害怕的沉默。"三十六计"中有一计叫作欲擒故纵，其作战策略就是：为了将敌人一网打尽，就要暂时让敌人逍遥。主流派暂时保持沉默的姿态，使反体制派完全暴露，是中国政治的常规。

不管慈禧是否真的在欲擒故纵，只要官员们认为她是在欲擒故纵就可以了。大家都在宦海中沉浮了半辈子，不怕一万就怕万一。

光绪采取的策略是，绕过这些成功路上的绊脚石，另辟蹊径。这个蹊径，就是重用小臣。在中国历史上，重用小臣、架空大臣是一种常见的帝王统治之术。例如隋唐以后中央政府的大官，最尊贵的就是所谓的“尚书”，而尚书在秦汉时期只不过是皇帝身边的贴身小秘书，即帮助皇帝管理书籍的服务员。皇帝跟小秘书朝夕相处，小秘书就自然而然成为皇帝的亲信，绝对忠于皇帝，这些人由于随时都在皇帝身边，皇帝用起来也顺手，不像宰相只有上朝的时候君臣才能见一面。而且宰相位高权重，总是让皇帝感到不放心。于是，从汉武帝开始，皇帝就把很多事情交给小秘书去管，久而久之就架空了宰相的权力。到了东汉光武帝刘秀的时候，“众务悉归尚书，三公但收成而已”。

等到尚书取代宰相掌握实权之后，皇帝又开始担心尚书是否忠诚的问题了，于是，唐代皇帝就开始重用官阶更低的“同中书门下平章事”，来架空尚书。

到了明代，朱元璋废除了宰相制度，自己总揽一切政务，把自己变成了天天熬夜看奏折的帝国最高打工人。后来到了他的儿子朱棣做皇帝时，他感觉这样工作也吃不消，便组建了一个秘书班子帮他处理政务。秘书班子的成员都叫内阁大学士，官阶只是正五品，是名副其实的小臣。

光绪从小就学习帝王之术，对于这种重用小臣、架空大臣的套路肯定烂熟于心。就算他一时想不起来，别忘了还有康有为三番五次地建议他重用小臣。

9月5日，光绪任命内阁候补侍读杨锐、刑部候补主事刘光第、内阁候补中书林旭、江苏候补知府谭嗣同四人为军机章京，均加赏四品卿衔，“参预新政”，主要工作内容是处理司员士民上书。戊戌变法期间，光绪下诏允许广大人民群众都上书言事，这就好比微博博主一下子开放了评论区，并答应每个网民的评论他都会仔细看。一时间，网民如排山倒海般涌进来写评论，但是博主根本没时间每条评论都看，这时他就需要招几个运营助手帮他看，并且对评论做出回复。在清朝历史上，皇帝都是自己看奏折，自己出旨意，然后交由军机处的章京来拟旨，章京的工作就是把皇帝不成系统的三言两语扩展成正儿八经的大段谕旨。章京拟好之后，皇帝再审核一遍，觉得没问题就批准，正式发出。

然而，这四位新章京可以代皇帝出旨意，就是在看完奏折后，在奏折上写上自己的处理意见，然后交给光绪来审批。如果说，之前的军机章京只是单纯做文字工作的工具人，不能有自己的思想，那么这四位章京已经在分享皇帝的权力了。甚至可以说，这四个章京的权力已经大过了军机大臣，因为连军机大臣都没有代皇帝出旨意的权力。康有为曾说：“故名为章京，特加‘参预新政’四字，实宰相也。”虽然有所夸大，但是也不能说完全偏颇。

光绪就是要让这 4 个年轻人来分担自己的工作，并且培养他们处理实际政务的能力，将他们打造成自己的亲信。当这些年轻人熟悉了军机处的工作流程和模式，掌握了中枢处理国家大事的各种套路和规则，等到必要时刻，比如说慈禧去世之时，皇帝完全可以将这些军机章京扶正为军机大臣，以达成自己完全控制中枢的目的。

不过，军机章京的工作对于这 4 个年轻人来说还是太累，因为每天都有堆成小山的奏折要处理。4 人分成两班，轮流值班，杨锐和林旭一班，谭嗣同和刘光第一班。本来这份工作就很累，加上 4 位职场新人的老板又是皇帝，使得他们在工作中不敢带薪摸鱼，只得天天加班干活。而且 4 人的性格又不一样，在一起工作总会有这样那样的摩擦，杨锐在给家人的信中就说“事体已极繁重，而同列又甚不易处”。林旭在奏折上写的处理办法常有不妥当之处，杨锐还得逼他修改，长此以往，心力交瘁。

光绪的安排是有效果的，4 个章京能够在第一线挡住那些反对维新变法的条陈，使它们无法发挥作用。例如湖南举人曾廉写了近万字的奏折来弹劾康有为、梁启超，文末甚至建议光绪斩了这二人，以塞邪恶之门，安定天下人心。但这份弹章首先被当天值班的谭嗣同、刘光第看到，这二人都可以说是康党成员，于是他们对这份弹章进行了驳斥。之后，这份弹章加处理意见上交给光绪，光绪将其按下不表，没有大声张扬，更没有将其呈送给慈禧。按理说，像这种万言书，肯定是要给慈禧过目的，但是光绪将其隐瞒不报。这等于说，光绪要给慈禧营造一个信息茧房，让她只能看到支持维新变法的奏章。

2．罢免礼部六堂官，慈禧高度警觉

可能是为了杀鸡儆猴，也可能是为了发泄情绪，光绪在任命四章京的前几天，在未向慈禧请示之前，就罢免了礼部六堂官。

事情是这样的，光绪皇帝不是下诏允许司员士民上书吗，为此他严令各部院不得有丝毫阻碍。8 月 21 日，礼部候补主事王照上书，通过本单位礼部代递。他建议皇帝去日本游历考察，了解日本富强的缘由，然后回国晓示天下臣民，改变全社会顽固守旧的风气。

礼部拖拖拉拉了 11 天，才将王照的折子呈送给光绪，并且表示了反对意见。这一下子就把光绪惹毛了，他当天就下诏痛骂礼部，说"承以是非得失，朕心自有权衡，无烦该堂官等鳃鳃过虑"，意思是我去不去日本游历是我自己的事，你一个做臣子的瞎操什么心？

光绪决定，礼部尚书怀布塔等交部议处。吏部参照大清律例，认为事应奏而不奏者，杖八十，降三级调用。只是，尚书降三级后，京城里没有品级这么低的官位，所以只能将处理办法改为革职留任，以后如果这个官员表现良好，还有再恢复职位的机会。

但是，光绪这一次不依不饶，下了一道亲笔朱写的上谕，称怀布塔等人无视我之前的谕旨，竟敢仍然敷衍塞责，阳奉阴违，所以"若不予以严惩，无以儆戒将来"，礼部六个堂官全部革职——注意，只是革职，没提留任，等于彻底断了他们的仕途。至于王照，不畏强

权，勇猛可嘉，赏给三品顶戴，四品京堂候补，作为奖励。

皇帝亲笔写的上谕，军机处是没有权力修改半个字的，只能照办。其实，光绪只要稍微调查就会知道，怀布塔本职为内务府大臣，礼部尚书只是他的兼职，他平时也很少去礼部上班，王照那篇上书他压根就没见过。他被革职后哭着说："我并未见过人家的折子说的什么话，跟他们一起革职，冤不冤？"真正拖沓上奏，且反对王照意见的只有许应骙，其他4个尚书虽然不反对王照观点，但是也不想得罪许应骙，所以也都附和许应骙。也就是说，光绪真正应该严惩的，只有许应骙。

但是光绪之所以要严惩整个礼部，就是为了显示自己乾纲独断的特权，礼部敢无视我的话，我就将你们一锅端，吏部想替礼部求情，我就亲笔朱写上谕，让你们只得遵旨听命，而且我这一次连慈禧太后都不请示了，就是为了告诉你们所有的官员，不要以为我是个没有实权的皇帝，你们敢违背我的旨意，我照样削你们。

与此同时，光绪马不停蹄地往礼部塞他自己的人，"礼部尚书着裕禄、李端棻署理，礼部左侍郎着寿耆、王锡蕃署理，礼部右侍郎着萨廉、徐致靖署理"。其中，仓场总督李端棻和徐致靖都是重要的康党成员，曾在戊戌变法期间上奏保举康有为等人，王锡蕃虽然不是康党成员，但也经常鼓吹变法。这份名单经过慈禧的审阅，去掉了寿耆，换上了内阁学士阔普通武。不知慈禧是不是没有做过背景调查，阔普通武，这个名字很怪的人其实是康有为的人。

不过，光绪"清洗"礼部，还是引起了慈禧的高度警觉，这倒不是因为她对礼部那几个人别有所爱，而是她认为光绪未经她的批准，就擅自将这几个人打发了，明显是在抢夺她的高层人事任免大权，威胁其一言九鼎的地位。

因此，这件事成为她之后发动戊戌政变的导火索。

光绪明知擅自做主可能会引起慈禧的警觉，为什么还要坚持己见？因为变法是对现有利益的重新划分，必然要触及既得利益集团的核心利益，这是无论如何都绕不开的。随着维新变法的开展，光绪迟早要跟朝廷中的守旧派展开正面交锋，这不是能搪塞过去的。如果他连礼部都动不了，那么何谈未来对军机处和总理衙门的重新洗牌？整个军机处，只有一个廖寿恒在暗中支持变法，其余人要么阳奉阴违，要么消极抵抗，这样的中枢，不清洗难道留着过年吗？

因此，表面上来看光绪此举有些鲁莽和急躁，但是站在他的位置上考虑，如果改革久拖不决，旧制度继续运行下去，获益的只能是旧制度下的既得利益者。这样全国臣民都会产生错觉，以为改革改不动了，或者我在改革中也得不到什么好处，从而对改革失望，乃至反对改革。光绪必须要通过严惩礼部来立威，让全天下的人知道，我皇帝本人不是在过家家，而是在真变法，慈禧太后也阻挡不了我。只有这样，才能扭转被动局面，让所有人按照他的改革路径来走。

改革到了这一步，其实所有人，无论是维新派还是守旧派，都已经感受到了“山雨欲来风满楼”。文廷式、张謇、张元济、康广仁等都劝康有为、梁启超赶紧离开北京回乡办学，以免遭杀身之祸。而且现在八股已经废除，学堂已经大开，初步目的已经达成，没必要再留在北京，应该继续去做开启民智的教育事业，做更长远的打算。

但是，康党如果此时离开北京，那岂不是对光绪皇帝的背叛？你们口口声声说要变法，结果现在一看到风吹草动，就撒腿跑掉，只留下一个孤立无援的皇帝，这样做是不是不太厚道？况且康有为还是个特别执拗的人，这一点跟王安石简直一模一样。离开北京？除非慈禧把刀架在他脖子上。

3．围园捕后：康党早已有之的政变计划

虽说死生自有天命，但是康有为也并非准备引颈就戮，而是也在做磨刀的准备。

在中国古代，主导变法的君臣组合，一般有三种：第一种是君主政治势能很强，臣子政治势能很弱，只是提供变法方案，如春秋战国时期的秦国国君嬴渠梁和商鞅；第二种是君主政治势能很弱，臣子政治势能很强，例如明朝万历皇帝和内阁首辅张居正；第三种是君主政治势能很强，臣子政治势能也很强，例如北宋宋神宗和宰相王安石。总之，君主和臣子，必须要有一个是政治强人，手中握有实权。因为变法是自上而下的推动，必须依靠强力来执行。

不是说变法的主导者有实权，变法就一定能成功，但是，没有实权的主导者要推动变法，则变法必然会失败。

很不幸的是，戊戌变法的主导者光绪皇帝和臣子康有为都不掌握朝廷的实权，无论是维新派还是守旧派对此都心知肚明。尽管光绪外

在表现为乾纲独断，说一不二，颇有秦皇汉武君临天下的霸气，但是谁都清楚，他的政治势能太弱，难以威慑群臣。群臣对他的旨意，要么阳奉阴违，要么视若无物，甚者公然抗命。

光绪和康有为都熟读中国历史，他们当然知道改革者需要手握实权，而这个实权，最主要的还是军权。

为此，他们积极拉拢军队。

大家知道，甲午战争中清军主力淮军、湘军都被打得重度伤残，只能退出历史舞台。战后，清政府开始组建新军，董福祥的甘军，聂士成的武毅军，宋庆的毅军，江南的自强军，北方的定武军都是这一时期的产物。定武军驻守京畿地区，一开始由原广西按察使胡燏棻奉旨编练，“一切操练章程，均按照西法办理”。1895 年 10 月，胡燏棻调职，袁世凯接管定武军，改称“新建陆军”，扩充到 7000 余人，隶属督办军务处。戊戌变法前，督办军务处撤销，新建陆军直接归直隶总督管辖。此时的直隶总督，就是慈禧的大红人荣禄。

这里要特别说明一下，荣禄虽然是慈禧的爪牙，但并不等于他就不效忠于光绪，一来荣禄的飞黄腾达，离不开醇亲王奕譞的提携，当年荣禄参与筹建神机营[①]，并有不错的表现，但如果没有奕譞在慈禧面

---

① 神机营成立于 1862 年，目的是学习西方先进军事理念和技术，重新训练京师各旗营、巡捕绿营及东三省部队，训练内容主要是火器在战争中的运用。最初只是一个单纯的军事训练机构，后来逐渐建立了自己直属的军队威远队。神机营主事醇亲王奕譞赏识荣禄，任命其为神机营文案处翼长。同治三年（1864），任全营翼长。次年，赏副都统衔，参与筹建神机营威远洋枪队，充该队专操大臣。同治五年四月，署正蓝旗蒙古副都统，六月实授。同治七年，赏头品顶戴。同治八年，任神机营管理大臣（此职至光绪五年称病退职结束）。

前称赞荣禄有军事才能，荣禄也不会受到重用，而奕𫍽正是光绪的父亲；二来荣禄跟翁同龢私下有交往，两人曾共同负责同治皇帝陵寝的工程，相处不错。光绪六年（1880），荣禄遭弹劾去官，甲午战争后荣禄回到京城，迅速得到任用，背后有翁同龢的支持，而翁同龢又是光绪的老师。荣禄这个人还是懂得知恩图报的，戊戌政变之后，他两次保护翁同龢免遭杀身之祸，也多次维护光绪的帝位。

维新派当然想拉拢荣禄，但荣禄跟慈禧走得太近，维新派还是不敢冒这个险。维新派此时看中的人是袁世凯。袁世凯跟维新派关系不错，曾参与发起强学会，因此是维新派最适合拉拢的人选。8 月 14 日，康有为命自己的学生徐仁禄前往天津小站袁世凯练兵处，跟袁世凯、徐世昌见面会谈。徐仁禄在小站待了 4 天，回来后告诉康有为，说袁世凯已经被我打动，能够为我所用。

康有为非常高兴，以为袁世凯是坚定的友军，却不知袁世凯是个典型的机会主义者，他见李鸿章势力不行了，就转而去巴结荣禄，顺带还对张之洞“抛媚眼”。这样的人，怎么可能靠得住？

到了九月份，康党成员礼部右侍郎徐致靖上奏保举袁世凯，请皇帝破格重用，任命其为京官，或是封疆大吏，使其“独当一面”，不再受荣禄管辖。并且，皇帝应该允许这个独当一面的人扩增兵员，只要袁世凯有足够强的军事力量，皇帝就可以用来掌控朝政。光绪当然清楚徐致靖的用意，当天就批准召见袁世凯，君臣相见之后，光绪不但授予袁世凯候补侍郎，而且给了他直接上奏的权力，不必再经过荣禄代奏。另外，光绪还对袁世凯说，“人人都说你练的兵、办的学堂甚好，此后可与荣禄各办各事”，这等于让袁世凯直接听命于自己。但光绪皇帝也只是单纯地想增强自己的力量，并未有什么发动军事政变的目的。

不过，康有为也没有把宝都押在袁世凯一个人身上，他还曾劝王照——就是上文说的那位劝光绪皇帝赴日旅行的人——去拉拢聂士成，条件是将来皇帝可以让聂士成来做直隶总督。王照不同意，认为不能唆使光绪用武力来迫使慈禧交权，而应该努力调和两人之间的矛盾，尽量做到母子和平共处。此外，康有为和谭嗣同还考虑过策动董福祥，不过这一点还有待证实。

除了拉拢军队，康党还打算对慈禧一击必杀，这个计划，就是我们都熟知的“围园捕后”。该计划也并非是康党在政变发生之际的孤注一掷，而是早就做好了的预案。7 月 30 日，张之洞的长子、户部学习主事张权，在给父亲的信中提及御史文悌弹劾康有为：“文御侍参康折，句句属实。有所谓不敢出口言者，系康向杨深秀言，当今时势，非禅代不可。康又向杨向文言，令其觅一带兵之都统，借兵八千，围颐和园，劫两宫，要以变法。此是其二三月间之语，先以为或系言者之过。及文仲恭劾渠获谴后，在户部署中闻多人皆如此说。”[①] 文悌与康有为之前交情不错，曾帮康有为代奏过。张权从户部的同事那里听说，康党成员杨深秀对文悌透露康有为围园劫持两宫

① 《张文襄公家藏手札·家属类》，张权光绪二十四年六月十二日来信，转引自茅海建：《戊戌变法的另面：“张之洞档案”阅读笔记》，生活·读书·新知三联书店，2018 年，第 82 页。

的计划，而且该计划在几个月前就已经拟定。文悌虽然得知后非常震惊，但也不敢把这个消息告知皇帝。

也就是说，康有为在皇帝宣布变法之前，就已经计划借兵围困颐和园，挟持慈禧和光绪，逼迫他们变法。张权给自己的父亲写信，肯定不会瞎编乱造，也没有必要瞎编乱造，因此这一传言，绝非空穴来风。以康有为一向大胆的行事作风来看，做出这种等同谋反的计划，也并非不可能。而杨深秀敢将这种绝密的计划告诉文悌，也是康党向来轻信他人的表现，就像他们信任袁世凯一样。对于政治斗争的残酷与血腥，康党此时还没有体验到。

9 月 16 日，康有为、梁启超正在吃晚饭的时候，得知光绪当天召见袁世凯的消息，拍案叫绝："天子真圣明，较我等所献之计，尤觉隆重，袁必更喜而图报矣。"康有为决定实施该计划的修正版，即只挟持慈禧太后，逼她交权给光绪。当时，谭嗣同的好友毕永年也住在南海会馆，康有为便叫毕永年跟他入室密谈。毕永年同意康有为"围园捕后"的计划，但是不认为袁世凯靠得住，然而康有为坚称袁世凯非常靠谱，还拿出袁世凯给他的信作为佐证。

袁世凯写这封信是为了感谢康有为一派对他的保举，信中有"赴汤蹈火，亦所不辞"的话。毕永年说不过康有为，只得说袁世凯靠得住，然后他问康有为叫他来有什么指派。康有为说让你去当袁世凯的参谋，监督袁世凯的行动，毕永年说我一个人发挥不了什么作用啊，而且如果袁世凯有异志，我一个人也治不了他。康有为说，我给你上百号人，等到袁世凯率兵围困颐和园的时候，你就率领这上百号人组成的敢死队进入颐和园搜捕慈禧太后。

两人正在谈话间，梁启超和康广仁也加入进来，毕永年认为现在人手不够，最好还是等唐才常多带点好汉进京再动手。唐才常是谭嗣同和毕永年的死党，他们三人在湖南结交会党中人，有一批愿意生死与共的兄弟，这些人可以作为康党发动政变的得力助手。康有为、梁启超虽同意等唐才常进京，但又想在近日就发动政变，所以陷入了矛盾之中。

最后，他们决定去找谭嗣同，听听他的意见。谭嗣同说，咱不妨再多等几天，还是要有唐才常这事才好办。康有为表示同意，于是立即写了两道电文发给唐才常，催他赶紧动身。此时，离慈禧决定训政仅仅只有五天时间。①

但是这一军事政变的绝密计划，光绪皇帝一无所知。

---

① 这段康党密谋“围园捕后”的记录，出自毕永年的《诡谋直纪》。不过，房德邻教授在《维新派“围园”密谋考——兼谈〈诡谋直纪〉的史料价值》一文中认为毕永年有会党背景，康有为很可能与他商谈过打入军队的事情，具体的可能是要他进入袁世凯的小站新军中，但不会在八月初三日以前和他商谈兵围颐和园事。《诡谋直纪》中所写兵围颐和园的密谋情节，当是毕永年根据他在八月初三日后甚至是戊戌政变后听到的密谋事而编写的。笔者依然采用这段记录，因为毕永年是当事人，在没有确凿证据可以证伪前，这段记录还是有可参考价值的。

第二节　血雨腥风：慈禧发动戊戌政变

1．引爆点：光绪接见伊藤博文

如果说，光绪皇帝罢免礼部六堂官是慈禧发动政变的导火索，那么他接见日本前首相伊藤博文，就是最后点燃这根导火索的引爆点。

此前，慈禧要求光绪命令康有为离开北京，因为康有为跟光绪皇帝的亲密关系，让慈禧看着很不顺眼了。这倒不是慈禧反对康有为的变法方案，而是她认为光绪皇帝只能听自己的话，绝不容许有第二个人也能对光绪皇帝产生影响力。提线木偶的主人，只能有一个。

然而，光绪一直没有命令康有为离开北京，慈禧得知后，可能与光绪有过激烈的争吵。光绪只能服软。1898 年 9 月 17 日，内阁明发上谕，命令康有为离开北京去上海督办官报，因为报纸是开启民智的关键，康有为责任重大，必须立即去办，不许拖延观望。光绪还对康有为之前没有离开北京的消息，“实堪诧异”！其实他早就知道，只不过装作被康有为蒙骗了而已。

当天，慈禧还收走了光绪对军机四章京在奏折上写处理意见的审批权。在慈禧眼里，军机四章京全都属于康党，因此对于他们要格外防范。事实上，这4个年轻人并非都是康党，尤其是杨锐，他是张之洞的幕僚，平日里主要工作就是替张之洞打听京城政局的情报，而且他根本就不认同康有为的变法理念。慈禧此举，一是为了警告光绪，不要有任何非分之想，二是要防止军机四章京拟写的某些威胁到她自身权力的意见被光绪批准，然后形成政府的政令，到时候想改都改不了。

朝廷的这些政治动向，维新派和守旧派都洞若观火，因此双方都开始加快磨刀的节奏。9月18日，御史杨崇伊——就是前面提到过的搅黄保国会的人——再次兴风作浪。他在试探过李莲英的口风之后，写了一封密折，委托庆亲王奕劻代递给慈禧。密折先攻击帝党成员文廷式勾通孙文等罪，然后笔锋一转："今春会试，公车骈集，康有为偕其弟康广仁及梁启超来京讲学，将以煽动天下之士心。幸士子读书明理，会讲一二次，即烛其奸诈，京官亦深知其妄，偶有贪鄙者依附之，而吐骂者十居八九。不知何缘，引入内廷，两月以来变更成法，斥逐老成，藉口言路之开，以位置党羽。风闻东洋故相伊藤博文，即日到京，将专政柄。臣虽得自传闻，然近来传闻之言，其应如响。伊藤果用，则祖宗所传之天下，不啻拱手让人。"①

杨崇伊用其极富煽动性的语言，来挑起慈禧对康党的愤怒。尤其是提到光绪即将召见伊藤博文之事，引起慈禧对日本干预中国内政、

① 国家档案局明清档案馆编：《戊戌变法档案史料》，中华书局，1958年，第461页。

祸起肘腋的警觉。杨崇伊最后还说唯有仰恳皇太后“即日训政”，可以说是从心理层面给了慈禧一个强烈的暗示。

当天晚上，谭嗣同夜访袁世凯。当时，袁世凯因要在这几天谢恩光绪的召见，正好住在法华寺。谭嗣同要他参与军事政变，先杀掉荣禄，然后迅速带兵入京，以一半兵力围住颐和园，一半兵力守卫紫禁城。袁世凯问：“围住颐和园干什么？”谭嗣同说：“不除此老朽，国不能保，此事在我，公不必问。”①

谭嗣同还交给袁世凯一道密诏，这道密诏是几日前光绪下给杨锐的，杨锐又托林旭转带给康有为。光绪在密诏中大吐苦水，说自己权力不足，不但难以将旧法全变，而且连自己的帝位都可能不保，因此他问杨锐：“今朕问汝，可有良策俾旧法可以全变，将老缪昏庸之大臣尽行罢黜，而登进通达英勇之人，令其议政，使中国转危为安，化弱为强，而又不致有拂圣意。尔其与林旭、刘光第、谭嗣同及诸同志等妥速筹商，密缮封奏，由军机大臣代递，候朕熟思，再行办理。”②

光绪只是想让杨锐等人给他提供一个两全其美的办法，既能全面推进变法，又能不触怒慈禧，但没想到康有为等人想出的办法竟然是发动政变，除掉太后。当然，这是一个不得已而为之的办法，而且风险实在太大。

---

①　中国史学会编：《中国近代史资料丛刊·戊戌变法》第 1 册，神州国光社，1953 年，第 551 页。这段话出自 1926 年《申报》发表的袁世凯的《戊戌日记》，尽管作者有自我辩解的嫌疑，但是杨天石、茅海建等学者经过考证，认为这份日记的可靠性相当高。

②　“光绪大事汇鉴·戊戌之变”，赵炳麟：《赵柏岩集》，广西人民出版社，2001 年，第 239—240 页。

当晚，袁世凯害怕谭嗣同对他动武，不敢当面拒绝，可也没有说同意。如果袁世凯要将此事通报慈禧，他只能通过上司荣禄的管道，而荣禄此时还在天津。第二天上午，袁世凯也没有派人快马加鞭出城去通报荣禄，而是一直等到9月20日向皇帝谢恩之后，再回到天津向荣禄通风报信。这也能说明，袁世凯其实犹豫了两天，因为他知道，不经过慎重考量，一旦站错了队，很可能自己就会粉身碎骨，成为高层政治斗争的牺牲品。

9月18日这一天，是暴风雨来临的前奏，敌对的双方都挽起了袖子，抄起了家伙，准备先发制人。

伊藤博文此时已经下野，他来中国，是“自行游历”，没有官方背景，按理说光绪是没有必要接见他的。但是康党要促使光绪接见伊藤博文，其目的就是加强中日两国之间的联系，最好能通过伊藤博文建立中日同盟关系。康有为等人不止一次提出中国要跟英国、日本结盟的建议，认为日本跟中国一样，都对俄国在东亚的扩张存有戒心，因此中日两国完全有携手共进的可能。例如他说日本“兴亚会、亲睦会创于前，伊藤博文、东方协会千余人继于后，固未尝不望中国之引为唇齿也”。事实上，日本的确有人提出要跟中国重修于好，但也只是民间的寥寥数人而已，康有为完全是凭借自己的想象，一厢情愿地认为日本会跟中国结盟。殊不知，此时衰弱的中国在日本人眼里，不过是一头待宰的羔羊。

总之，光绪听进了康党联日的建议，并决定于9月20日中午在西苑勤政殿接见伊藤博文。而在当天上午，康党成员杨深秀的一份奏折还送到光绪面前，称伊藤博文“必深愿联结吾华，共求自保者也”，要皇帝早定大计，跟英、美、日联合，甚至是“合邦”，但这个“合邦”到底是指两国结盟，还是指两国合并，意思并不清楚。

此次光绪没有再像上次接见德国亨利亲王那样，事先让张荫桓写好答问的“剧本”。光绪首先称赞伊藤博文能力卓越，能领导日本走向富强，然后咨询伊藤博文对于中国维新变法的意见，并希望对方下次跟总理衙门官员会谈时，能够详细告知变法的先后次序、方式方法，伊藤博文说我一定会知无不言的。最后，光绪表示将加强中日两国的关系，伊藤博文说明治天皇也正有此意。

总之，这次会谈光绪根本就没说要让伊藤博文主持中国的变法，也没有提出邀请他当中国的变法顾问，只是希望中日双方能重修于好。此外，就都是一些客套话而已。对于光绪而言，他需要缓和当下东西方列强步步紧逼的压力，因此，他希望跟日本加强外交关系，增进双方友谊，完全合情合理。杨崇伊这种恶奴的猜测，就是在逢迎媚上，无理取闹。

光绪接见伊藤博文的第二天，康党成员宋伯鲁上奏，不但要求派李鸿章去见伊藤博文，还要求任命康有为为参赞，“必能转祸为福”。由此可见，康党根本就没把三天前谕旨要求康有为离开京城的命令放在眼里，他们知道这根本就不是皇帝自己的意见。而且康党已经准备发动军事政变了，慈禧的意见他们不会在乎。

2．戊戌六君子：不审而诛

杨崇伊的密折让慈禧忧心忡忡，因为光绪之前未经她的同意就罢免了礼部六堂官，又未经她的同意任命四位军机章京，她可能也担心光绪会再次未经她的同意就让伊藤博文“将专政柄”。

因此，慈禧决定第二天返回紫禁城。可她还不是太焦急，因为光绪接见伊藤博文的安排已经定下，慈禧不好再改变，她所需要的只是先回宫，在光绪身边监视他。因此，慈禧清晨从颐和园出发，一路晃晃悠悠，直到傍晚才到紫禁城西苑。她此时也还没准备发动政变，她打算后天，即9月21日回到颐和园的那天，毕竟那里还有精彩的戏剧没有看完。

光绪没有像杨崇伊那样让伊藤博文“将专政柄”，这让慈禧松了口气。然而，次日慈禧突然宣布重新“训政”，并下令捉拿康有为、康广仁两兄弟，“工部主事康有为结党营私，莠言乱政，屡经被人参奏，着革职，并其弟康广仁，均着步军统领衙门拿交刑部，按律治罪”。当天，由于康有为离开了京城①，步军统领只抓到康广仁和5个家丁。

可以肯定的是，此时袁世凯还没有告密，或者已经告密只是慈禧

---

①　康有为当天上午离开京城，坐火车去了塘沽。由于袁世凯并没有给予谭嗣同肯定配合的答复，康有为自知大势已去，便决定离开京城。他离开时并不知道慈禧突然回宫，更不知道慈禧会接着发动政变。

没有收到密报，否则慈禧应该会立即捉拿谭嗣同、梁启超。既然慈禧还没有得到“围园捕后”的密报，为何会突然宣布重新训政，并且要捉拿康有为呢？也就是说，在9月20日这一天，到底发生了什么事情？

为此，历史学家众说纷纭，没有定论。茅海建教授给出的猜想，倒是挺符合逻辑的。就是那天伊藤博文走后，慈禧得知康有为还在京城，气不打一处来，再加上慈禧可能听到康有为要发动军事政变的传言，便立即叫来光绪，要他立即明发谕旨，捉拿反贼康有为。但是光绪不同意，两人便闹翻了，慈禧再拿出杨崇伊要她重新训政的密折，光绪见状只得跪请她重新训政。

为什么笔者认为这个猜想符合事实逻辑？因为早在戊戌变法之前，户部就在传言康有为的政变计划了，到了这个政治气氛紧张的时刻，京城里传言康有为图谋不轨，完全在情理之中。慈禧再一想，康有为公然违抗谕旨，还留在京城，就说明他确实在谋划着什么，而光绪执意不肯下令捉拿康有为，更说明君臣两人已沆瀣一气，因此自己必须要走上前台了——虽然此时光绪根本就不知道康有为惊人的计划。

不过，光绪皇帝的处境还没有恶化，他依然可以朱批奏折，依然可以跟慈禧一起会见群臣，依然该吃吃该喝喝。

但是，袁世凯的告密改变了这一切。

9月20日，袁世凯从北京回到天津小站向荣禄告密。9月23日，慈禧得知后，立即下令捉拿谭嗣同、张荫桓、徐致靖、杨深秀、杨锐、林旭、刘光第。这些人捉拿归案后，再加上康广仁，一共8人，被转往刑部监狱，并派军机大臣会同刑部、都察院对犯人严刑审讯。杨锐不属于康党，但是因为跟谭嗣同一样属于军机四章京，也被慈禧不加分别地归为康党。张荫桓不是康党，但是他曾积极向皇帝推荐康有为，还在变法期间被皇帝 7 次召见——慈禧嫉恨任何跟光绪过分亲近的人。

本来慈禧想杀掉张荫桓，可这个时候英国人和日本人跳了出来，向清政府施加压力，迫使慈禧不敢判他死刑，只是将他发配新疆，让地方官严加管束。为此，慈禧还给自己找台阶下，说他“尚非康有为之党”，只是有些“居心叵测，行踪诡秘，反复无常”，总之要避免不给别人造成自己软弱可欺的印象。

至于徐致靖，他曾保举过康有为，可他跟光绪的关系没那么近，慈禧网开一面，只是判他终身监禁，其子徐仁铸被革职，永不叙用。

其他 6 人以谭嗣同为首参与军事政变，慈禧恨不得对他们天打五雷轰。而且慈禧害怕外国人再来干涉，索性省略掉了审讯的环节，直接将他们拉到菜市口砍头。慈禧行动太快，以至于张之洞想救杨锐都没来得及，只能眼睁睁地看着自己这位最看重的幕僚兼朋友被押送刑场，引颈就戮。

菜市口这个京城执行死刑之地，死过无数无名之辈，也死过英雄豪杰，南宋丞相文天祥曾在这里从容赴死，明朝将军袁崇焕曾在这里惨烈而死，他们流下的鲜血，既是中华民族精神的象征，也是中华民族精神永不涣散的引力。

如今，戊戌六君子站在了这里，他们要用自己年轻的头颅来祭奠百日维新的事业。尤其是谭嗣同，他本来可以逃走，但是他选择了留下，他以自己的生命来终结变法、开启革命。革命需要千万颗人头落地，然而不是中国人不想走改良之路，而是改良之路被彻底堵死。

很多犯人在临死前都会大喊一声："老子二十年后还是一条好汉！"以虚幻的来世来安慰自己，以勉强的倔强来博得围观群众的喝彩，赢取最后的一丝虚荣。谭嗣同笃信佛学，可他此时并没有轮回之念，而是环顾四周，高声喊道：

有心杀贼，
无力回天，
死得其所，
快哉快哉！

3．己亥建储：慈禧的废帝计划

慈禧认为，光绪一定参与了"围园捕后"的阴谋，因此她既痛恨光绪的卑劣，也悲愤光绪的不孝——虽然光绪对该计划一无所知。

她杀掉了戊戌六君子还不解恨，接着拿光绪身边的人来泄愤，都是你们没有好好地看住皇帝，才让皇帝误入歧途，被奸党所蒙蔽。慈禧将光绪身边的 4 名太监活活打死，然后抛入万人坑，另将 10 名太监打得血肉模糊，然后分别给予枷号两年以至永远枷号的处罚。被永远枷号的太监，余生可以说是求生不得求死不能。

这些太监都是穷苦人家出身，净身入宫只是想混口饭吃。他们对康党的军事政变计划毫不知情，对光绪的思想动向也毫无影响力，却被慈禧不问是非残酷对待，他们要么被乱棍打死，要么被永远枷号。慈禧抓不到康有为，就在这些可怜人身上出气，同时，她还要以这种酷烈的方式来警告光绪身边所有的人，看明白他们真正的主人到底是谁。

至于光绪，这个慈禧心中的逆子则被她软禁起来。10 月 8 日开始，慈禧下令在光绪所住的瀛台涵元殿四周设置监禁设施，把出去的路都堵上。另外，慈禧还顺带堵住了珍妃的寝宫淑清院，将珍妃也软禁起来。到了冬天，瀛台所在的太液池结冰，慈禧为了不让光绪从冰上走出去，特意命人将湖面凿开一丈多。她还派人天天盯着湖面，一看到凿开的地方被冻上，立即又派人去凿开。

光绪连珍妃都见不到，只能一个人想方设法排遣孤寂，例如他向慈禧申请要几件小乐器。他始终百口莫辩，一是慈禧固执地认为他参与了阴谋，二是康有为逃到海外后的“神操作”。康有为把光绪给杨锐的密诏进行了篡改，并公布于众。例如，在“尔其与林旭、刘光第、谭嗣同及诸同志等妥速筹商”后面加上一句“设法相救，朕十分焦灼，不胜企望之至”；又如，康有为把受诏之人改成了自己，杨锐成了个快递员。康有为的妙笔，让整个密诏性质大变。

此外，康有为还公布第二道密诏，即后来所谓的“衣带诏”。光绪在密诏中要康有为赶紧离开京城去上海办报，“将来更效驰驱，公建大业”。这份“衣带诏”经过康有为多次修改，有很多版本，但是意思大同小异。

只是，这第二道密诏十有八九是康有为伪造的。

康有为的这些“神操作”为自己在海外博得了巨大声名，还筹到了巨额捐款——华侨都希望他能勤王救出光绪。但是，慈禧不知道这第一道密诏经过篡改，第二道密诏完全伪造，她以为这就是光绪要弑母夺权的证据。因此，被软禁的光绪皇帝的处境可想而知。

你对我无情，别怪我不义，慈禧启动了废掉光绪的计划。1900 年 1 月 24 日，清廷正式以光绪皇帝的名义下诏，将端郡王载漪的儿子爱新觉罗·溥俊过继给同治皇帝，获得皇子身份，称大阿哥。以尚书崇绮和大学士徐桐为师傅，命在弘德殿读书。当然，溥俊能被选中，主要原因是他的母亲是慈禧亲弟弟桂祥的女儿。

这就是震惊中外的“己亥建储”。

慈禧不仅给光绪选好了皇太子，连年号“保庆”也都取好了。她对外宣称的理由是光绪病入膏肓，快去见大清国列祖列宗了。但是，可恨的洋鬼子又来“捣乱”了，他们三番五次地要求派西医去给皇帝看病。结果，法国医生进宫后，给出的诊断是“皇上无大病”，当头敲了慈禧一棒。

总理衙门将“己亥建储”的消息通知给各国使节，想让他们前来朝贺，但是各国无一响应。列强的代表英国公使还照会清政府，“假如光绪皇帝在这种身体状况下不幸死去，将在西洋各国中产生非常不利于中国的后果”。言下之意就是，老太婆你别想毒死或杀死皇帝。为了震慑慈禧，各国海军还集体向北海移动。

汉族的封疆大吏如李鸿章、刘坤一、张之洞等也都维护光绪皇帝，刘坤一还说：“君臣之分已定，中外之口难防。”连慈禧的亲信荣禄也在李鸿章的劝说下，阻止刚毅、崇绮等八旗贵族废除光绪。得知徐桐建议将废掉的光绪封为“昏德王”后，荣禄深夜叩宫哭谏，这才打动慈禧的铁石心肠。

总之，慈禧想废掉光绪，其实没那么简单。她身边真正支持废帝的，也只有除荣禄之外的八旗贵族和像徐桐这样的汉族老顽固了，但是这些人基本都平庸无能，插科打诨还可以，办起正事就一塌糊涂了。

这就导致慈禧对列强的仇恨之火越烧越旺。我想废帝，是我大清国的内政，是我们母子的家事，跟你们这些金发碧眼的人有一分钱的关系？你们是不是太得寸进尺，欺人太甚了？不给你们点颜色看看，你们是不是还要骑到我脖子上作威作福？

但是，恼火归恼火，她手里也没有跟洋人硬碰硬的资本。正在这时，天赐良机，山东出现了“扶清灭洋”的义和团运动。这些拳民们可以刀枪不入，飞檐走壁，呼风唤雨，完全可以跟洋人们较量一番。慈禧喜出望外，向拳民们伸出了友谊的手。

第三节　托古改制：葬送变法统一战线

1．守旧派无视孔子改制

戊戌变法失败的一个重要原因，就是维新派势单力薄，以至于慈禧动动手指头，就让他们的事业灰飞烟灭了。

甲午战争之后，清政府的政治派系可以分为三类：第一类是守旧派，也叫顽固派，他们主张祖宗之法不可变，顽固地拒绝一切现代化，代表人物有徐桐、刚毅、谭继洵等；第二类是温和派，也可以叫缓进派，他们主张中学为体、西学为用，代表人物有翁同龢、孙家鼐、张之洞、刘坤一等；第三类是激进派，他们主张改革中国的政治制度，代表人物有康有为、梁启超、谭嗣同、张元济等。① 当然，有的人不能简单地归类为哪一派，因为他们的思想多有游移。例如翁同

---

① 历史学大师陈寅恪认为戊戌变法有两大思想源流，不可混为一谈："咸丰之世，先祖（湖南巡抚陈宝箴）亦应进士举，居京师。亲见圆明园干霄之火，痛哭南归。其后治军治民，益知中国旧法之不可不变。后交湘阴郭筠仙侍郎嵩焘，极相倾服，许为孤忠闳识。先君亦从郭公论文论学，而郭公者，亦颂美西法，当时士大夫目为汉奸国贼，群欲得杀之而甘心者也。至南海康先生治今文公羊之学，附会孔子改制以言变法。其与历验世务欲借镜西国以变神州旧法者，本自不同。"

龢，他的思想底色是守旧派，却非常欣赏《校邠庐抗议》；再如谭嗣同，他的思想底色是革命派，却愿意跟着康有为一起搞改良。以上分类只是一个大概，不可锱铢必较。

从人数上来讲，守旧派占据绝对优势，教习知县广西举人李文诏曾在戊戌变法期间上书称："臣窃观中外大臣，大约主守旧者，十之七八。而一二新进，德望又不足以服众，而欲辅我皇上维新之治，不可得矣。"由于大清帝国又是一个庞大的闭塞国家，除了官员，民众也普遍守旧，不然义和团运动怎么会兴起？刘孟扬《天津拳匪变乱纪事》中记载，时人对待义和团的态度："官无论大小，民无论男妇，大概信者十之八，不信者十之二。"

守旧派的逻辑是，谁敢变异旧法，谁就是对不起祖宗，对不起祖宗就是大不孝，而在一个以孝道治天下的国家，大不孝是一个足以碾碎任何人的石磨。就像大臣曾廉对光绪所言："且皇上自以为新，必以祖宗为旧，皇上自以为开创，则尤未知何以处祖宗也。"

按理说，激进派的康党要想推动维新变法，就应该团结一切可以团结的力量，这样才能跟守旧派抗衡。也就是说，康党应该跟温和派结成联盟，形成力主维新的强大政治力量。但是，康党走了一步臭棋，将温和派推到了自己的对立面，使其与守旧派暂时言归于好。这使自己的力量愈加薄弱，对手的力量强上加强。

这步臭棋，就是康有为著成的《孔子改制考》和《新学伪经考》。

前文说过，这两本书为康有为赢得了巨大的声名，使其进入朝廷高层的视野。但是，它们所带来的负面作用更为显著。

康有为写这两本书的目的，主要不是为建立学术新说，而是为现实政治服务，他希望借孔子托古改制的大旗来堵住守旧派的嘴，改变守旧派的思想，让守旧派为自己的事业让路。但是，这个认识从一开始就是错的，因为一个成年人的思维方式基本已经定型，很难再做出改变。而且，这些年纪大的人往往会产生一个错觉，那就是自己的思想深度远超常人，毕竟我走过的桥比年轻人走过的路都长，自己吃过的盐比年轻人吃过的饭都多。这就导致他们对自己的思想体系无比自信，只接受符合他们原有观念的东西。

举一个例子，谭嗣同和他的父亲、湖北巡抚谭继洵，两人一个极端激进，一个极端守旧，谁也说服不了谁。胡思敬《戊戌履霜录》曾谈及谭氏父子的政治冲突："其父继洵，方湖北巡抚，年七十矣，知嗣同必以躁进贾祸，一月三致书，促之归省，嗣同报父书，言老夫昏髦，不足与谋天下事。闻者无不怪骇。"连亲生儿子都改变不了自己父亲的思想，康有为凭什么认为自己可以改变守旧派的思想？这不是天方夜谭吗？

那些守旧派的大臣，几乎无一例外都是久经宦海的老人。而温和派的大臣，又基本都是中年人，像张之洞就是继李鸿章之后崛起的地方政治新秀。而激进派，都是一些年轻人，这其中还包括年仅 27 岁的光绪。有趣的是，年轻时思想超越时代的人，等到他们老了的时候，由于思想定型，往往又会落伍于时代，成为新一代的守旧派，例如恭亲王奕䜣和康有为就是典型的例子。

守旧派连洋务运动都难以忍受，更何况是康有为主张的祖宗之法全变呢？他们恨不得生吞活剥了这个传播歪理邪说的人。

另一方面，康有为的学说得罪了温和派。他声称："凡后世所指目为'汉学'者，皆贾、马、许、郑之学，乃新学，非汉学也；即宋人所尊述之经，乃多伪经，非孔子之经也。"[①] 在那个将儒家经典视为万世不易之真理的时代，居然将一部分经典都判断为伪经，这无疑是在否定所有儒家知识分子毕生所学，否定所有儒家知识分子的世界观、价值观、人生观，这让人如何能接受？

2．张之洞与康有为反目成仇

湖广总督张之洞，曾经很欣赏康有为。1895年11月6日，康有为来到南京，跟同时署理两江总督的张之洞见面。康有为是想说服张之洞支持他开办强学会的南方各分会，张之洞也对他热情款待，两人"隔日张宴，申日高谈，共开强学，窃附同心"。蔡元培曾回忆他去南京访问张之洞时，张之洞"盛称康氏才高学博，胆大识精，许为杰出人才"。张之洞因此决定支持康有为，在上海、广东两地开办强学会分会，上海分会由张之洞幕僚汪康年办理，广东分会交给康有为自己办理。不过，汪康年本人还在武昌，上海分会就暂时交给康有为等人先办。

此时，康有为得到了这位大清最有实力的封疆大吏的欣赏和支

---

① 康有为：《康有为全集》第一册，上海古籍出版社，1987年，第572—573页。

持，他完全可以将后者拉入自己的阵营，作为自己的坚强后盾。然而，康有为到上海后，开办《强学报》，居然不用光绪年号，而是模仿西方基督教的纪年方式，改用孔子纪年。在中国传统社会中，只有改朝换代才会“易服色，改正朔”，因此，康有为的此种行为无疑是对清朝统治合法性的直接挑战，也引起当时社会的强烈反应。如果清政府追查起来，得知《强学报》的出资人是张之洞，那无疑会给张之洞带来很大麻烦。

张之洞对康有为这种擅自做主、胆大妄为的行为非常愤怒，而且此时京城正在封杀强学会，强学会正处在风口浪尖，康有为居然还敢继续捅娄子。如果你是孙文这样的革命党，倒也没话说，问题是你是打算“得君行道”的，既然如此，为何还要一意孤行，搞什么孔子纪年，惹不必要的麻烦？

张之洞决定停报废会，康有为也自知无趣，离开上海回到广州，两人从此走向决裂。张之洞的思想是“盖欲借富强以保中国，保中国即所以保名教”，跟曾国藩等中兴名臣差不多，因此他在《强学报》事件后高度警惕康有为的行动。戊戌变法初期，康有为被皇帝召见，张之洞就极为担心，他的幕僚陈庆年在日记中记张之洞知康学为邪说，称“康学大兴，可谓狂悍，如何，如何！”另一位幕僚梁鼎芬则称：“祸在眉睫！”

为了反击康有为的邪说，张之洞只得拿出“正说”。他主持撰写《劝学篇》，其幕僚之一辜鸿铭后来提及该书编写的目的：它是张之洞反对康有为雅各宾主义的宣言书，也是他的“自辩书”。该书告诫他的追随者和中国所有文人学士，要反对康有为的改良方法。张之洞本人则在序言中道出心声："旧者因噎而食废，新者歧多而羊亡；旧者不知通，新者不知本。不知通则无应敌制变之术，不知本则有非薄名教之心。夫如是，则旧者愈病新，新者愈厌旧，交相为愈，而恢诡倾危、乱名改作之流，遂杂出其说，以荡众心。学者摇摇，中无所主，邪说暴行，植流天下。敌既至无与战，敌未至无与安，吾恐中国之祸，不在四海之外，而在九州之内矣！"[①] 他对守旧派与激进派都作了批评，对康学的批评最为严厉——虽没有直接点名，但大家心知肚明。

张之洞自行印刷《劝学篇》，在京城官员中广为散发，光绪皇帝也得到了一本。光绪对《劝学篇》很欣赏，书中有相当篇幅阐述变法，并且很多政策设计跟康党如出一辙，很合皇帝的口味。皇帝可能根本没有在意张之洞的另一个目的,那就是在学术上彻底斗臭康有为。

同时，张之洞还开办《正学报》，一是用来在湖北传播新思想；二是用来对抗康党的报纸，即"辟诸报谬论"。为此他还请来了康党的对头之一章太炎。章太炎是中国近代数一数二的国学大师，治学严谨，他当然不会认可康有为那种轻率的学术思想。虽然他跟康有为曾经交好，还给强学会捐过款，但是两人很快便闹翻了，康有为的弟子还曾殴打过章太炎。

张之洞、章太炎等人是杰出的儒学理论家，却不是杰出的政论宣

① 赵德馨主编：《张之洞全集》第12册，武汉出版社，2008年，第157页。

传家，他们的报刊跟康党的报刊比起来，读之索然无味。不过，康有为失去了张之洞这么一个实力强劲的盟友，对他而言确实是一个巨大的损失。

何止张之洞，翁同龢在读完《孔子改制考》后，也后悔推荐了康有为，甚至直接跟光绪谎称自己跟康有为没什么交情，让光绪勃然大怒，师生关系降到冰点。

孙家鼐也是如此，他对康有为本来也是有好感的，但他在看了《孔子改制考》后，上奏驳斥康学："康有为必欲以衰周之事，行之今时，窃恐以此为教，人人存改制之心，人人谓素王可作。是学堂之设，本以教育人才，而转以蛊惑民志，是导天下于乱也。"最后还请求光绪，"臣以为康有为书中凡有关孔子改制称王字样，宜明降谕旨，亟令删除，实于风俗人心大有关系"[①]。不过，光绪没有采纳他的意见。此后，孙家鼐将主要精力用在将康有为排挤出京师大学堂的事情上。

湖南巡抚陈宝箴，这个变法期间唯一忠实实行光绪诏令的地方大员，也上奏要求朝廷将《孔子改制考》毁版。他认为康有为"援素王之号，执以元统天之说，推崇孔子以为教主，欲与天主耶稣比权量力，以开民智，行其政教"，然而"欧洲教皇之徒，其后以横行各国，激成兵祸战争至数十年，而其势已替。及政学兴、格致盛，而其

① 北京大学、中国第一历史档案馆编：《京师大学堂档案选编》，北京大学出版社，2001年，第46页。

教益衰，今之仅存而不废者，亦如中国之僧道而已”[①]。也就是说，康有为推崇的欧洲政教合一制度，根本不适合现代潮流。

在戊戌变法前后，康有为因为学术思想而得罪的温和派官员远不止上述列举的几位。总之，他把自己置于一个孤立无援的危险境地，正如其弟康广仁所说：“伯兄规模太广，志气太锐，包揽太多，同志太孤，举行太大。当地排者、忌者、挤者、谤者盈衢塞巷，而上又无权，安能有成？”[②]

等到危险来临之际，他只能将希望寄托于根本不可靠的袁世凯身上。谭嗣同、毕永年等人知道袁世凯不可靠，也跟康有为讲过这其中的风险，但康有为固执不听。其实，可以这么理解，康有为可能内心也明白袁世凯不可靠，可他没有强大的政治盟友做靠山，此时只能赌一把，他必须说服自己袁世凯可用，才能消除自己内心的焦虑、紧张和不安。

3．孔教会：一个脱离现实的方案

既然康有为看到了《孔子改制考》等著作带来的负面作用，那么他为何还要一意孤行下去？不能稍微改弦更张一下吗？毕竟将维新变法进行下去才是当务之急，真的有必要纠结于2000多年前的圣人

---

① 中国史学会编：《中国近代史资料丛刊·戊戌变法》第2册，神州国光社，1953年，第358页。

② 张元济辑：《戊戌六君子遗集》第6册，上海商务印书馆，1917年，第615页。

思想？

他认为很有必要，因为维新变法，就是要全变、大变，但这必然会对传统社会造成巨大的冲击，为了稳定人心，凝聚共识，必须要有一种超越于现实权力，并对社会秩序和国民道德发生实质作用的意识形态。在西方，这样的意识形态一般都是基督教；在日本，这样的意识形态是天皇与国家合二为一的神道教。康有为在反复考量之下，选择了改造儒家学说，即将儒家学说与西方教会体系合二为一，提出了建立孔教会的思想。而《孔子改制考》《新学伪经考》都是为了这个目的而著述的，不仅仅是为了“托古改制”。

早在1889年，康有为到北京上书，请求变法，没有官员愿意帮他代递。次年，他回到广州，开始日夜研究孔子之学，并得出孔子是创教之圣的结论。为了给儒学寻找新的制度依托，他将基督教那种独立于政府的、专业的教会体系借鉴过来。戊戌变法前夕，他上奏光绪：“若皇上通变酌时，令衍圣公开孔教会，自王公士庶，有志负荷者，皆听入会，而以衍圣公为总理，听会中士庶公举学行最高（者）为督办，稍次者多人为会办，各省府县皆听其推举学行之士为分办，籍其名于衍圣公，衍圣公上之朝。人士既众，集款自厚。”① 其现实的好处是，以后再发生教案，可以让孔教会来出面处理，不必再经过总理衙门。这样的话，就让教案跟政治脱钩，让列强无法找借口来刁难、胁迫中国政府。其将来的好处是，为他废除科举之后解决儒家思

① 黄明同、吴熙钊：《康有为早期遗稿述评》，中山大学出版社，1988年，第290页。

想的安顿问题。梁启超曾评价他的老师，是一个孔教的马丁·路德，这个定位相当精准。

但是，儒家学说的本质就是世俗化的，孔夫子根本不相信什么怪力乱神。康有为要将一个非宗教性的思想硬改成宗教性的，把儒家的塾馆、书院说成是教堂，把教书先生说成是传教士，把孔子的后人衍圣公说成是教主，这完全就是牵强附会。更何况中国人普遍倾向实用主义，强调日常性，对玄远的性理之学、未知的彼岸世界，并不怎么感兴趣。纯粹宗教在中国文化传统中始终处于弱势地位，康有为要建立孔教，也不会有生根发芽的社会土壤。

况且，在一部分守旧派看来，康有为倡言孔教，还别有所图，那就是通过建立教权来抑制皇权。曾廉在弹章中抨击康有为："必率天下而为无父无君之行，臣不知其置皇上于何地也？"[①] 康有为并无此意，但对于某些跪久了就站不起来的人来说，康有为就是想危害他们的主子——皇帝的权力。他们对儒学的理解，只有它对权力的支持性，而没有对权力的制约性。

尽管孔教会的设想并不可行，可康有为性格执拗，只要他这么想了，就绝对不会回头。这就是他在《强学报》上用孔子纪年，并为此不惜与张之洞闹翻的原因。

作为理论家，康有为爱怎么想就怎么想，但他作为维新变法的领导者，就必须要学会向现实政治作一定妥协。他应该将当前的主要目

---

① 中国史学会编：《中国近代史资料丛刊·戊戌变法》第2册，神州国光社，1953年，第492页。

标放在建立支持变法的统一战线，而不是执着于孔教会该不该建立、孔子纪年该不该使用、今文经学该不该作为儒学正统等理论问题上。这些理论问题并非当下最急迫的问题，完全可以在变法深入之后再考虑。1896 年，章太炎在《时务报》当记者时曾劝说梁启超："谓变法维新为当世之急务，惟尊孔设教有煽动教祸之虞，不能轻于附和。"遗憾的是，梁启超、康有为根本听不进去。

在戊戌变法过程中，康有为作为一个政治新秀，政治手段幼稚并不可怕，这可以慢慢地磨炼，最可怕的是缺乏现实感。我们也不能过多地苛责他，他已经是一个第一流的理论家和宣传家，再兼任第一流的政治家，不太现实。作为时代的先行者，他所需要做的是开山辟路，而不是给路设置好交通灯、交通警察、摄像头、护栏等。而我们所需要做的，就是对先行者表示由衷的敬意，尽管他并不完美。

第四节　步履维艰：变法面临的现实困境

1. 启动资金从哪来？

除了守旧派的顽强狙击，慈禧太后的嗜权如命，封疆大吏们的消极怠工，还有戊戌变法面临的其他一些客观上的困境，让变法走入了死胡同。

首先，启动资金从哪来？戊戌变法涉及文教、经济、军事、社会、政治改革，若想全面实行必然要有强力的财政支持，问题是清政府为支付日本巨额的战争赔款，已经是砸锅卖铁，外加东挪西凑，国库里确实空空如也了。

康有为建议皇帝效法日本明治维新。那么，明治政府是怎样凑齐启动资金的？靠田赋。在幕府统治的时代，日本社会经济基础是封建领主土地所有制，农民依附于封建主，被束缚在土地上，不仅要按时缴纳占收成 60% 至 80% 的实物地租，还要缴纳十几种杂税和履行各种义务。明治政府成立后，通过废藩置县等一系列操作，在 1872 年向土地所有者发放了地契——承认地主和自耕农的土地所有权。1873 年 7 月颁布《地税改革条例》，推行地税改革，将各种各样的税收改变为在新中央政府直接控制下的统一货币税。这种货币税被固定为 3% 地价的同一税率，同时又将地价定为平均年产量的 8.5 倍，也就是说，征税额相当于年产粮食价格的 1/4 左右。

赋税改革之后，新田赋占政府岁入的 94%。由于税率固定，不论丰收歉收，每个农民都必须交固定额度的税，这样一来，明治政府的财政收入才得到不断充实并稳定下来。历史学家诺曼总结道："他们以确保固定的收入来源，来使现代预算制度的树立成为可能。在一个仍然未获得关税自主的农业国家里，举凡军费开支，为发展模范工业的资本支出的巨大负担以及大批官僚的维持费，自然都非仰赖地税不可，因此地税的稳定是至关重要的。”①

但是，清朝中央政府的实际权力在太平天国运动之后就一直在衰落，根据罗玉东的研究，朝廷实际征收的田赋和厘金有很大一部分被各省留用，可能只有20%~25%的岁入在这些项目下向京城报告。而且甲午战争之后，清政府那点可怜的财政收入都被用于非生产性的对日赔款。作为一个农业国，政府本应该靠田赋来维持财政，但此时的清政府已经力不能及，况且，中国的农业日益凋敝，农民忍饥挨饿。康有为要皇帝效法日本，钱袋子却没法效法。

户部并非坐以待毙，他们也在绞尽脑汁扩充财源，但效果都微乎其微。例如，户部曾于1898年初尝试发行国内公债，即1亿两的“昭信股票”，在北京和各省出售，该股票每年偿还5%，20年还清。这与其说是股票，不如说是国家债券。所谓昭信，意思是“以冀通行而昭大信”，显示政府信用，右中允黄思永还乐观地表示：“因国计自强派股，皇上昭示大信，一年见利，既速且准，自非寻常股票可比，安见将来风行之盛，不如外洋？”

但是我们都知道，清政府不是一个具有公信力的政府，谁愿意花钱买你的股票？况且，资本主义公债发行的物质基础，既要有资本主义经济的发展，也要有资本主义化的金融机关与金融市场，而大清帝国一个都不具备。直到“戊戌政变”停止发行时，官商绅民总共认购不足2000万两，还不到预计发行总额的1/5。而且，该股票发行还带

① ［加］赫伯特·诺曼：《日本维新史》，姚曾廙译，商务印书馆，1962年，第141页。

来极其恶劣的影响，地方官府借端勒索，苛扰商民，不肖官吏借机盘剥，中饱私囊，造成大批银号、钱铺倒闭，很多平民百姓只得寻求教堂庇护。

总之，西方这个用于资本原始积累的真“经”，不但被腐败无能的大清朝给唱歪了，而且调子跑得根本找不回来。很快，“昭信股票”就停止发行了。

2. 卖地换钱的荒唐主张

康有为在“上清帝第六书”中提出筹款方法：“尚虑政变之始，需款甚繁，日人以纸币行之，真银仅二千万，而用值二亿五万（千）万，盖得管子轻重之法焉。吾若大变法度，上下相亲，亦可行之。否则，大借洋款数万万，派熟习美国之人，与借商款，酌以铁路、矿产与之，当可必得。”[①] 要发行纸币，就要设立中央银行，而且中央银行还要有足够的保证金，否则发行的纸币也无人敢用。另外，向美国借款也不是不行，可要借数万万则是天方夜谭，后来容闳负责去美国借款，就吃了闭门羹。康有为既没有意识到要成立中央银行，也没有意识到国际债务市场的习惯，就拍着胸脯做出种种保证，反映了他对现代金融知识的无知。

他还在《日本变政考》和《我史》中提出卖地换钱的主张，即把

---

① 孔祥吉编著：《康有为变法奏章辑考》，北京图书馆出版社，2008年，第140页。

他认为的中国边外无用之地卖给他国，以此来换取改革资金。他认为这些边远之地中国现在也没有能力保卫，与其最后被迫割让给列强，不如自己抢先卖掉换钱，这样也不必搜刮民脂民膏，真是一举两得。谭嗣同也受到康有为的影响，在给友人的信中说："试为今之时势筹之，已割之地不必论矣。益当尽卖新疆于俄罗斯，尽卖西藏于英吉利，以偿清二万万之欠款。以二境方数万里之大，我之力终不能守，徒为我之累赘，而卖之则不止值二万万，仍可多取值为变法之用，兼请英俄保护中国十年。"[①] 在给另一个朋友的信中说："今夫内外蒙古、新疆、西藏、青海，大而寒瘠，毫无利于中国，反岁费数百万金戍守之。地接英、俄，久为二国垂涎，一旦来争，度我之力，终不能守，不如及今分卖于二国，犹可结其欢心，而坐获厚利。二国不烦兵力骤获大土，亦必乐从。"[②]

以今天的观点来看，这种卖地换钱的主张无疑是卖国。可是在当时的世界，并非没有先例，例如俄国便将苦寒之地阿拉斯加卖给了美国。康有为、谭嗣同的出发点是为了救国，只是主张有些骇人听闻。笔者想指出的问题是，康有为的主张跟他自己的观点前后矛盾，他之前反对签订《马关条约》割让台湾时就说过："天下以为吾戴朝廷，而朝廷可弃台民，即可弃我，一旦有事，次第割弃，终难保为大清国之民矣。民心先离，将有土崩瓦解之患。"台湾是中国领土不可分割

① 蔡尚思、方行编：《谭嗣同全集》上册，中华书局，1981 年，第 161—162 页。

② 周振甫选注：《谭嗣同文宣注》，中华书局，1981 年，第 41 页。

的一部分，那所谓的“边外无用之地”就不是？那些地方就没有中国人居住？况且，清朝割让台湾，是仗打败了的被迫之举，以后还有可能收回来，就像法国在“一战”后收回了普法战争中被迫割让给德国的阿尔萨斯和洛林。而卖地换钱，则是主动之举，除非“买家”愿意再卖给你，否则你以后根本就没有任何理由再要回来。俄国卖了阿拉斯加给美国以后后悔莫及，可覆水难收。并且卖地换钱，对于世道人心的影响更为恶劣。

因此，卖地换钱的方案根本不可行，皇帝也好太后也罢，绝不敢拿着祖宗艰苦打下的江山像卖肉一样这里割一块那里砍一块。更何况，你愿意卖，人家列强还不愿意买呢，明明派点军队就能强行占有的土地，干吗还要花冤枉钱？

不过，大家不要以为这只是书生之见，其实这种主张由来已久，同治中兴的名臣几乎都提过放弃“边外无用之地”的观点。曾国藩就劝过咸丰帝“暂弃关外，专清关内之议”，这是放弃东北，专心经营关内；中国首位驻外使节郭嵩焘说，“与其穷兵靡费以事无用之地，而未必即能复，何如捐以与之，在中国不失为宽大之名，在喀什噶尔弥怀建置生成之德”，这是放弃新疆喀什，为朝廷节省军费；李鸿章劝诫赴俄谈判的曾纪泽要“一面招抚伊犁、乌鲁木齐、喀什噶尔等回酋，准其自为部落……况新疆不复，于肢体之元气无伤，海疆不防，则腹心之大患愈棘”，这是放弃整个新疆，用来换取海防的建设；连张之洞都曾在《马关条约》签订之时，建议将新疆、西藏数城赠给英国、俄国，以此获取两国的支持，共同击败日本。

很显然，无论是户部的既有财政方案，还是维新派天马行空的财政预想方案，都无法为清政府增加财政收入。

3．民智未开，无人可用

缺少足够的启动资金，即使没有守旧派的阻挠，戊戌变法不说难以为继，也起码是步履维艰。光绪面临的最大现实困难是，他没有值得信赖的精干人员可用。

俗话说，千军易得，一将难求。人才匮乏可以分为两类，一类是没有可以“镇得住场子”的重臣。古今中外的专制政权中，只有具备一个有权有势的政治核心，才能获得官僚集团的认同和效忠，才能自上而下地发号施令，如臂使指。戊戌变法之时，奕䜣去世，李鸿章失势，翁同龢被开缺回籍，整个朝廷没有一个重量级的大臣来充当皇帝变法的臂膀。皇帝没有办法，只能依靠毫无政治经验，也毫无政治势力的康有为等人出谋划策。他们根本没有能力使局面向稳定、徐缓的路途迈进，只能向焦躁、失控的险滩边缘试探。

日本明治维新，裕仁天皇靠的是以大久保利通、伊藤博文等重臣为核心的“主流派”施政。大久保利通出身于萨摩藩，伊藤博文出身于长州藩，这两个地方出身的官僚把持了日本政府的各主要官职，形成以两藩官僚为主体的政治集团，稳住了新生的政权。正是靠着这些年富力强又德高望重的重臣，明治维新才得以稳步推进。而且，朝中重臣集体考察过欧美各国，眼界大开，同心同德，心意共识，齐心协力建设盛世蓝图。国中管治阶层无从中作梗之人，方能顺利展开旷古治国大业。

在当时的大清帝国，选择张之洞进京来主导朝政可能是一个最好的选择。张之洞是晚清最有权势的封疆大吏，他也是一个主张变法的人，只是跟康有为的变法思想有所不同而已。如果他入主中枢，将会有足够的势能推动变法事业，也会有足够的政治智慧来调和太后与皇帝之间的分歧与矛盾，让双方都不会剑拔弩张。唯一的缺憾是，他的改革事业可能会很缓慢。不过，前文已经说过，张之洞最终没能来京城。

总之，让一流的理论家和宣传家，同时却是不入流的政治家康有为来领导变法，是皇帝一个无可奈何的选择。这不是皇帝的错，也不是康有为的错，而是王朝衰败、人才断流的时代之错。

另一类人才匮乏是缺少负责具体工作的现代化人才。各项新政，无论再怎么完美，都需要合适的人才来把它落到实处。甲午战争前后，光绪皇帝多次下诏求才，结果各地官员推荐的人基本都是歪瓜裂枣，过及格线的就没几个。我们就拿康有为本人来说吧，他对外国事务的了解，谬误百出，就连梁启超后来都说老师“亦未能游西域读西书，故其措置不能尽得其当，殆势始然，不足为讳莫也”。即便如此，他在当时的中国人中，已经算是“熟谙西法”的顶尖人才了。

我们再拿中国留美第一人——容闳来举例。1897 年底，他在北京推销其津镇铁路计划，即由他出面组织公司，借美债修建由天津至镇江的铁路，并且在铁路开工时愿意自己先报销 100 万两白银。清政府当时正想在全国修铁路，苦于没有建设资金，容闳上来就拿出 100 万两，简直是天大喜讯。总理衙门表示支持该计划，只是将召集洋股改成了筹借洋款，光绪皇帝也很快予以批准。可过了将近半年，也不见容闳借来一分钱的洋款。总理衙门要求容闳给出一个合理的解释，容闳却采取了避而不答的策略。直到戊戌政变发生之后，总理衙门才彻底明白，容闳根本不具备在美国借款的能力。

容闳的自我包装也让康有为等人产生错觉，以为他真的在美国有很强的人脉资源，可以用来融资。所以，康有为才会提出向美国借巨款的主张，即清政府将全国铁路经营权、开矿权都抵押给美国资本，换取 5 亿两白银。并幻想美国一旦成为中国最大的债权国，必会处处保护中国的权益，可以牵制各列强对华侵略。对此，他们推荐的适合办理此事的最佳人选就是容闳。然而，任何人都知道，没有哪个国家有能力在一年之内先支付 5 亿两白银给中国，再通过在中国修路挖矿来赚钱，这是一笔何等惊人的风险投资。

人家列强完全可以通过在总理衙门撒泼打滚、胡搅蛮缠、大肆咆哮的方式来强迫清政府给予铁路修建权、开矿权，谁要来花巨额的冤枉钱？再说，这个国家如果真的包办了中国所有的修路权、开矿权，那么它必然会得罪其他所有的列强，毕竟有水要大家喝，有钱要一起赚，没有哪个国家敢公然挑战全世界。

所以，这个借款主张也是一栋空中楼阁。

康有为、容闳已经是当时中国最“熟谙西法”的人，就连他们都缺乏近代理财观念、近代国际关系理论知识、近代金融理论知识、近代国际法知识等，更遑论他人。所以梁启超后来感叹：“戊戌维新之可贵，在精神耳！若其形式，则殊多缺点，殆犹大辂之仅有椎轮，木植之始见萌拆也。当时举国人士，能知欧、美政治大原者，既无几人。”①

然而，造成这一切的主要原因，是之前洋务运动时期没有重视近代化教育，毕竟连成立个同文馆都费了九牛二虎之力，更别说领导变法这样责任重大的政治任务了。而隔壁邻居日本在维新之始就派出百人以上规模的大型考察团，历时两年认真考察欧美各国，确定了教育兴国的方针，把教育改革作为各项改革的一个根本环节。从 19 世纪 80 年代初期开始，明治政府先后实行了 3 年、4 年、6 年的免费义务教育，同时以科学技术与实业相结合为总目标，大力兴办中等和高等综合技术教育，培养了大批工农业生产所需要的技术人才。甲午战争，日本打败大清帝国，真的不是偶然；教育兴国，真的不是一个虚无缥缈的口号。

4．“本不植高原，今日复何悔！”

以上就是急于振作的光绪皇帝所要面临的现实困境，一是财政窘迫，二是人才匮乏。当然，困境不止这两个，还有很多，它们如同一

① 梁启超：《饮冰室合集·文集之六》，中华书局，1989 年，第 64 页。

张遮天蔽日的大网，让戊戌变法寸步难行。

其实，戊戌变法一开始就是一个根基不稳、危机四伏的事业，可能激进派、温和派乃至守旧派都心知肚明。但即使如此，任何一个忧心国家命运的人都必须有所作为，而不是听天由命。一件事情，做了跟不做完全两样。刘备临死前告诉他的儿子刘禅，“勿以善小而不为，勿以恶小而为之”，就是说小恶也好，小善也罢，只要做了，就会产生一定的“果”，而你无所作为，袖手旁观，就真的只能眼睁睁地看着国家四分五裂，百姓流离失所。

陶渊明在《拟古九首》诗其九中云：

种桑长江边，三年望当采。
枝条始欲茂，忽值山河改。
柯叶自摧折，根株浮沧海。
春蚕既无食，寒衣欲谁待。
本不植高原，今日复何悔。

作者的意思是，自己在长江边辛辛苦苦种了桑树，希望几年后可采桑养蚕，忽然山河易色，风云突变，导致所有的桑树都毁于一旦。可是，谁都知道长江边是高危之地，在这个地方种桑树本来就不安全，所以当桑树被毁之后，自己又有什么好伤心的呢？

戊戌变法就是这样，谁都明白历史上主导变法之人基本都没有好下场，商鞅被活活车裂，张居正死后被鞭尸，王安石被安上了宋亡罪魁的罪名，被后人口诛笔伐了千百年。尤其是在晚清，实权掌握在慈禧太后手中，变法更是险象环生，步步惊心。即便如此，具有强烈理想主义精神和同样强烈的救世精神的儒家知识分子，还是坚持要在长江边种桑树。成功了，利国利民；失败了，坦然面对。如果你因为害怕功亏一篑就放弃去种桑树，那么你连成功的希望都自动放弃了。就像文天祥未必不清楚南宋在蒙元骑兵的冲击下必亡的命运，可是他依然要坚持抵抗；就像史可法未必不清楚南明在八旗劲旅的扫荡下必亡的命运，他依然要浴血奋战。尽管大势所趋，也要拼死一搏，这种求仁得仁、不计成败的大无畏精神，是我们这个民族赖以生存和强大的文化基因。

甚至在谭嗣同看来，戊戌变法就是他革命计划的一个环节。他认为中国今天沦落到这般田地，完全是两千年秦政的恶果，清政府只不过是秦政暴政的一脉相承而已："二千年之政，秦政也，皆大盗也；二千年之学，荀学也，皆乡愿也。惟大盗利用乡愿，惟乡愿工媚于大盗。"因此，他绝不会像康有为那样真的效忠清政府。按肖汝霖记载谭嗣同之言："与其奔走呼号，而莫之或应，何如假政治以牖进我民也。"[①] 他就是要利用维新变法这个手段来开启民智，制造革命的大众心理氛围。而且变法也确实废除了八股，成立了京师大学堂，它们对于开启民智有着深远的影响。只要能取得一点成果，对这个庞大闭塞

① 肖汝霖：《谭嗣同传》，转引自贾维：《谭嗣同与晚清士人交往研究》，湖南大学出版社，2004年，第317页。

的国家产生一点点好处，总比不思进取、原地踏步、坐以待毙要强。

谭嗣同还将自己的死纳入革命的一个环节之中，作为改良的终止符、革命的前奏曲，是不可或缺的一个连接点，“今日中国能闹到新旧两党流血遍地，方有复兴之望，不然，则真亡种矣”，“不有行者，无以图将来；不有死者，无以召后起”。他就像是尼采笔下的查拉图斯特拉——你走你的伟大事业之路，现在你后无退路，这肯定给你最大勇气！你走你的伟大事业之路，这里不会有人偷偷地尾随着你，你的脚已经毁坏了你身后的道路，路面上写着：不可能！

只不过，他将革命的任务交给了其他人，而他自己选择引颈就戮，为戊戌变法增添了更悲壮的色彩。

我们也无须为维新变法的失败而感到遗憾，因为维新变法的价值根本不在于它到底变了什么法，改了什么令，建了什么策，而在于变法本身。就像荆轲刺秦王，其意义根本不在于荆轲到底有没有杀死秦王，而在于这件事发生之后，为“苦秦久矣”的天下人做了反抗暴政的榜样，让天下人的心里有了揭竿而起的底气。甲午惨败之后，整个官僚集团并没有真正觉醒，而是继续沉浸在苟安的气氛中无法自拔。变法的意义就在于搅动了这一潭死水，让死水有所波动，有波动才有改天换地的希望。

如果一直毫无波澜，这潭死水将愈来愈让所有人都窒息而死。因此，变法只要启动，就等于已实现其自身价值，成败根本不重要。一个老大帝国的复兴，根本就不可能指望毕其功于一役，它所需要走的路，必定是充满曲折和痛苦的，必定是布满荆棘和沟壑的，但只要能坚持走下去，就一定会到达成功的彼岸，实现凤凰的涅槃。不过前提是，必须要有这开启局面的“一役”，它不必成功，但必须要有。

有则不必成，无则必不成，为了这个“有”而抛头颅洒热血，我想这就是戊戌变法的真精神。而这种真精神，也将永远留在中国人追求复兴的血液里。中国的再次崛起，也只是时间问题。

第五章

日暮穷途

第一节　扶清灭洋：义和团运动的兴起

1．“义和团，起山东，不到三月遍地红”

就在光绪皇帝发布一条又一条改革诏令之时，一场更大的风暴正在紫禁城外酝酿。

1898 年 8 月 8 日，黄河在山东寿张县决口，随后又在济南和东阿决口，滔滔洪水瞬间吞没了几百个村庄，数百万人被迫背井离乡，流离失所。同时，四川、江西、安徽、江苏也发生洪灾，洪水泛滥，惨绝人寰。

福无双至，祸不单行。水灾之后，1898 年底，华北发生特大干旱，致使赤地千里，农业生产陷入停顿。旱灾使得成千上万的庄稼汉无事可做，他们对即将到来的粮荒焦躁不安。

水灾、旱灾的接踵而至，让华北地区，尤其是山东人民的生活陷入水深火热之中。

上百万逃荒乞食的灾民，为秘密宗教和巫术的大行其道提供了社会基础。义和拳趁机发展壮大，直至如日中天。最初，神拳只是一些具有民间宗教色彩的练拳团体，只是让底层人民“抱团取暖”、保卫身家的松散组织。他们并不反教，也不反朝廷，他们只是想在世风日下的社会，维护正统的社会伦理和道德观念，诸如孝敬父母、尊老爱幼、和睦邻里等。他们中一些会医术的人还当赤脚医生，免费给贫苦百姓治病。总之，初期的神拳组织像是社会公益团体加武装民团的结合体。

1897 年 11 月，山东发生“巨野教案”，也叫“曹州教案”。当时，磨盘张庄的教堂神甫薛田资与周围村民时常发生不和，县官许廷瑞不论是非曲直，一味地偏袒教堂，造成村民与薛田资的矛盾异常尖锐。1897 年 11 月 1 日，以刘德润为首的几个村民，打算夜袭教堂，杀掉薛田资。不料，当天有两个路过巨野的德国传教士能方济和韩·理加略在教堂留宿，村民未加辨别，将二人误杀，薛田资幸运地逃过一死。

教案发生后，德国政府趁机以此为借口，勒索清政府给予其在山东的殖民权益。清政府既没有抵抗的能力也没有抵抗的勇气，只想尽快息事宁人，就在教案发生地和其他两个地方修建了教堂，还处理了数名地方官。其中，反对传教士为非作歹的山东巡抚李秉衡被解除职务，永不叙用。当地官府秉承朝廷旨意，在巨野滥捕滥杀，其中两人被处以极刑，另有多人被判无期。“巨野教案”使得教会的势力在山东处于上风，教会与当地百姓的冲突愈演愈烈。

尽管清政府已经做到了如此卑躬屈膝的地步，德国政府还是不依不饶，迅速派兵强占胶州湾。清政府对此无可奈何，只得接受德国的一切侵略条件。

这种形势的变化，深深刺激了光绪皇帝要变法自强的决心，也深深刺激了一些神拳的领导人。1898 年初，梅花拳的首领赵三多联合一些其他拳会，将本组织的名称改为义和拳，意思是梅花拳、红拳和其他拳的联盟，目的是对付洋人和教民的猖狂挑衅。

义和拳真正的源流，学术界目前还没有达成共识，有的说是起源于白莲教，有的说是起源于鲁西北的社会文化，有的说是起源于大刀会，等等。对此，笔者不做深入探讨，大家只要知道是赵三多正式打出了义和拳这个旗号就行了。

义和拳不是一个结构严密的组织，赵三多也不是一个说一不二的领袖。1898 年秋季，赵三多带领拳民们攻击梨园屯地区和南边直隶、山东交界地区的教民，并首次打出“扶清灭洋”的旗号。义和拳可能并非真的想“扶清”，“扶清”只是一个斗争策略，为的是不得罪官府。

对于清政府而言，如果承认义和拳的合法性，就等于把自己置于“灭洋”的立场上。这个立场对于风雨飘摇的清政府而言是极其危险的，任何一个尚存理智的官员都不可能会接受义和拳的“扶清”。当地官府派兵镇压了义和拳，虽然众多拳民受到了赦免，但是赵三多作为领头人物肯定是要负责任的。他自知身处险境，便向北逃到了直隶。

这次行动虽遭到挫败，义和拳却得以发展壮大。因为义和拳只是个松散联盟，这个名号谁都可以拿来用，你可以叫义和拳，我也可以叫义和拳。鲁西北几百万食不果腹、衣不蔽体的灾民们纷纷建立了自己的神拳组织，并沿用了“义和拳”之名和“扶清灭洋”的口号。这些新义和拳组织还加入了崭新的民间宗教元素，如刀枪不入、吞符念咒、飞檐走壁、降神附体、呼风唤雨、撒豆成兵等。这些崭新元素让义和拳更具有吸引力，也让义和拳在后世被贴上愚昧、无知、落后等贬义词标签。

2. “法”不责众，地方官府放任自流

清政府是怎么对待义和拳运动的兴起的?

当地官府当然不敢接受义和拳“扶清灭洋”的口号，可也不敢真的得罪人山人海般的拳民。此时清政府的军事力量软弱无力，连维持地方治安都相当吃力，最好的办法就是不要激起大规模民变。而且，山东当局面对德国的欺凌，也想借义和拳的力量来给自己撑腰。他们希望能将义和拳改编为地方民团，正所谓寓兵于农，一来可以帮助清

政府加强对社会的控制，二来可以避免拳民们跟教会发生冲突。接替李秉衡的新任山东巡抚张汝梅于 1898 年 6 月 30 日上奏清廷，提出充分考虑“化私会为公举，改拳勇为民团”的建议，首提“义和团”概念，得到朝廷的默许。

山东当局采取的是“杀一儆百”的策略，只惩办拳会组织的领导人，对于普通拳民则不予追究。张汝梅在给直隶总督裕禄的电报中明确表示，对于拳民“凡安分者，自保身家，原不禁止；若真有捉人勒赎、抢掠无忌等情事，亦即派队查拿”。1899 年春，毓贤继任山东巡抚后，也对义和团采取只处死首领不责难会众的政策。

清政府的想法是很美好的，实践起来却相当困难。它要一边安抚义和团，一边照顾天主教会，努力让双方不发生激烈冲突。这个平衡的难度，不亚于在两栋一百多层的大楼之间走钢丝。拳民要攻击胡作非为的教会，他们岂会老老实实地听从清政府的安排？弄不好，你不让我灭洋，那就等于你跟洋人沆瀣一气、狼狈为奸，那我就要来灭你。另一边，教会平日里嚣张跋扈，不惹点事情出来就浑身难受，这就更非清政府所能掌控的了。

毓贤之前担任过山西巡抚，当时山西也出现了很多反教运动的民间组织。毓贤的策略就是处死首领，遣散会众，对稳定社会起到了很好的效果。后来，他把在山西的经验用在了鲁南地区，也成功地控制住了拳民的行动。正如美国历史学家柯文所说，毓贤的政策之所以在山西、鲁南能发挥作用，主要在于它适合当地的社会环境，“鲁南农业比较发达，士绅力量强大，恢复稳定与和平能使鲁南社会大受其益。最后一点，正努力在鲁南建立势力范围的德国政府越来越认识到，在鲁南保持和平与稳定符合德国的利益。到1899年底，德国政府明确告诉圣言会的传教士，它将不再支持他们那些为民众所憎恶的飞扬跋扈的行为"[①]。

一方面，鲁南地区有着在社会上起领导作用的士绅阶层，他们虽然不直接从属于国家的政权体制，但他们实施的是对基层社会的真正控制，起到了社会稳定器的作用；另一方面，德国政府对鲁南教会表示不支持态度，使教会的行为有所收敛，缓解了教会与当地百姓之间的冲突。

这是毓贤在鲁南取得成功的两个关键因素，可这两个因素在义和拳兴起的鲁西北都不具备。鲁西北地区饱受自然灾害之苦，尤其是水灾说来就来，连声招呼都不打，商业贸易几乎不存在，也不存在什么士绅阶层或地主阶层。贫困人口遍地都是，秘密宗教遍地开花。当地教会没有得到外国政府不支持的表态，为所欲为，老百姓跟教会的冲突几乎此起彼伏。

所以，毓贤把之前的成功经验照搬到鲁西北，失败可想而知。毓贤惩办了几个镇压义和拳的官员，致使民众和洋人都以为他是义和团坚定的支持者，茌平义和团甚至竖起了"毓"字黄旗及山东巡抚部院"保清灭洋"大旗进行活动。至此，义和团成功地把毓贤带入大坑，把他塑造成了义和团背后的带头大哥。

---

① ［美］柯文：《历史三调：作为事件、经历和神话的义和团》，杜继东译，社会科学文献出版社，2015年，第28页。

在毓贤的“支持”下，义和团进一步发展壮大，在鲁西北掀起了声势浩大的反教运动，引起了各国公使的抗议。在列强的强大压力下，清政府将毓贤撤职，改由袁世凯接任。毓贤离职后到北京觐见慈禧太后，向她提出招安义和团的设想，慈禧没有说什么，只是将他调任山西巡抚。

袁世凯到任后，将义和团定性为邪教组织，坚决予以镇压。袁世凯手头有一支训练有素的新式军队，在他的镇压下，鲁西北的义和团只得转移阵地，进入跟鲁西北毗连的直隶省东南部。袁世凯并没有解决问题，他只是把问题扔给了其他地方官。

托袁世凯的“福”，直隶省就这样陷入了无序状态。直隶总督裕禄不是义和团的支持者，他嘴上喊着“不分首从，一律处死”，但他可用的军队寥寥无几，只得放任自流。据统计资料显示，到1890年初，仅在直隶南部的武邑县就有将近100个拳场。

3．慈禧为何支持义和团？

关键时刻，慈禧对义和团的态度来了一个180度大转弯。1900年1月11日，她颁布上谕：“近来各省盗风日炽，教案迭出，言者多指为会匪，请严拿惩办。因念会亦有别——彼徒，结党联盟，恃众滋事，固属法所难宥；若安分良民，或习技艺以自卫身家，或联村众以互保闾里，是乃守望相助之义。地方官遇案不加分别，误听谣言，概图为会匪，株连滥杀，以致良善不分，民心惶惑，是直添薪止沸，为渊驱鱼。非民气之不靖，实办理之不善也。”因此她要求各省督抚，要共济时艰，“办理此等案件，只问其为匪与否，肇衅与否，不论其会不会、教不教也”[①]。

慈禧承认了拳民都是安分良民，参加拳会也只是为自卫身家、守望相助，而不是什么邪教，无须查办缉拿。

为了防止汉人的反抗，清政府一向是禁止民间结社的。百日维新期间，光绪曾放开了民间结社的自由，政变之后又一切如故。慈禧现在不顾清朝律例，也默认了义和团的合法性。由此可见，这是一条不同寻常的上谕。

得到了最高当局的支持，义和团在整个华北平原迅速蔓延开来。

世界上没有无缘无故的恨，也没有无缘无故的爱，慈禧突然对义和团别有所爱，肯定内有蹊跷。她这种冷血无情的政治动物，怎么可能因为拳民们自卫身家、守望相助，就对他们另眼相待？

有一种说法是拳民们平日里的确受到了教会的欺负，受了不少窝囊气，官员们不分青红皂白地一律剿洗，慈禧怕袁世凯在山东残酷镇压义和团会激起大规模民变。

可是，慈禧完全可以让荣禄来指示袁世凯不要残酷镇压，而没有必要通过上谕。因为上谕是公开的，承认义和团的合法性完全可能引起列强的不满和干涉，她何必要平白无故地给自己找麻烦？要知道，

① 国家档案局明清档案馆编：《义和团档案史料》，中华书局，1959 年，第 56 页。

自1899年底英国传教士卜克思被拳民杀害后，各国驻华公使就开始对清政府再三强调外国传教士和中国教民们所面临的危险。

更何况，从逻辑上来讲也不通。这道上谕等于给了义和团政策保障，会推动义和团的迅速发展壮大，它可能会导致清政府根本无法控制义和团。一旦义和团羽翼丰满，谁知道它到时候还会不会坚持“扶清”的口号？如果它们不再“扶清”，不就是大规模民变？后来的历史事实也证明，义和团在进入京津地区之后的确进入了失控的状态。

笔者认为，慈禧的目的是为了给“己亥建储”营造一个安定的内外环境。1898年戊戌政变之后，慈禧就想废掉光绪皇帝，重立一个完全听她掌控的小皇帝。但是，列强们对光绪皇帝的处境极为关切，担心光绪会被老太婆谋害，纷纷对清政府提出严正警告。例如，日本驻华公使遵照首相大隈重信的指示，“劝告”清政府不要对光绪采取过激处置；英国驻华公使则通知清政府，假如光绪皇帝遭遇不测，将在西洋各国之间产生不利于中国的后果。9月22日，英国舰队从威海卫驶往天津大沽；10月9日，英、俄先后派兵入京。总之，列强对清政府废立之事的干涉，让慈禧如鲠在喉。

列强的担心不是空穴来风，《十叶野闻》上记载了这么一个两宫轶事：八国联军打进北京后，日军俘虏了一个太监，太监向日本军官讲述了这样一个故事，说北京下雪了，慈禧太后赐给光绪皇帝一件狐皮大衣，她命令太监反复告诉皇帝“皮大衣的纽扣是金的，请万岁爷注意”，太监将这句话说了十数次，光绪愤然回答：“我知道了，你可归报太后，太后希望我自杀，但这是不可能的！”

此事未必是真，但慈禧希望光绪自杀肯定不假。

慈禧虽忌惮列强的武力威胁，但还是坚持把废帝之事进行下去。因为这个光绪皇帝不但跟康党“狼狈为奸”，还有洋鬼子提供的“保护伞”，实在是太可恨了。1899 年 11 月 21 日，慈禧颁布了一道上谕：“现在时势日艰，各国虎视眈眈，争先入我堂奥。以中国目下财力兵力而论，断无衅自我开之理。惟是事变之来，实逼处此，万一强敌凭陵，胁我以万不能允之事，亦唯有理直气壮，敌忾同仇，胜败情形非所逆计也。”[①]

所谓“万不能允之事”，就是指保留光绪皇帝的帝位。慈禧也知道以中国的军事力量根本无法与列强抗衡，但是如果列强坚持要干涉皇位废立之事，那只有“同仇敌忾”，跟列强决一死战了，即使没有胜利的把握，她也不在乎。

政府的正规军太弱，要“同仇敌忾”，那就只能借助民间的力量。恰在这时，声称要“扶清灭洋”的义和团正在华北平原迅速蔓延，自然而然就成了慈禧心中可以利用的对象。

在慈禧订立的时间表中，1900 年 1 月 24 日要立端郡王载漪之子溥俊为“大阿哥”。因此，1 月 11 日她发布的那道上谕，一是要阻止民间可能爆发大规模民变，以免干扰其建储的工作；二是要让洋鬼子们知道，自己现在有了声势浩大的义和团的支持。

这道上谕与其说是给袁世凯看的，倒不如说是给义和团和洋人

---

① 国家档案局明清档案馆编：《义和团档案史料》，中华书局，1959 年，第 37—38 页。

们看的。

1月24日，朝廷以光绪皇帝名义颁诏，称自己不能诞育子嗣，故过继溥俊为同治皇帝的儿子，“以绵统绪”。说白了，就是要逼迫光绪皇帝禅位。同日，对内阁下旨，称庚子年正月初一日，即1900年1月31日将由溥俊代表皇帝，祭祀大高殿、奉先殿、寿皇殿三处。

这就是所谓的“己亥建储”。

慈禧这边搞得煞有介事，各国政府的反应却是冷淡至极。已经执掌总理衙门的端王——也就是溥俊的父亲，通知各国使节“朝贺”，结果没有一国响应。各国的视若无睹，说明他们根本就不认可溥俊来当皇帝。

“己亥建储”之后的3天里，英国、美国、法国、德国和意大利联合照会总理衙门，要求清政府发布上谕，明令在山东和直隶立即采取措施镇压义和团。

各国一方面拒绝入宫朝贺，丝毫不给慈禧面子；一方面又要求镇压义和团，跟她发布的那道上谕唱反调。慈禧的怒火被彻底点燃，她采用内部廷寄的方式指示直隶、山东督抚，责成他们张贴布告，取缔义和团。采用廷寄的方法，既不算公开否定那道上谕，维护住了自己的面子，又算答应了列强们的要求，不至于惹怒洋鬼子。

但是，慈禧这种自以为两全其美的方法，各国公使们并不买账。他们再次照会清政府，要求在《京报》上发布禁止拳会的上谕。慈禧予以拒绝，并解释说有廷寄就够了，发上谕纯粹是多此一举。

4月份，各国军舰云集大沽口，张扬武力，向清政府施压。整个四五六这3个月，清政府一直在支持义和团和镇压义和团之间首鼠两端，举棋不定。这种犹豫不决的态度，使得义和团进入京津地区，运动也逐渐走向失控，他们杀洋人，砍教民，烧教堂，焚医院，扒铁路，掐电线，干得不亦乐乎。

第二节 民、教纷争：传教士自吞苦果

1．华北大旱，教堂为什么成为罪魁祸首？

义和团有一个流传最广的揭帖[①]：

神助拳，义和团，只因鬼子闹中原。劝奉教，自信天，不信神，忘祖仙。

男无伦，女行奸，鬼孩俱是子母产。如不信，仔细观，鬼子眼珠俱发蓝。

天无雨，地焦旱，全是教堂止住天。神发怒，仙发怨，一同

① 中国社会科学院“近代史资料”编辑组：《近代史资料》第1期，科学出版社，1957年，第18页。该版本揭帖为中国科学院图书馆所存抄本，原抄录者佚名。从记有“裕禄请乩问民、教失和事”一类的话看来，应该是在天津地区抄录的。

下山把道传。

非是邪，非白莲，念咒语，法真言。升黄表，敬香烟，请下各洞诸神仙。

仙出洞，神下山，附着人体把拳传。兵法艺，都学全，要平鬼子不费难。

拆铁道，拔线杆，紧急毁坏火轮船。大法国，心胆寒，英美德俄尽消然。

可能是在传播过程中出现了讹变，这个揭帖有很多版本，不过大体上相同。笔者记得中学时在历史教科书上读到这个揭帖时，感觉热血沸腾，豪气干云，恨不得也跟着拳民们一起舞刀弄枪起来。义和团没有起草过什么正儿八经的运动纲领之类的文件，这个揭帖倒是宣示了义和团运动的爆发原因、思想基础、打击对象和斗争手段及其目的和理想，因此相当重要。

笔者想重点谈谈这句“天无雨，地焦旱，全是教堂止住天”。

前面已经说过，1898年底华北发生特大旱灾，致使上百万农民走投无路。一般来说，在中国古代，遇到四季不明、陨石地陷、旱灾洪水频现、瘟疫横行等天灾时，无论是帝王还是老百姓，都会将责任归到朝廷头上。因为传统文化讲天人感应，推天道以晓人事，灾异即是上天的谴责警示，施政过失与人心不德是产生灾异的根本原因。例如，北宋熙宁七年（1074）天下大旱，民间就将责任推到宰相王安石的头上，认为是他主导的变法搞得天怒人怨，上天以大旱来警醒世人。再如1679年北京发生8级大地震，康熙帝认为这是由于官吏有六项“弊端”，导致老天爷不高兴，他一边发“罪己诏”，一边指令九卿详议“弊端”，由吏部立法严禁，务期尽除积弊。

然而，清末的这场大旱，民间并没有责怪朝廷的胡作非为，而是认为“全是教堂止住天”。这只能说明，在中国，尤其是在华北地区，老百姓已饱受教堂欺压之苦，所以才会迁怒于教堂。1899年6月，一位内地会的传教士奥利维亚·奥格仑在山西永宁刚刚落脚，就感受到了民间的巨大敌意：“这个地区正在闹饥荒，是由持续已久的干旱引起的。我们到来后，灾情更加严重了，人们开始指责我们，说天不下雨是我们造成的。”①

中国人尤其是汉族人可能是全世界自古以来对于外来宗教最宽容的民族。汉族对宗教信仰的态度是“宁可信其有，不可信其无”，由此就造成了从古至今大多数汉族人见庙就进、见神就拜的奇特景观。可以说，汉族在信仰上的姿态是多神、宽容和实用的，是兼容并蓄的。笔者有一次回到安徽霍山老家的文庙，只见大殿孔子像的右边放着一个观音菩萨像，左边放着一个财神爷像，儒、佛、道三者和谐共处，共享香火。汉族是世界上对宗教信仰最不执着的民族，也是对宗教信仰最宽容的民族。在汉族历史上，从来没有发生过任何大的宗教战争，中国历代王朝也很少进行大规模的宗教迫害。

中国人对基督教并不陌生，也算相当包容。早在唐朝时期，耶稣

---

① 泰哈：《局外人的想象》，转引自［美］柯文：《历史三调：作为事件、经历和神话的义和团》，杜继东译，社会科学文献出版社，2015年，第89页。

教就已传入中国，根据《旧唐书》记载，唐太宗贞观十年曾亲自批准一个叫阿洛彭的耶稣教僧侣在长安传教，阿洛彭还被唐太宗赐予“精神之主”的荣誉称号，其宗教也被命名为光明教。到了元朝，历代皇帝也非常重视基督教的传播，马可·波罗曾记载基督教在中国的兴盛：“元世祖之母别吉太后，皇后乃马真氏与怯烈氏均为该教信徒。至于教堂，可谓遍布大江南北，不仅在北方燕京、甘州、宁夏广设传道机构，就是在南方镇江、杭州、泉州、扬州、温州等地也遍设教寺。”

明朝时期，万历皇帝还批准意大利天主教传教士利玛窦进京，利玛窦在京城不但得到了皇帝的欣赏，还与朝廷许多重要的大臣结为好友。在此背景下，上至大学士，下至民间各阶层，入教者已近30万人。清朝初期，康熙皇帝对天主教的传播也采取包容的态度，他甚至任用了许多传教士担任国家天文部门的主管官员。

2. 传教士：欺压中国官民的“太上皇”

本来，天主教在中国的传播形势一片大好，偏偏这时罗马教廷要来折腾一番。1704年11月20日，罗马教廷制定出有关在中国传教的“禁约”，要求中国皇帝命令中国教徒们都听教皇的禁令。这些禁令包括不允许入教的官员、进士、举人、生员等入孔子庙行礼，不允许入教之人按照中国传统在家里留祖先牌位，不允许入教之人上坟时行礼，等等。

罗马教廷完全没有搞清楚状况，中国不是欧洲国家，所有国王都要听教皇的指示。对于康熙来说，允许天主教在中国传播，已经是天大的恩赐了，而教廷居然蹬鼻子上脸，颐指气使。不要说康熙帝会不屑一顾，就算是一个普通中国老百姓，都不会理睬所谓的禁令。

当然，康熙帝不是一个气量狭小之人，他只是把教皇的特使驱逐出境，并没有禁止传教士的活动。但是，他儿子雍正记住了教皇的无理取闹，等他一登基，立即指责传教士“侵扰我百姓，蔑视我法律”，并且认为如果放任老百姓都信仰基督教，将来“一旦边境有事，百姓惟尔等之命是从，虽现在不必顾虑及此，然苟千万战舰来我海岸，则祸患大矣”。于是，天主教在中国的好日子到了头，不但被禁止传播，各地教堂还被官府取缔，一度销声匿迹。

鸦片战争之后，基督教在西方列强坚船利炮的庇护下得以涌入中国。有些传教士的确是虔诚的上帝使者，也是西方近代文明的介绍者，对于近代中国在文化教育、科学技术、医疗卫生、禁烟反帝、少数民族教育发展和东西方文化交流等诸多方面，都有正面、积极的贡献。还有一些人一直默默无闻地在条件极为艰苦的偏远地区传教和服务群众，直到最后埋骨中国，例如英国传教士戴德生曾说：“假使我有千镑美金，中国可以全数支取；假使我有千条性命，决不留下一条不给中国。”最后，他把自己一家的生命都留在了中国。

问题是，任何群体之中都有败类，他们有的居心叵测，充当列强侵华的急先锋；有的泼皮无赖，每天不在中国惹点事情出来就浑身不得劲。这些人得到列强武力的撑腰，在中国为非作歹，气焰嚣张。而他们有恃无恐的最强武器，就是从清政府手中骗来的“治外法权”。所谓“治外法权”，其内涵是指“外交豁免权”，即外国人不受中国法律管辖，一旦与中国人发生纠纷，他们只受本国领事处理。

林语堂曾说：“在治外法权之下，不但教会的西方神职人员不受清政府管辖，一般中国信徒也常获教会庇护。地方上，基督教会每每因为文化、风俗差异等各种原因与地方民众发生冲突，部分不良教民欺压当地民众。地方政府往往惧于教会的治外法权不欲与洋人作对而未能持公处理。”所谓不良教民，就是指一些入教的地主恶霸、罪犯、讼棍、地痞流氓，他们只要有了教民的身份，就可以尽情地作奸犯科。长此以往，老百姓对传教士和教民们的恶感到了忍无可忍的地步。

这些传教士不但欺压百姓，还蛮横干预中国地方行政事务。中国海关总税务司英国人赫德就曾说：这种行为“是对地方官职权的一种干预行为，激怒了清朝官吏，一次又一次地造成地方不安，使中国百姓和官吏都不愉快”。

从1840年至1900年，因为这些传教士的为所欲为，中国各地共发生教案400余起。这些教案令中国地方官员深感棘手，因为一旦惹怒传教士，就极有可能导致列强前来敲诈勒索。我们不要过多地指责当时的官府为何总是偏袒洋人，不是他们想偏袒，而是他们稍有闪失就有可能被朝廷罢官免职，甚至流放下狱，搞不好还有可能将整个国家拖入与列强的战争之中。大家想想1870年的天津教案[①]，连曾国藩去处理，最后都进退失据，民怨沸腾，差点搞得晚节不保。大清国又有几个官员的智慧和能力能赶得上曾国藩？他都处理不好教案，更何况其他人。

既然不能得罪洋人，那就只能严惩自己人了，这就导致老百姓对传教士和教民的仇恨愈演愈烈，当华北大旱之时，教堂理所当然地被当成得罪上天的罪魁祸首。轰轰烈烈的义和团运动，演变成为一场屠杀异己、疯狂排外的狂欢，传教士们自己种下的因，最终要收获相应的果。只是可怜了那些品德高尚的传教士和一些未做过坏事的中国教民，被硬生生地拖进万劫不复的死局。

3. 形势恶化，清政府对外宣战

1900年6月13日，义和团从崇文门涌入北京内城，焚烧教堂和外国人寓所，拆毁同文馆、大学堂，并杀害大批中国教民。有的人不是教民，但仅仅因为身上携带有铅笔、火柴、纸烟、小眼镜、洋伞之类“涉洋”的东西，也被捕而诛之。砍杀、肢解、炮烹、活埋、腰

---

① 天津教案的发生源于拐卖幼孩和法国天主教堂大批幼童死亡，由此传言益广，民情沸腾。1870年6月21日，天津人民聚众到教堂示威，民、教双方爆发激烈冲突，直接导致20名外国人死亡（其中法国13人、俄国3人、比利时2人、意大利和爱尔兰各1人），震惊中外。清廷派出直隶总督曾国藩交涉，最终把天津知府和知县革职充军，处死杀人民众，赔偿外国人的损失46万两白银，并由崇厚出使法国道歉。这个交涉结果，使曾国藩的声誉大受影响。

斩，花样翻新，创意无穷。《拳事杂记》记载：“曾有学士六人仓皇避乱，因身边随带铅笔一支、洋纸一张，途遇团匪搜出，乱刀并下，皆死非命。”甚至有“一家有一枚火柴，而八口同戮者”。

彼时，你是不是教民并不重要，重要的是拳民是否认定你是教民，一旦认定，你百口莫辩，就等着接受“正义”的清算吧。《庚子剿匪电文录》记载：“义和团凡有富厚之家，皆指为教民，则所掠无算，过往之客，指为间谍，则所杀滋多，盗贼所不敢为者，彼乃公然为之。”《庚子传信录》则说：“义和团夙所不快者，立歼之，不曰教民，则曰汉奸。”

京城的王公大臣们吓坏了，连最顽固的徐桐都被义和团拖出来一顿暴打，只能通过跪拜来逃过一劫，更遑论其他人呢？所以他们赶紧聘请拳民们帮忙守卫住宅，并焚香供奉拳民们的神祇，来求得一家平安。这些神祇五花八门，有玉皇大帝、鸿钧老祖、黎山老母、九天玄女、二郎神、孙悟空、猪八戒、沙和尚、托塔天王、哪吒三太子、姜太公、关二爷、张翼德、赵子龙、尉迟恭、秦叔宝、黄天霸、杨香武等。清军也有一大半加入了义和团——除了聂士成的部队（聂士成是一个跟义和团水火不容的人），甚至紫禁城里的宫廷侍从，包括侍女在内，都开始如痴如醉地练拳。

在义和团涌入北京城之前，各国公使们已经放弃了再督促清政府镇压拳民的外交手段。求人不如求己，他们决定自己调兵进入北京保卫使馆和教堂。尽管总理衙门要求他们少安勿躁，各国公使们却一意孤行，坚决要调兵入京。5 月 31 日，英、美、法、俄、日、意六国军队 400 人到京；6 月 3 日，德、奥两国军队 80 余人到京；6 月 7 日，俄军 4000 人自海参崴赶赴天津。无论列强的目的如何，这种强行派兵进入他国首都的行为，都是赤裸裸的侵略行径。反过来，这种调兵的决定又刺激了慈禧。6 月 9 日她立即从颐和园回宫，并把列强极度反感的董福祥的甘军带回城内。

战争一触即发，朝廷连续召开多次御前会议，讨论是否对列强开战。6 月 19 日，在第四次御前会议上，慈禧下定决心向各国开战，命令清军准备攻打使馆区。[①] 促使慈禧最终拍板开战的原因，应该是她认为列强不断调兵入京，不仅欺人太甚，而且后患无穷。因为 6 月 16 日慈禧已经表态要顺应民意，同时设法退洋兵，做到对义和团和洋人两不得罪，并发出两道谕旨，一是命荣禄速派武卫中军保卫东交民巷使馆区；二是命荣禄、聂士成、罗荣光力阻各国续来入京之兵，以符张翼等与杜士兰约定协议。“如果各国不肯践言，则衅自彼开，该督等须相机行事，朝廷不为遥制，万勿任令长驱直入，贻误大局。”

上谕中提到的协议是直隶总督兼北洋大臣裕禄委派帮办铁路大臣、前内阁侍读学士张翼、津海关道黄建笎、秦皇岛税务司洋员德璀琳与天津外交团领袖、法国驻津总领事杜士兰签订的。后者承诺，如果清政府能够切实地履行保护使馆及外国人眷属的责任，朝廷能够有切实的谕旨发布以安定外国人心，则续进之兵，可从缓议。

---

① 林国华在《义和团运动史事考》中考证，围攻使馆区的从来都是荣禄的武卫军，而不是义和团，义和团只有个别人员与使馆区发生过纠纷。慈禧后来为了推卸责任，就把围攻使馆一事都算在义和团的账上。西方列强也装聋作哑，只追究清军将领董福祥一个人。

清政府发布上谕的当天，停泊在天津大沽口外的列强海军向罗荣光发出最后通牒，令清军于次日两点前交出大沽炮台，过时将以武力夺取。同时，该通牒还由杜士兰转呈给直隶总督裕禄。

6月17日，裕禄将列强强索大沽炮台的通牒奏报给慈禧太后，她怒火中烧，认为列强违背了不再调兵进京的协议。她决心对列强开战，并得到主战派载漪、刚毅等的一致支持。同时，朝廷发电通知各省督抚派出军队北上勤王。此时，她还不知道，列强已经炮轰大沽炮台，并将其夺取。

6月19日的御前会议上，慈禧派总理衙门大臣许景澄前往使馆区宣布宣战事宜。在一片主战的声浪中，长期以来沉默寡言、装聋作哑，看起来心如死灰的光绪皇帝一反常态，侃侃而谈，竭力阻止朝廷对列强开战的决定，“断无与各国同时开衅之理”，并指责以端王为首的大阿哥党纵容拳民，祸乱中外，罪不可赦。在他的带动下，兵部尚书徐用仪、户部尚书立山、吏部侍郎许景澄、内阁学士联元、太常寺卿袁昶冒死直谏，“奸民不可纵，外衅不可启”，斥责主战派围攻使馆、杀害使节的做法是“万国难容”的罪恶行径。心急如焚的光绪甚至走下龙位，上前拉着许景澄的手，语带哽咽，“更妥商量”，要他不要去使馆区宣布宣战事宜，慈禧怒斥道：“皇帝放手，毋误事！”

为了不让光绪继续“误事”，端王在未向慈禧太后请示的情况下，就擅自率领一群拳民闯宫，声称要抓住“一条龙、两只虎和三百只羊”，“一条龙”是指光绪皇帝，“两只虎”是指庆亲王奕劻和李鸿章，“三百只羊”是指跟洋人有关系的在京官员。拳民们粗略估算了一下，只有 18 个朝廷官员可以活着，这 18 个人自然都是大阿哥党那一派的顽固分子。

这个闯宫计划被慈禧太后及时阻止，因为她也担心端王会不会有另外的目的。

6 月 21 日，朝廷发布宣战诏书。

第三节　空前国难：谁才是罪魁祸首？

1．八国联军攻占北京

这是一场毫无悬念的战争，结局可以预料。八国联军在攻占大沽炮台之后，7 月 14 日，攻占天津；8 月 12 日，占领通州；8 月 14 日，进攻北京；8 月 16 日晚，基本占领北京全城。

那么八国联军有多么强大呢？其实只有 18000 多人，其中有日军 8000 人，俄军 4800 人，英军 3000 人，美军 2100 人，法军 800 人，还有奥地利士兵 58 人和意大利士兵 53 人，至于德国人则压根没赶上这支队伍，也就是说其实是七国联军。

这七国军队尽管是临时组成的队伍，却可以协调一致，统一行动。相比之下，尽管清政府抗击列强的口号喊得很响，却没有认真做好清军和义和团的协调工作，导致双方一边跟洋人打仗，一边在内部互掐，综合战斗力反不如各自为战。清军最精锐的部队——聂士成率领的武卫前军，跟义和团势不两立，天津杨村之战中，他强迫义和团冲在第一线，清军在后面架着机枪，拳民们在前面遭到敌军机枪扫射，撤回时又遭到武卫军机枪扫射，损失惨重，尸横遍野。义和团则派人抓走聂士成的妻子和女儿，其部下也有很多人被义和团“归化”，临阵反水，开枪射击聂士成，聂士成身中数弹，差点提前殉国。

聂士成，这个清军陆军中少有的在甲午战争中积极抗敌的将领，终于在7月9日凌晨，在天津附近的八里台与敌军血战了八昼夜之后，壮烈牺牲，享年64岁。他展现了一个职业军人保家卫国的血性和情操，堪称大清国最后的脊梁。[①]

连聂士成都无法阻止联军，那么北京城的陷落已成定局。

慈禧太后知道败局已定，挟持着光绪皇帝乔装逃跑，奔向西安。

义和团眼见大势已去，不可逆转，8万拳民立即“三十六计，走为上”。为了隐藏自己的身份，他们把刀剑头巾之类的赶紧全部扔掉。本来慈禧还指望巡阅长江水师大臣李秉衡带领清军和义和团共15万人阻击敌军，但是义和团早已丧失了“刀山火海爷敢钻”的气魄，被敌军一碰就纷纷溃散。李秉衡在最后关头吞金自杀，壮烈殉国。15万人未能阻挡几万联军的进攻，这实在是让人难以启齿。

---

① 聂士成阵亡后，清廷在刚毅、载漪的操纵下，竟下诏称聂士成“误国丧身，实堪痛恨，姑念前功，准予恤典”。直到1902年，在袁世凯的努力下，清廷才追赠聂士成太子少保，照提督阵亡例赐恤，加恩予谥，谥号忠节，并在天津、合肥建立专祠。

尽管慈禧太后抗敌无力，却灭口有方。7月28日，许景澄与袁昶被以“勾结洋人，莠言乱政，语多离间”等罪名被处死。8月11日，徐用仪与立山、联元一同于菜市口被斩首。这5人时称“庚子被祸五大臣”，又称“庚子五忠”。当然，除了杀害五大臣，慈禧还将光绪的最爱珍妃推下井溺亡。其心肠之歹毒，可见一斑。

罪魁祸首一路向西逃窜，倒霉的老百姓却要继续为她付出血的代价。匆匆赶到北京的德军将领瓦德西，作为八国联军的统帅，遵照德国皇帝威廉二世“让中国人在一千年后还不敢窥视德国人”的指示，率领联军在北京、保定、张家口及附近地区杀人放火，奸淫抢掠，无恶不作。

他们声称此举是为了扫清义和团，却没有订立一个明确确认拳民的标准，也就是说，你是不是拳民不重要，重要的是联军是否认为你是拳民。联军对此心知肚明，他们揣着明白装糊涂，以此来滥杀无辜，荼毒生灵。根据美国救援队司令查令的说法，联军每杀死一个真正的拳民，就会有15个无辜的苦力，包括一些妇女和儿童在内跟着遭殃。除了刺刀见红，杀人无算，联军还在北京大肆劫掠文物，包括当时仅剩800多本的《永乐大典》。

与此同时，俄军以义和团破坏东清铁路为借口，在中国东北地区的海兰泡和江东六十四屯，对中国人展开大屠杀，共有7000多名同胞惨遭杀害。一位俄军士兵记载道：“杀人的一方，完全灭绝人性，他们不是魔鬼，便是畜生。在人世间竟能看到如此惨景，简直就是一场噩梦。如果被杀的人都是些还有挣扎能力的男子的话，也许不会如此凄惨，但是当看到一些紧搂婴儿、企图逃脱的母亲被纷纷刺倒，从怀中滚落的婴儿被碾得粉碎时，只有那些完全没有人性的野兽才能禁得住。”

这是一场前所未有的国难，一个国人难以忘怀的国耻，一个令人无法直视的民族悲剧。

2. 救灾无能：清政府严重失职

慈禧太后在逃亡路上，发布上谕，称“此案初起，义和团实为肇祸之由，今欲拔本塞源，非痛加铲除不可”，命令清军协助联军一起诛杀义和团，并委派庆亲王奕劻及李鸿章为全权特使，与各国和谈。

她将引起战争的锅都甩到义和团身上，如此推卸责任，实在是无耻之尤。

她明明是利用义和团来发泄自己对洋人的怨恨，以阻止洋人干涉她废掉光绪、另立皇帝的计划。她明明知道义和团是肉身凡胎，根本不可能刀枪不入，却将他们推到洋人的枪林弹雨之前，让他们血肉横飞，尸骨无存，魂飞魄散。中国春秋末期的著名政治家晏子就曾说过：“道在为人，而失之为己。为人者重，自为者轻。”就是说治国之道在于为别人打算，如果在于为自己打算，那就是失策，就要众叛亲离。慈禧要另立一个小皇帝，不就是为了让自己继续掌控朝政？为了满足个人的权力欲望，她挟义和团以自重，掀起腥风血雨，惹怒各国列强，引来八国联军，造成生灵涂炭，罪孽深重。到了最后，她居然还能大言不惭地说义和团才是肇祸之由，把自己摘得干干净净。

当然，笔者也不赞同袁世凯、李鸿章等人提出的镇压义和团的主张，因为这是治标不治本。义和团为什么会兴起？一是华北大旱，颗粒无收；二是民、教纷争，积怨已久。当华北大旱之时，清政府没有尽到一个政府应该尽到的责任。大清建立以来，本来是建立了一些比较完备的备荒救灾措施，包括常平仓、社仓、义仓等。但是晚清吏治腐败，地方官为了逃避责任、粉饰太平，以及担心手续烦琐，延误时期受到处罚，便常常在灾害发生后，匿灾不报。为了掩盖灾情，地方官又必须照常催征，这样才不会露出马脚。例如“丁戌奇荒”之时，山西等地已连续两年大旱，但“在上者惟知以催科为考成，在下者惟知以比粮为报最，故虽连年旱灾，尽行匿而不报，田虽颗粒无出而田粮仍须照例完纳”[①]。灾民不但得不到政府的救助，还要继续给政府交税纳粮。

另外，仓储制度也在政治腐败的环境下，千疮百孔，名存实亡，“或谷空而仓存，或仓圮而地在”。还以“丁戌奇荒”为例，河南巡抚请借外省粮食，户部质问，按照定额，你们河南当地应有95万石仓粮，为何舍近求远？这其中缘由，不言自明。灾后，朝廷曾计划整饬仓储，可效果堪忧。仅以山西来说，当初山西巡抚曾国荃曾下了很大决心，但是根据后任张之洞奏报，各地仓谷虽经买补，“通计买至七

① 《申报》影印本第11册，上海书店，1985年，1877年11月23日。

成，分散畸零，仅备一区，无裨全局”[1]。

朝廷也不是不想在赈灾上有所作为，可大清帝国的整个官僚阶层已经彻底腐烂，任何纠正措施踩上去就像是走进了沼泽地，会被吞噬。例如 1882 年安徽发生洪灾，直隶候补道周金章领取朝廷赈银 17 万两赴皖南办赈，到了灾区，他却仅拿出 2 万两充赈，余下的 15 万两则“发商生息”，完全无视灾民们的死活。再如华北大旱之前的黄河决口，山东境内 30 多个州县被水淹没，地方官迟迟不救灾，等到朝廷派人查赈，才草草发放。放赈中，“所派委员与首事人等勾通，从中分肥。十户之中领者一二，逼令全村具领赈甘结”，致使“饿毙者不计其数……嗷鸿遍野”[2]。

吏治的极端腐败，导致华北大旱之时，上百万灾民生计断绝，饥肠辘辘，而得不到地方政府的援手。在这种朝不保夕的状态中，老百姓只好结成或参与义和团这样的组织来自救，并且通过组织的秘密宗教和巫术来找寻心理慰藉，安抚内心的不安与焦躁。但凡家里有吃有喝的，谁愿意天天没事去村头舞刀弄枪、装神弄鬼呢？

清政府高层的人，无论是主张利用的还是主张镇压的，都没有想到要着手解决义和团拳民们的真正诉求——吃饱饭，他们都只站在自己的立场上抢夺权益，从未考虑过老百姓的死活。在这一点上，他

① 席裕福、沈师徐辑：《近代中国史料丛刊续编·皇朝政典类纂》，（中国台湾）文海出版社，1973 年，卷四十三，户政十五，仓储。

② 《军机处录副档》，光绪二十四年十二月二十二日陈秉和，转引自康沛竹：《晚清灾荒频发的政治原因》，《社会科学战线》1999 年第 3 期。

们远远没有外国人看得清楚。山西汾州的美部会传教士贾待理夫人写道："如果现在大雨倾盆该多好啊！下了雨就可以种庄稼，饥肠辘辘、无事可做的人们就有农活可干，只有秋天喜获丰收的前景能使我们在这里的险恶处境得到改善。"① 美国驻华公使康格写到华北大旱："许多中国人无事可做，陷入了饥饿、不满和绝望状态，他们……愿意加入任何组织……现在终于开始下雨了，如果大雨持续不断，我认为我们就再也听不到'义和团'了。"② 英国驻华公使窦纳乐表示："只要下几天大雨，结束持续已久的大旱（这是农村地区发生骚乱的重要原因），就能恢复平静。雨水比中国政府或外国政府采取的任何措施都管用。"③

事实也的确如此。1900 年 4 月初，直隶和山东交界处下了一场大雨后，很多拳民们都回归到自己农民的身份，回地里种田去了，当地社会立即风平浪静。清政府与各国开战后，天津的义和团拳民们逃离战场后都说老天下雨了，大家可以回家种地了，"似此吃苦何益？"

3. 司法落伍：清政府改革乏力

再来说民、教纷争，这是导致义和团排外的原因。而民、教纷争

---

① ［美］柯文：《历史三调：作为事件、经历和神话的义和团》，杜继东译，社会科学文献出版社，2015 年，第 89 页。

② 同上，第 91 页。

③ 同上，第 92 页。

的一个重要缘由，就是前文提到过的治外法权，不过前文只说到了它的危害，这里再深入探讨一下。

孔子说过，名不正则言不顺，言不顺则事不成。很多人常把治外法权同领事裁判权混淆起来，傻傻分不清楚。领事裁判权是一国通过驻外领事等对处于另一国领土内的本国国民根据其本国法律行使司法管辖权的制度，它是帝国主义国家采取威迫或强制的手段，剥夺弱国的司法主权，而使其国民免于接受居留国的司法管辖的做法。而治外法权通常是指某些外国人，由于国际法的原则，或者经由当事国之间有条约或协定的安排，得以免除驻在国的司法管辖，使其个人及家人不受当地的民事及刑事诉讼，不会遭受逮捕，其住所及财产不受侵犯，并且免征税款。这些外国人，限于来访的外国元首、正式外交官员等。可以说，治外法权是一种平等互惠的做法。严格来说，领事裁判权可以包容在治外法权的范围之内，也是治外法权，但这是最没有道理和最没有限制的一种。

不过，列强从清政府取得领事裁判权，倒不是威胁勒索而来，而是清政府主动送上的。在中英《南京条约》签字后的第三天，负责“抚夷”事务的钦差大臣耆英等人便向英国公使发出照会，主动要求以后英国人在华犯罪，将由英国领事自行处治。在鸦片战争前，发生在中国的一系列中西司法冲突事件，给了列强诸多侵华的借口。因此，在鸦片战争结束，五口开始通商之时，耆英考虑到外国人即将大批涌入，肯定会产生更多的中西司法冲突事件，为了不给洋人找到侵略的借口，便提出让洋人自己管自己的主张。中国法制史学者安国胜在其著作《外国在华领事裁判权史稿》中便说："在地方官根本就没有能力对这些桀骜不驯的夷人实施管理的情况下，请他们自己的官员出面便成为唯一的选项。其实这种思路一直以来都是清政府处理涉外刑事案件的基调，中国官员很自然而且根深蒂固地认为'夷目会和他们一样有权而且能够有效地管束自己的国民'。"[①]

耆英的主张让英国人大喜过望，早在1840年2月，英国政府就拟订了准备在打败中国后要签订《对华条约草案》，意欲迫使中国割让香港。如果中国坚持不割让，则代之以索取包括领事裁判权在内的多项特权。但是没想到，中国不但同意割让香港，还主动奉上领事裁判权。紧随英国之后，美国、法国、俄国、德国、日本等15个国家也在中国取得了领事裁判权。

不只是耆英糊涂，其实清政府一直未能认识到领事裁判权的危害。最明显的例子就是，1871年《中日修好条规》确认了双向对等的领事裁判权。要知道那时候日本还只是个被中国瞧不上的小角色，根本谈不上日本强迫清政府给予领事裁判权。

领事裁判权有一定的历史合理性，当时中国的司法制度还停留在中古时代，刑罚中还有凌迟、腰斩等酷刑，让在中国的外国人难以接受。例如，中国没有故意杀人和误杀的区别，只有"以命抵命"的原则。1784年，英国"许士夫人号"的船员在放礼炮时，意外将一名中

---

① 安国胜：《外国在华领事裁判权史稿》，中国政法大学出版社，2014年，第199页。

国人打死，这名船员则被处以绞刑。其实，这种落伍于世界潮流的司法制度，不仅存在于中国，也存在于日本等国家。

1862年9月14日，萨摩藩藩主岛津久光及其侍从700多人由江户城出发返回京都，路上经过生麦村（现横滨市鹤见区），遇到了4个骑马的英国人。按照日本的封建秩序，平民如遇到大名的仪仗队，须下跪及退让，不然武士可以将其斩杀。但是，英国人不愿意退让，于是遭到武士的拔刀攻击。事件发生后，为了息事宁人，幕府向英国支付了10万英镑的赔偿，并要求萨摩藩交出凶犯，但是萨摩藩不从。随后，萨摩藩与英军开战，被英军揍得鼻青脸肿。此后，日本给予了列强领事裁判权，也是为了不再给列强侵略的借口。

问题在于，当日本开始积极推进司法制度的改革，力图向西方司法制度靠拢之时，清政府的司法制度却一直没有什么改变，有时清政府甚至连自己的司法制度都能够肆意违背，最典型的案例就是慈禧不审而诛戊戌六君子。尽管清政府一些有识之士提出了废除外国在华领事裁判权的要求，但是列强借口中国法律过于野蛮，除非中国进行法律改革才能废除而将这些要求驳回。

面对这种说辞，清政府哑口无言，我们且来看看郑观应对中国狱制的评价："土室棘垣，暗无天日；赭衣黑裳，惨受禁挛。禁卒既毒甚虎狼，秽气又蒸为疠疫。盖斩绞以下轻犯本无死法，而又系庾毙者往往有之，其冤惨可胜言哉？"①

① 夏东元编：《郑观应集》，上海人民出版社，1982年，第505页。

再看看英国的狱制。1870年，王韬参观了英国的贝德福监狱，称赞不已："居舍既洁净，食物亦精美，狱囚按时操作，无有懈容，七日一次，有牧师来宣讲，悉心化导之，狱囚住此中，真福地哉！"[①] 试问，两相对比，清政府有何话讲？

当日本积极变被动为主动，紧跟世界潮流之时，清政府却一直保持被动的状态，毫无改变的意愿。1899年，日本收回了各国在日的领事裁判权，中国却因为领事裁判权的问题，使得地方官府因为民、教问题焦头烂额，平民百姓因为民、教问题叫苦不迭。日复一日的民、教冲突，终于导致老百姓要加入义和团来排外了。

归根结底，清政府在司法改革上的停滞不前、毫无作为，才是导致义和团极端排外的深层原因。因此，慈禧将此次国难归罪于义和团，就是在推卸自己统治近半个世纪的失败和无能。时至今日，我们也不必一味嘲笑义和团愚昧狭隘、盲目排外，这种带有优越感的视角无益于反思历史。相反，如果中国的老百姓在面对国家与民族的存亡危机之时，没有一丝反应才是不正常的现象。这种反应有些过头和失控，也是难以避免的，不能一概驳斥。

---

① 王韬：《漫游随录·扶桑游记》，湖南人民出版社，1982年，第163页。

第四节　清末新政：一场虚有其表的骗局

1. 孟津观兵的历史启示

公元前 1046 年，周武王率领大军自镐京出发东进，来到黄河南岸的渡口盟津（孟津古称），邻近部落方国纷纷前来参加会盟，史称“八百诸侯”。周武王在现场动员大会上发表重要讲话，说自己是奉承上天的旨意，来消灭残暴无道的殷商，拯救万民于水火，希望大家都点赞支持。

动员大会结束之后，周武王宣布大型军事演习正式开始，所有将士都登上船只，向黄河对岸进发。演习中，有一条白鲤鱼跳到武王的船上，武王当场挥剑将鱼斩为两段。商人崇尚白色，武王此举表示讨伐商纣的决心。

诸侯们也都认为这是吉兆，武王却下令：“汝未知天命，未可也。”然后宣布撤兵，回老家去了。

“孟津观兵”的典故出自司马迁的《史记》，不过后世有很多学者质疑其真实性。笔者倾向于相信太史公，认为周武王的这次军事演习，是对商纣王的一次警示，你不要以为天下就没人能治得了你，你就一直胡作非为。按理说，周武王这次会盟，完全可以一鼓作气，打败商纣。但是，周武王选择撤兵，就是想逼迫纣王改邪归正，毕竟自己以下犯上，也不是什么光彩的事情。

可是，纣王听说这件事之后，表现非常的淡定，并到宗庙里说了一通“天命在我”之类的豪言壮语。此后，他依然我行我素，坏事做绝。两年后，周武王再次出兵伐商，不过这一次是来真的了。牧野一战，纣王临时拼凑起来的军队全军覆没。周武王攻陷朝歌，纣王蹈火自焚，商朝宣告灭亡。

周武王给了商纣两年的时间来改革政治，重归正道，但是对方不理不睬。这说明靠殷商体制内的自我修正已经毫无希望，只能依靠外力将其摧毁，重建一个崭新的王朝。在这两年间，包括周人在内的天下人，做到了仁至义尽、忍耐至极，直到忍无可忍、无可再忍。

笔者之所以要说这么一段上古历史，就是为了来说明晚清灭亡的必然性。自鸦片战争以来，中国人为了维持一个大一统的局面，不惜委曲求全，期盼清政府能够悬崖勒马，浪子回头。为此，曾国藩、左宗棠、李鸿章等汉人官僚，不惜骨肉相残，帮助清政府扑灭同样是由汉人领导的太平天国运动，保住了大清摇摇欲坠的江山；第二次鸦片战争后，这些崛起的汉人官僚，又苦心经营，开展洋务运动，帮助清政府建立起一系列现代化的工业和军队；甲午战争之后，康有为、梁启超等汉人民间知识分子，又栖栖遑遑，四处奔走，帮助清政府开展政治体制改革，挽救亡国灭种的空前危机。然而，慈禧太后作为大清帝国的实际统治者，为了一己私欲，贸然打断改革，残暴对待维新志士，全面开启历史的倒车。

更让人难以置信的是，慈禧太后和大阿哥党居然在阻断维新变法之后，又亲自导演了一场史无前例的闹剧，最终引来八国联军侵华，一度将中华民族推向万劫不复的深渊。庚子国难，清政府被迫与列强们签订丧权辱国的《辛丑条约》，中国要支付给列强赔偿金 4.5 亿两白银，年息 4 厘，本息将近 10 亿两白银，分 39 年还清。中国的关税盐税都由列强控制，作为偿付赔款之用。本来中国人民因为清政府要偿还甲午战争的巨额赔款，就已经被榨干殆尽，现在又要被套上一副更沉重的枷锁，使得中国人民的生活更加困苦。

政治上，各国在北京设东交民巷使馆区，使馆区及北京至大沽和山海关的铁路由外国军队驻守，大沽炮台完全拆毁。这些条款完全剥夺了中国的自卫能力——虽然清政府本来也没有什么自卫能力。

还有第十款规定，中国许多地区暂停科举考试 5 年，作为对士绅阶层的惩罚。士绅阶层其实根本没怎么参与义和团运动，列强此举可能是要中断清政府的人才来源，打乱清政府的官僚系统，以便更容易控制清政府的内政外交。

如此奇耻大辱，几乎与亡国无异。八旗才子宝竹坡痛哭流涕："兵车顷刻变衣裳，天下纷纭赖一匡。战本危机端已启，和原美事患难防。已无余地军仍退，胜有虚名国未亡。回首周京四千载，几同白雉贡炎方。"签订条约的李鸿章更是在两个月后，吐血而亡。

慈禧知道自己闯下了弥天大祸，开始借变法的名义，试图挽回九死一生的局面。1901 年 1 月 29 日，慈禧在西安行辕向北京内阁发布一纸变法诏书，宣布要“取外国之长，去中国之短”，实行新政。在这份诏书里，慈禧还不忘发泄对康有为的刻骨仇恨：“康逆之祸，殆更胜于红拳，迄今海外逋逃，尚有以‘富有’‘贵为’等票诱人谋逆，更藉‘保皇’‘保种’之奸言为离间两宫之计。殊不知康逆之谈新法，乃乱法也，非变法也。”局势都败坏到这般田地，她还要公开辱骂康有为，没有一丝悔改之意。她完全没有意识到，在维新变法之前，孙中山就已经开始在海外组建革命党了。而康有为还对大清朝抱有一丝幻想，还在想着拯救大清的江山。

这份变法诏书的诚意究竟几何，正常人都能掂量出来。可是，就算慈禧太后真的有心要重整旧山河，请问中国人凭什么还要给你时间呢？周武王只给了商纣王两年的时间，当时的中国人却给了清王朝半个世纪的时间。戊戌变法的失败，说明在清政府的体制内无法救国救民，这个体制确实积重难返，无可救药。庚子国难，更证明了这个死亡诊断书的无比正确。

此时，无论慈禧有没有变法的诚意、决心和力量，中国人民都已经没有任何理由再给她这个机会了。

2. 毫无诚意的新政

诚然，清末新政在内容和范围上，确实牵涉面很广，已经远远超过了戊戌变法。而且，新政也确实取得了一些成就，尤其是在教育领域，大学堂、中学堂、小学堂大量出现，培养了成千上万的新一代知识分子。在经济领域，慈禧的新政策的确有力促进了中国社会由单一的农业经济向多元经济发展。

笔者在此不一一罗列各项新政政策的项目，以及实施之后的效果。其实，当时新政到底能不能被信任，完全取决于它的核心项目——预备立宪。所谓立宪，用现在的话说，就是要把所有的权力都关进笼子里。立宪之后，自然就会有法治，有了法治，就会有程序正义。例如，戊戌六君子遇难，就是一个典型的不按程序出牌的结果。慈禧下旨给戊戌六君子定罪，说明起诉权不在刑部手上，而在她这个实际统治者手上；不审而诛六君子，说明最终裁定权也在她这个实际统治者手上，而不在刑部手上。她这个实际统治者可以为所欲为地杀六君子，那自然也可以为所欲为地去鼓动拳民杀洋人和教民，也可以为所欲为地在英国抓捕孙中山。

人无完人，最高统治者为所欲为的结果，就是决策失误的概率会大大提高，从而给国家带来难以想象的祸患，庚子国难就是血的教训。因此，立宪是根本。如果立了，说明清政府确实是真心实意地在推行变法；如果不立，说明清政府就是在借新政来欺骗全国的人民群众。

虽然前文说过，中国人民已经没有必要再给清政府洗心革面的机会，但是由于孙中山领导的革命运动在起义的地点选择上有战略错误，因此清政府又苟延残喘了 10 年。不过，清政府并没有真的珍惜这最后的时间，反而对承诺的立宪一拖再拖。1908 年，清廷才颁布《九年筹备清单》和《钦定宪法大纲》，计划用9年时间完成正式立宪的准备工作。请注意，9年的漫长时间，还只是做“准备工作”，天知道“准备工作”做完之后，还需要多长时间来实施呢？

20世纪90年代以来，有一部分学者对清末立宪持肯定的态度，认为这不是一个骗局，而是一个具备了以宪法和法律限制君权的君主立宪制度为最基本特征的举措，初步体现了资本主义国家宪法的主权在民原则、基本人权原则、法治原则、三权分立原则和保护私有财产的原则，是立法权属于议会和君主的二元制君主立宪的宪法大纲。这一切肯定的前提，都建立在“实事求是地分析九年预备期的内容及实施方案”上。

问题是，我们不能因为创业者的商业计划书做得好，演示PPT做得很酷炫，就认定这个项目将来能在纳斯达克上市。从清政府事后的一系列所作所为来看，我们实在看不到它真的想将宪法大纲落实的诚意。

首先，清政府放出这个预备立宪方案的同年底，光绪皇帝和慈禧一前一后去世了，由年仅两岁的溥仪继位，并由溥仪的父亲、光绪的弟弟载沣监国。载沣一上台，就说袁世凯有足疾，把他赶回老家河南养病。有人说，载沣是为了给光绪皇帝报仇，如果不是你袁世凯告密，光绪皇帝能被囚禁？且不说袁世凯告密是不是导致光绪皇帝被囚禁的原因，就算是，君子报仇十年不晚，载沣真的有必要着急忙慌地报复袁世凯？其实，载沣无非是觊觎袁世凯手中的权力，袁世凯作为汉族官僚，确实威胁到了八旗贵族集团的特权。

袁世凯固然不是什么正面人物，可袁世凯的离去，反而削弱了清政府稳定局势的执政能力，加剧了清政府高层的分崩离析。罢黜袁世凯，也说明载沣的主要心思都放在权斗上，根本就没有认真对待预备立宪这件事。

其次，立宪派曾在1910年发动三次国会大请愿活动，要求清政府迅速召开国会，成立责任内阁，都被清政府以“预备既未完全，国民智识程度又未画一”等理由予以拒绝。后来，清政府实在不胜其烦，就宣布1913年召开国会。请愿的各省代表们当然不满意这种敷衍，准备继续请愿，结果被清政府强制遣散，押解回籍。

清政府不知道，这几次请愿都是立宪派对清政府预备立宪诚意的试探。从此之后，立宪派将不再听信清政府的花言巧语。立宪派代表人物张謇的儿子张孝若回忆说：“即此平和中正渐变的改进，总算替他们（清廷）设身处地计策万全，也都没有见诸实行，完全成了纸上空谈的泡影。我父个人，固然是异常的失望，而大清的运命，也就和秋后的残叶一般，渐渐地离开本枝了。”①

最后，清政府在1911年成立责任内阁，13名内阁成员中满族占9人，而且都身居要职，汉人只有4人，都在清水衙门。这是一个极其愚蠢的安排，当时革命党一直在广为宣传排满兴汉的民族革命纲领，清政府不但不予以反驳，反而用这种内阁来刺激汉人的不满情绪，等于是为革命党的事业摇旗呐喊。这9名满族成员中，有7人出

① 中国史学会编：《中国近代史资料丛刊·辛亥革命》第4册，上海人民出版社，1957年，第156页。

自皇族，这个内阁又被称为“皇族内阁”。各省咨议局及立宪派纷纷反对：“皇族组织内阁不合君主立宪公例，失臣民立宪之希望。”资政院总裁世续上奏抗议：“皇族内阁与立宪政体有不能相容之性质。”

以上种种，说明清政府并没有真的建立君主立宪制的诚意，载沣一伙纯粹是在忽悠。美国总统林肯曾经说过一句名言：“你可以欺骗所有人于一时，也可以欺骗少数人于永久，但你不能欺骗多数人于永久。”当清政府的谎言被揭穿，连立宪派都站在了他们的对立面，开始支持革命党人。1911 年，梁启超在《中国前途之希望与国民责任》中说：“徒以现今之恶政府为之梗，我国民不并力以图推翻此恶政府而改造一良政府，则无论建何政策立何法制，徒以益其敝而自取荼毒。诚能并力以推翻此恶政府而改造一良政府，则一切迎刃而解，有不劳吾民之枝枝节节以用其力者矣。”①

就连载沣自己，也意识到情况不妙。1911 年，他在请辞监国摄政王之位时坦言：“自摄政以来，于今三载，用人行政，多拂舆情，立宪徒托空言，弊蠹因而丛积。”连摄政王都这么说了，如果还有人相信预备立宪的话术，那只能说明此人无可救药。

虽然清末新政没什么值得称道的地方，但有一个政策倒是值得拿出来单独说说，那就是 1905 年 9 月 2 日清廷下诏立停科举，废除了从隋代起绵延了 1300 年的科举取士制度。严复曾称科举废除是“数千年中莫大之举动”，其重要性不亚于春秋战国时期废除封建制和井田

① 梁启超：《饮冰室合集》第 3 册，中华书局，1989 年，第 29 页。

制。不过，这个“举动”没有给清政府带来什么好处，反而促成了它的毁灭。

第五节　废除科举：一步最惊险的棋

1. 读书人“失业”了

清政府废除了科举制，却没有给读书人提供其他的进身渠道。你让那些指望“朝为田舍郎，暮登天子堂”的读书人怎么办？毕竟他们为科举耗费了整个青春，就想着能够通过科举实现人生的逆袭，结果你一下断绝了他们的逆袭之路，又不给他们开辟其他可走的路，由此带来的副作用不是一句“凉拌”就能一笔带过的。

我们就以山西省的一个读书人刘大鹏来作例子吧。①

刘大鹏是个大龄考生，1905 年时他已经 48 岁。当他听说朝廷废除了科举考试的消息之后，第一反应是心若死灰，“看得眼前一切，均属空虚，无一可以垂之永久，所积之德庶可与天地相始终。但德不易积，非有实在功夫则不能也”。

---

① 案例材料来自刘大鹏《退想斋日记》，山西人民出版社，1990 年。

其实，他本来对于金榜题名，谋得一官半职就不抱什么太大的希望。只是大清朝有很多百岁老人仍然在坚持考试的经典案例，考中的得到一官半职，没考中的也能得到朝廷的奖励。因此，科举考试对于千千万万读书人的意义，与其说是一种进身的渠道，不如说是一种人生理想和精神寄托。

一旦科举被废除，就等于直接抽掉了传统读书人的精神底盘，他们的人生从此失去了奋斗的方向，“拔剑四顾心茫然”。

除了精神上的幻灭感，还有物质上的窘迫感。科举考试的废除，本来就是为了给兴办新式学堂让路。1905 年 9 月 2 日，直隶总督袁世凯、盛京将军赵尔巽、湖广总督张之洞、两江总督周馥、两广总督岑春煊与湖南巡抚端方联名上奏，要求朝廷立即废除科举，其主要理由就是为了断绝人们的侥幸观望之心，逼他们去新式学堂学习。新式学堂所教内容必然是新学知识，这就导致绝大多数的传统读书人无法在新式学堂谋得教师的职位。

以刘大鹏为例，他之前一直在传统的蒙馆和书院教书，所教内容也都是“四书五经”，赚的钱虽并不多，好歹可以养家糊口。这下好了，新式学堂取代了蒙馆和书院，教学内容要么是三角函数，要么是力学定理，这完全是刘大鹏们未知的领域。如果刘大鹏是个年轻的书生，说不定还能从头开始学新学知识，获得去新式学堂教学的资格，可刘大鹏已经 48 岁了。

没错，像刘大鹏这样家境困窘的边缘士绅们失业了。他在日记中写道：“吾辈生路已绝，欲图他业以谋生，则又无业可托，将如之何？”“科考一停，同人之失馆纷如，谋生无路，奈之何哉？”“顷闻同人失馆者多，家有恒产尚不至于冻馁，若籍舌耕度岁者，处此变法之时，其将何以谋生乎？”

与大家所想象的不同，科举废除后的几年，由于民间尤其是乡间对于新政的认识很有限，对传统的教育模式依然坚守，所以新式学堂并没有立即占上风。1911 年即有人注意到：“昔之学生，大抵出私塾而入学堂；今之学生，乃有出学堂而入私塾者。”可谁都清楚，随着风气日开，这种局面顶多是回光返照，新式学堂最终将全面取代私塾、书院。

科举制刚被废除之时，很多传统读书人感到整个世界都变黑了。刘大鹏得知自己的一位塾师朋友处于“仰屋而叹无米为炊”的窘境后，心里的怒火再一次爆发出来：“嗟乎！士为四民之首，坐失其业，谋生无术，生当此时，将如之何？”

2. “车到山前必有路”

其实，清政府也并非没有考虑到刘大鹏们的出路问题。因为一旦数十万读书人失去了这条改变命运的阶梯，鲤鱼无龙门可跃，那么他们很可能会成为这个社会的不安定因素。

在商议废除科举之前，据说慈禧太后曾经召见张之洞，对话如下——

皇太后又云：若废科举又恐失士子之心，将如之何？

香帅奏云：科举之废，所不便者，但三四十岁之老生员耳。其年力富强者，皆可以入学堂。旦学堂大开，此三四十岁之老生员多可为小学堂之教习，又为之宽筹出路，并非科举一停，即无事可做。况臣之请停科举者，亦非当下即行罢废，其所以必待三科减尽者，亦正为此。盖此三科中若再不能中试，已皆五六十岁矣，亦必不愿再入场矣。故失士心一层亦万不足虑。

慈禧太后被张之洞说服了，“遂面谕香帅即与政务处妥议具奏”[①]。

张之洞的意思是，那些一把年纪且三科都考不过的人，就不要再管他们了，让他们自生自灭吧。也就是说，从一开始，刘大鹏们的命运便已经注定，那就是被清政府彻底放弃。

尽管科举废除后第二年，清政府就颁布《举贡生员出路章程》六条，“酌加优拔贡额”，拔贡照原定额增加一倍，优贡照原定额增加四倍，岁贡照原定额增加数倍，对举贡生员的考试与任职给予种种优惠，帮助那些年龄较大的贡员、举人和生员获得体制内的工作，但是奈何僧多粥少，职位有限。“优拔两途，定额无多”，指望朝廷给口

---

① 《科举难废》，《万国公报》1903年7月，第24页，转引自丁证霖：《科举何以难废？——记西太后与张之洞的一次对话》，《华东师范大学学报》（教育科学版）1986年第1期，第28页（资料）。

饭吃，绝大多数人那还不得等到“世界末日”？

所以，不能守株待兔，必须主动出击。

清政府在废除科举制度的同一年，还下令成立地方议政机构咨议局，刘大鹏因为在当地有些名望，出任过山西省咨议局议员。中华民国成立后，他又担任过县议会的议长、县教育会副会长、县清查财政公所经理和公款局经理等职务。这些职位虽都是清汤寡水的工作，但刘大鹏总算找到了实现自己人生价值的新方向。

也有一些像刘大鹏这样年龄较大的读书人，通过积极转变观念，刻苦学习新学知识，成为新式学堂的教员，找到了自己新的奋斗目标。杨懋春的回忆可以作为佐证，当时很多地方的县政府在其辖境内开办公立模范小学，“教员的资格多数是由省立师范学校毕业，年龄在廿五到卅五岁之间。也有不少是清末科举制度下的秀才，后在县立或省立师范讲习所进修两年者。这类教员的年龄多在五十岁左右”[①]。

科举制的废除对传统读书人来说并非就是天塌地陷，那些年龄较大的读书人只要能够积极地调整心态，努力学习新学知识，完全有机会找到新的舞台，继续发光发热。如果一味地怨天尤人，不愿意接受现状，不诚心接受新学知识，不放下士绅老爷的架子，那只能成为被时代车轮碾压的牺牲品，而他们的哀号与呻吟，将被淹没在时代的喧嚣中，无人问津。

---

① 杨懋春：《中国乡村社会》，（中国台湾）巨流出版公司，1980 年，第 89—90 页。

3．年轻人的新选择

跟刘大鹏这样年纪较大的读书人比起来，科举的废除对于年轻人的影响似乎更轻微。

科举是在1905年废除的，实际上它早在太平天国运动时期就被判处死刑了，只不过缓期执行了半个多世纪而已。鸦片战争之后，清政府穷得叮当响，为了筹措镇压太平天国运动的军费，只得大开捐纳之门，吸引有钱人为政府输送军饷，换取未来出任官员的机会。由于官职数量有限，使得科举的出路越来越窄。根据张仲礼先生的研究，清朝官吏及有虚衔者中，太平天国运动爆发前上层绅士约有一半为“正途”（贡生和举人）出身，但在太平天国运动爆发后仅有1/3为“正途”绅士，其余主要是“异途”（捐纳）而成绅士者，以及一些由举荐和军功入仕者。“异途”绅士的比例上升，并有力地渗透到上层绅士集团中去。这使得“正途”绅士，也越来越鄙夷科举制度了。

另外，清政府开展洋务运动，各地创办了许多新式近代学堂，开始蚕食传统书院、私塾的教育垄断地位。

于是，越来越多的年轻人不再死啃“四书五经”，坚持一条道走到黑。例如鲁迅和他弟弟周作人，他们通过了会稽县的县试和绍兴府的府试，如果再通过院试，就是正儿八经的秀才了。鲁迅放弃科举之路，转而选择了南京的矿路学堂，毕业后又去日本留学。周作人则接着考了几年，好像也没考到功名，也去了日本留学。

同样的还有袁世凯，他在两次乡试不中之后，立即决定放弃科举之路，投奔了当时驻防登州的淮军将领、自己养父的结拜兄弟吴长庆。后来，通过在军队中积累资历，袁世凯一样完成了人生的逆袭。

清末新政之后，中国社会上的各类新职业蓬勃发展，比起难如登天的科举，很多年轻的读书人转而选择成为商人、企业家、医生、教师、编辑、记者等。为此，他们纷纷涌进新式学堂。据统计，从1905到1909年，全国已有农业、商业、理工等专业学校16所，学生1881人；实业学校254所，学生16649人。至1909年，全国共有2651名工商类毕业生，多数对口供职。民国初年，各级各类专业专科学校达30多所，每年在校学生约6000人；实业学校500多所，每年在校学生约30000人。①

以上所说仅是进入新式学堂的年轻人，还没有包括那些成千上万去外国留学的学生。蒋介石就是在科举废除的第二年，毅然决定不再读圣贤之书，而是去日本留学。没有公费，那就自费，反正削尖了脑袋也要去。那一年，也是中国赴日留学人数最多的一年，估计人数为6000到20000人。

这里要提一句，清政府废除科举，改革教育制度的目的并不单纯。1904年清政府颁布的《奏定学堂章程》中声明，新制度的目的是要培养“尊崇孔教、爱戴大清国”的人。1906年，新的学部规定

---

①　数据参见王先明：《近代新学与社会文明转型的几点思考》，《天津社会科学》2001年第6期。

新的教育宗旨为类五条，第一类是“忠君”“尊孔”；第二类是“尚公”“尚武”和“尚实”。而在学堂的礼堂和课室中都贴有雍正皇帝的《圣谕广训》，学生们必须在每月初一齐声朗诵，以此来培养“忠君”这项最高的美德。科举制的废除，本身就是以皇权为核心的中国传统制度系统和价值系统整体危机的一种体现，无论朝廷怎么要求学生忠君、尊孔，都是痴心妄想。没有了科举制或类似科举的制度，就意味着传统大一统的政治基础事实上已经土崩瓦解。

清政府更是万万没有想到，这些留日的学生会在日后成为推翻自己统治的主力军。科举废除后，国内的新知识阶层确实有过一些反满运动，但都被强力镇压下去了，唯有留日学生，由于天高皇帝远，越来越“无法无天”，最终给朝廷带来了灭顶之灾。

第六章

王朝覆灭

第一节　革命万事俱备，只欠东风

1．光绪之死：谁才是幕后真凶

1908年11月14日，大清国皇帝光绪死了，时年38岁；15日，慈禧太后也死了，时年73岁，两人的死亡时间间隔还不到22个小时。这其中的蹊跷诡异，不亚于北宋王朝的“烛光斧影”。

100年后的2008年，中央电视台清史纪录片摄制组、清西陵文物管理处、中国原子能科学院反应堆工程研讨设计所、北京市公安局法医查验鉴定中心4个单位通力合作，通过对光绪头发、遗骨、衣服的化验，最终得出了光绪死因：砒霜中毒。因为光绪头发砷含量是如今正常健康人的2000多倍。

问题是，谁是下毒的凶手？

光绪是皇帝，一般人根本近不了身，有作案条件的只有隆裕皇后和瑾妃这两个跟光绪经常在一起的女人，以及慈禧这个有权力给皇帝送东西吃的太后。至于其他人，例如溥仪一直认定是袁世凯给皇帝进贡的药中有毒，这是根本不可能的。因为清朝皇宫有规定，谁送的药，谁必须亲自试药，这是一个流程问题。除非袁世凯在进药毒杀光绪之前先服用了解药，就像武侠小说里那样——但是，哪有能解砒霜中毒的药？

瑾妃也可以排除，她在光绪死前数日被隆裕皇后赶走。最后，也正是隆裕向慈禧报告了光绪死去的消息。但是，以隆裕的性格来说，她怎么敢在无法判定太后第二天必死的情况下就有胆量谋杀亲夫？太后只是得了痢疾，病程会很长，但不是一个立即就会暴毙的疾病。还有一个嫌疑人就是大太监李莲英，光绪对他的防备比较低。庚子国难，慈禧太后和光绪从西安回北京时，李莲英曾把自己的被子让给光绪，光绪后来对这件事铭记于心：“若没有李俺答（满语中为师傅的意思），我恐怕都活不到今日。”

真相只有一个，慈禧才是最大的嫌疑人。考虑到隆裕和李莲英都听命于她，因此极有可能是她命令这二人之一将有毒食品送给光绪吃。

如果慈禧确实就是凶手，那么正应验了200多年前的一句毒誓。当初，后金皇帝努尔哈赤在统一东北之时，叶赫部首领布扬古在临死前对天发誓：“我叶赫那拉就算只剩下一个女人，也要灭建州女真。”

这句毒誓竟然一语成谶。

慈禧太后，也就是叶赫部的后人叶赫那拉·杏贞，在 19 世纪中期开始主政大清，以其一己之力，将努尔哈赤等大清历代皇帝辛辛苦苦创下的基业搞得千疮百孔，支离破碎。最后，她在临死之前，又将光绪毒死，等于斩断了大清死里求生的最后一线希望。

慈禧将年富力强的光绪除掉，把大清摇摇欲坠的江山交给了年仅 3 岁的溥仪（宣统帝）。隆裕不是慈禧，载沣也不是奕䜣，他们只是心比天高却力不能及的政治幼童。慈禧将大清江山托付给他们，要么就是老眼昏花，神志不清了；要么就是有意使坏，以完成叶赫部的复仇。

载沣排斥汉人重臣，并试图通过宗室和姻亲建立起一个八旗权贵主导的政权。这不仅将手握北洋军的袁世凯推到了自己的对立面，还加剧了汉人的民族忧虑，等于帮助孙中山印证了他“驱逐鞑虏”口号的正确性。载沣用他自以为是的策略，帮助革命党做了免费的宣传。

2. 朝廷军权旁落，袁世凯一手遮天

此时，大清帝国的军权并没有掌握在朝廷手上，而是掌握在袁世凯手上。

甲午战争之后，由于淮军、湘军等军队腐化堕落，不堪一击，清政府开始组建新式军队。在庚子国难之前，清政府花重金打造了一支

军队——武卫军，由荣禄统领。武卫军由前、后、左、中、右 5 个军组成，前军是直隶提督聂士成的武毅军，兵额约 1.3 万人；后军是甘肃提督董福祥的甘军，多数为回民，兵额约 1 万人；左军是四川提督宋庆统帅的毅军，兵额约 1 万人；中军是荣禄亲自统领的军队，都为八旗旗丁，兵额约 1 万人；右军则是袁世凯在天津小站训练的新建陆军，兵额约 1 万人。

当时一些西方军事人员在参观过武卫军之后，都一致认为只有袁世凯的右军可以称得上是一支“劲旅”。

八国联军侵华之时，袁世凯正带着他的右军在山东镇压义和团。荣禄命令袁世凯带军入京防卫，他却以山东防卫力量不足为借口，只答应派遣 3000 人增援。随后，他又以军队训练不足为借口，压下了自己的命令。他之所以按兵不动，是因为他知道一旦入京防卫，自己的军队将被拼光。他将这支军队视为自己最大的政治资本，绝不会轻易地做风险投资。

在抵抗八国联军的战争中，武卫军前、后、左、中四军都遭到惨重损失，聂士成甚至壮烈殉国。值此国难，只有袁世凯的军队毫无损失地保留下来，成为大清帝国唯一一支能拿得出手的军队。此后，他又在迎接慈禧太后回京时百般献殷勤，得到她的信任和倚重。

有了慈禧的翼护，袁世凯一路高歌猛进。一是李鸿章去世后，袁世凯继任为直隶总督兼北洋大臣，这使他得以将李鸿章的淮系班底全盘接收。有了这个班底的加入，袁世凯的势力更加膨胀。二是 1903 年底，清政府听从袁世凯的建议，决定在北京成立练兵处，训练一支能有效接受统一指挥的国家正规军。袁世凯的目的是，既要集全国兵权于一身，又要不引起八旗贵族的忌惮。因此，他计划设置练兵处这样一个机构来统一军权，然后推荐庆亲王奕劻做总理大臣，自己只做会办大臣。他再通过安排徐世昌等亲信掌管练兵处的各个部门，将练兵处的实权牢牢地掌握在自己手上。

通过掌管练兵处，袁世凯以武卫右军为基础，在保定创建“北洋常备军”。到了1905年，袁世凯练成北洋六镇，其兵力相当于后来的一个师。

因为手握军权，袁世凯获得了更多的政治资本，他一人身兼参预政务大臣、会办练兵事务大臣、办理京旅练兵大臣、督办电政大臣、督办津镇铁路大臣、督办京汉铁路大臣和会议商约大臣，可谓是权倾天下。

当然，这引起了慈禧的高度警觉。

1906年，清政府设立陆军部，将兵部、太仆寺、练兵处合而为一，领导者都为八旗亲贵。此外，朝廷还逼迫袁世凯交出北洋六镇中的四个镇。但此时夺权为时已晚，袁世凯的势力在北洋军中根深蒂固。1907年，朝廷又免去袁世凯直隶总督兼北洋大臣，内调为外务部尚书、军机大臣。谁都知道，这是明升暗降。袁世凯再三要求收回成命，都被慈禧拒绝。只是慈禧没有想到的是，接任直隶总督的杨士骧依然是袁世凯的亲信。

慈禧这样的政治强人在世的时候，清政府还能压制住袁世凯，等到她驾鹤西去，以载沣为首的八旗贵族，对袁世凯就一筹莫展了。

1908 年，载沣以袁世凯身患足疾、步履维艰为由，将其开缺，赶回老家疗养。但是，北洋军是袁世凯一手栽培起来的私人军队，全体官兵早就养成了“只知道有袁宫保，不知道有大清朝”的心理。载沣天真地以为只要八旗贵族代替了袁世凯的职位，就能掌控这支新式军队，那完全是痴心妄想。袁世凯这种摸爬滚打几十年的政治老狐狸，岂是载沣这个政治新手所能斗得过的?

现在，帝国最精锐的部队已经不听朝廷命令，这就为帝国的灭亡奠定了第一个条件。

3．孙中山屡战屡败，宋教仁华中举事

灭亡帝国的第二个条件，就是革命党人采取了正确的战略。

时间回溯到 1894 年甲午战争爆发的时候，两个广东人分别在为自己理想中的宏图伟业来回奔走。一个是康有为，他正在为推动清政府大刀阔斧的变法而积极造势；一个是孙中山，他在檀香山组织了中国最早的资产阶级革命团体“兴中会”，提出了“驱逐鞑虏，恢复中国，创立合众政府”的主张，成为清政府的眼中钉肉中刺。

1905 年 8 月，兴中会联合其他几个反清革命团体华兴会、光复会等，在日本东京集合而成一个强大的全国性革命组织——中国同盟会，孙中山被一致推举为总理，确定其政纲为“驱除鞑虏，恢复中华，创

立民国，平均地权”。同盟会同时还得到中国内地哥老会、三合会、剑仔会、大刀会等组织的支持，其组织网络很快遍布中国与世界各地的华人社区，成为清政府生死存亡的头号威胁。

自 1906 年起，同盟会联合地方会党，先后发动黄冈起义、七女湖起义、防城起义、镇南关起义、钦州起义、河口起义、广州新军起义以及黄花岗起义。

很遗憾，这些起义全都以失败告终。

这其中有一个很重要的原因，就是孙中山奉行边境革命方针。具体来说，就是在以广东、云南等边境地区发动推翻清廷的武装起义，然后占领一个省，接着振臂高呼，天下就会云集响应。等各省纷纷发起革命，并建立起反清政权后，就可以逼迫清政府退出历史舞台了。

这其中，1907 年的镇南关起义，孙中山率领部队从越南方面进攻清军在广西镇南关的守军，可谓是最“边境”的一次。

但是这种战略有个明显的缺陷，就是在远离清政府统治中心发起起义，即使成功了，清政府也有足够的空间和时间来应付。也就是说，清政府不会因为边境起火而张皇失措，轰然倒塌。

光复会大佬陶成章曾经激烈反对这种战略：“于东边防火，西边填砂，只是有害无益……在边境地方起兵，仅是损失兵力、浪费资金罢了，其祸甚大。”①

尽管同盟会内部有很多人建议孙中山改变战略，将武装起义的地

① 陶成章：《致魏兰书》，转引自［日］横山宏章：《素颜的孙文：游走东亚的独裁者与职业革命家》，（中国台湾）八旗文化出版社，2016 年，第 92 页。

点改为在中国中心地带的长江流域，但是孙中山坚持革命的韧劲有余而变通不足。同盟会成立后，他集中全力在中国边境发动了8次武装起义，屡战屡败，屡败屡战。精神可嘉，效果乏善可陈——不然汪精卫何必要去刺杀摄政王。

在汪精卫刺杀未果，被捕入狱的两个月之后，宋教仁召集同盟会骨干在自己的寓所寒香园开会，提出了著名的“革命三策”——一为中央革命运动，推倒政府，使全国瓦解，此为上策，然同志都在南方，北京无从着手，此非可易言者；一在长江流域同时大举，隔断南北，使两方交通断绝，制政府命脉，此为中策，然此等大举，布置不易；一在边省起事，徐图中原，然前此用之失败，斯为下策。

中策“布置不易”，可宋教仁认为，“则新军如为用，财政有人接济，中策自属可行”①，当时与会人员大多数都表示赞同。

1911年4月，广州黄花岗起义再次失败。为了这次起义，同盟会足足准备了半年时间，可以说是倾尽全力，“孤注一掷”。孙中山后来在《建国方略》中评论这次起义：“集各省革命党之精英，与彼虏为最后之一搏。事虽不成，而黄花岗七十二烈士轰轰烈烈之概已震动全球，而国内革命之时势实以之造成矣。”②

不过，起义失败了就是失败了，黄花岗之役壮怀激烈，对当时的革命党人实可谓创巨痛深，就连黄兴这样的硬汉都曾痛苦得几次自杀。

---

① 中国国民党中央委员会党史委员会编：《宋教仁先生文集》下册，中国国民党中央委员会党史委员会出版，1982年，第420页。

② 孙中山：《建国方略》，中国长安出版社，2011年，第76页。

尽管因为这次失败，同盟会人心涣散、一蹶不振，可孙中山还是不打算放弃边境起义的战略。领袖人物的坚韧不拔，走向了另一个极端，就是偏执。

那些主张在华中发动武装起义的人，见劝不动孙中山，只好另起炉灶。1911 年 7 月，宋教仁、谭人凤、居正、赵声、陈其美、潘祖彝、吕志伊等人在上海组织起中国同盟会中部总会，计划在长江流域的主要城市成都策动武装起义。

同盟会中部总会虽冠以同盟会的名义，却不再接受孙中山的领导，“总理暂虚不设，留以待贤豪”。毫无疑问，这标志着同盟会内部的分裂，为此后革命党人的内斗埋下伏笔。

宋教仁当选为中部同盟会的总务干事，会后，宋教仁委派谭人凤亲自前往湖北，促成武汉地区两大革命组织共进会和文学社的联合，成立中部同盟会湖北分会。宋教仁则在上海继续写文章，声援四川保路运动，同时还制定了 1913 年在两湖及江浙同时起事的战略部署。

在谭人凤的撮合下，共进会和文学社联合起来，准备动手。湖北革命党人派代表来上海，请宋教仁前去武汉领导起义。

此时，万事俱备，就差一个导火索了。而这个导火索，居然是一场发生在上海滩的金融暴雷事件。

第二节　民国成立：导火索竟是一场金融暴雷

1. 上海股灾

20世纪初，新任四川总督锡良给朝廷上了一个《自设川汉铁路公司，以辟利源而保主权》的折子，用以应对列强抢夺四川铁路筑路权的野心。

1909年，川汉铁路公司破土动工，首先修筑宜昌至归州段。朝廷没有钱，川汉铁路的资金来源于政府向全省农民强行摊派征收的“租股”，即在田租的基础上征收附加税，每一亩税率为3%。作为一个内陆的农业省，四川人口绝大多数都是农民，这种租股相当于对四川人敲骨吸髓后榨取出来的膏血。租股也等于让每个四川人都成为铁路的投资人，虽然他们并不十分情愿。

几年之内，租股征收到了白银1500万两左右，但是川汉铁路的预算高达9000万两白银。眼看一时修不起来，川汉铁路公司的高层就想拿这笔钱做些投资，看能不能想办法以钱生钱。这就是施典章从四川来到上海的原因，当时，他的手里共有白银350万两。

施典章拿着这笔钱，来到上海的股票市场，全买了一个叫兰格志橡皮公司的股票，然后坐等股票升值。兰格志橡皮公司也不负他的期望，迅速从每股市价白银 1400 两增长到每股 1650 两。

尽管此时卖出股票能赚一大笔钱，可施典章觉得股价还能再往上涨，不妨再等等。

突然，全球最大的橡胶买主美国宣布对橡胶实行限制消费政策。紧接着，橡胶价格一落千丈，上海股市陷入恐慌。兰格志橡皮公司的老总、英国人麦边跟公司员工说，他要回英国办点急事，马上就回来。结果他一走就杳无音信。公司的中国员工觉得不对劲，立刻检查公司的资产，发现账上已经没有钱了。

此时，那些给兰格志橡皮公司站台的外国银行纷纷宣布，该公司的股票无法再在银行抵押，并要追回前期的押款。

所有人如梦方醒，原来他们都被骗了！无数股民倾家荡产，多家钱庄关门歇业，上海市陷入前所未有的金融危机，百业萧条，人人自危。

原来，麦边的兰格志橡皮公司虽早在很多年前就开始从事经营橡胶园，发掘石油和煤炭及采伐木材等业务，但是一直业绩惨淡，入不敷出。他的公司根本没有宣传里所说的那样有大规模的种植园，以及强大的营收能力。他精心编造谎言，忽悠了无数人买他的股票。泡沫就是泡沫，在阳光下看起来五彩斑斓，却注定要破灭。

面对割韭菜的镰刀，施典章两眼发晕。

他迅速反应过来，一边拍电报将小妾和儿子都召到了上海，一边提取仅剩的8万两银子，准备跑路逃往香港。

这次股灾引起清政府的高度重视，摄政王载沣亲自批示，责令邮传部派出专案组，一定要严查川汉铁路公司相关领导私自挪用公款炒股的特大金融犯罪案件。

2. 成都血案

很快，还没来得及逃走的施典章就在上海被专案组抓获。人抓住了，可他挪用的巨额公款追不回来了。而且，施典章曾经在琼州和广州当过知府，算是体制内的人，清政府网开一面，只把他交给地方官监禁3年，罚金定为白银1万两，缴清后就可以释放。

你“刑不上大夫”也就算了，问题是施典章投资亏空的300万两银子怎么办？那可都是四川父老乡亲的血汗钱。

盛宣怀认为这是你们自己的事，不应“慷国家之慨”，决定不予承担。

问题是川汉铁路公司的资金是清政府强迫四川人民缴纳的，此时清政府说自己不予担保，这不是耍流氓吗？

盛宣怀还以这个金融案件为借口，说明铁路建设确实不适合商办，1911年5月他宣布“铁路干线国有政策”，强收川汉、粤汉铁路为国有，由中央借外债修筑铁路。很快，他与美、英、法、德四国银行团订立借款合同，总额为600万英镑，以两湖厘金、盐税为投资抵押。

你收回了铁路路权，却不退还补偿先前民间资本的投入，这是想“官逼民反”吗？时任代理四川总督王人文，看到这个方案非常震惊，他认为这个政策会引起民众的坚决反对，进而动摇国本。但是盛宣怀满不在乎，他高估了清政府的威望，以及老百姓的支持度，强行推出了这个政策。

盛宣怀明显误判了形势，在20世纪，前有曾国藩等汉族士绅，后有义和团等基层民众支持大清朝的统治，但在日俄战争之后，清政府的威望已然“零落成泥碾作尘”了，无论是在民间还是在海外，推翻清政府成为一股心照不宣的共识。在四川，早就有革命党人深入基层进行宣传，“仿金田起义故事，远近同情者百余处”。

不出王人文所料，这波操作彻底惹怒了四川人。著名报人邓孝可写出一篇讨伐盛宣怀的雄文——《卖国邮传部！卖国奴盛宣怀！》，文章告诉四川人民，看起来浓眉大眼的盛宣怀其实是个卖国求荣的汉奸，他将铁路收归国有，只是卖国求利的第一步，他下一步还要将各种税收与厘金，统统交给外国人管理生息，反正就是良心大大地坏了。

6月17日，川汉铁路股东大会在成都组织“保路同志会”，时任四川咨议局副议长的罗纶慷慨激昂地喊：“川汉铁路完了！四川也完了，中国也完了！”本来闻讯前来镇压的军警到场后，也被罗纶的演说感动，纷纷痛哭，放弃了镇压。短短10天时间，四川各地纷纷成立保路同志会，142个州县的工人、农民、学生和市民加入保路运动，人员多达10余万。

总督王人文对保路运动持同情的态度，他说：“四川总督是朝廷派来代四川人办事的，四川人对政府有什么意见，总督有代你们转达的责任。你们就将方才说的要求递交呈文，我立刻代你们电奏，并代你们力争。一争不行就再争。哪怕为此丢了官，能尽到总督的责任，我王人文心里也高兴。”①

然而，朝廷认为王人文软弱无能，撤了他的职，改派强硬派的代表人物赵尔丰担任四川总督。在盛宣怀的影响下，皇族内阁对各省反对集会下达了“倘敢纠众作乱，格杀勿论”的指示。赵尔丰上任后，立刻血腥镇压群众，仅在成都总督府门口，就一次性开枪打死了32名请愿群众，并逮捕了保路会的领导成员，准备押解进京，这就是有名的“成都血案”。

赵尔丰的铁血政策没有扑灭群众的怒气，在革命党人的鼓动下，四川各地人民揭竿而起，全省燃起燎原之火。面对刚刚成立的20万人的保路军，清政府被迫从湖北调集新军两个团前往四川镇压。

后来的故事大家也都耳熟能详了，由于湖北内部空虚，同盟会中部总会乘机在武昌策动起义，宣布成立湖北军政府，改国号为中华民国，废除清朝宣统年号。短短两个月内，湖南、广东等15个省纷纷宣布脱离清政府独立。

面对历史的偶然，清政府一意孤行，无视民众的利益，以武力的方式进行弹压，实在是愚不可及。茅海建教授曾在分析三元里抗英

---

① 转引自马勇：《容忍历史不完美》，中华工商联合出版社，2012年，第50页。

时指出，清朝的民众可能不太懂得民族主义和爱国主义的真谛，但是当他们的利益受到侵犯，“他们的愤怒转瞬间化作以牙还牙的武力对抗，如同千百年来因讨生计而被迫造反一样”。清政府以为7000万四川人会咽下自己投资打水漂的苦果，反映出统治者对现实世界失去了基本的认知。他们硬是将民众推向革命党的怀抱，进而引发一系列的连锁反应，最终葬送了自己的王朝。这一切都是咎由自取。

武昌起义的爆发，看似偶然，实则必然，这背后有着宋教仁领导的中部同盟会的积极运作。回顾这段历史，清政府当时气数将尽，但是还可以苟延残喘。如果没有宋教仁正确的革命战略，那么清王朝至少还能多存在几年。宋教仁对推翻清王朝，有着不可磨灭的历史贡献。

第三节　清帝退位：2000多年帝制的终结

1．游走欧美：孙中山融资碰壁

1911年10月武昌起义爆发时，孙中山待在美国内陆小镇奥格登的小旅馆。他正在北美200多个城镇做巡回演讲，为革命起义筹款，绝不是像坊间传说的那样在餐馆里洗盘子——人家好歹也是正儿八经的西医。他听到这个激动人心的消息后，立即前往欧美各国，为新政府争取各国财政上的支持。

在伦敦，孙中山给英国外相爱德华·格雷一份个人声明，希望获得英国政府100万英镑的贷款。为此，孙中山承诺将给予英国丰厚回报，如给予英国更多的利益，中国海军由英国军官指挥等。但是，相比较孙中山，英国政府更看好袁世凯，爱德华·格雷说："所有外国人以及反满的团体，都可能给予袁世凯以总统的职位——假如他能驱逐满清并赞成共和。"

在巴黎，孙中山会见东方汇理银行的经理西蒙。孙中山向西蒙提了几个问题，要求对方坦率地、直截了当地给予回答。西蒙的回答，能让我们看到外国政府和资本家不愿意投资中国革命事业的考量。

首先，孙中山问西蒙能不能在最近期间向临时政府提供贷款。西蒙作了否定的回答，但如果革命者建立起一个为全中国所接受并得到列强承认的合法政府，他们将不反对在金钱上给革命者以帮助。

接着，孙中山问西蒙是否同意商谈一笔借款，使中国能够用以付清庚子赔款。西蒙表示不能理解这样做中国会得到什么实际的好处，但只要借款的担保能充分令人满意，他们不反对使孙中山得到满足。

孙中山提出的第三个问题是："您是否反对以及您是否认为贵国政府会反对用其他等价的担保，去代替关税作为现有借款的担保品？"西蒙回答绝对不可能，在中国的信用得以牢固地树立以前，现有借款的条件不得做任何修改。①

由此可见，只要孙中山没有建立起一个强势的中央政府，外国政府和银行就不会考虑给他贷款。政府稳定和财政健康是能否借来外债的关键，毕竟外国投资人的钱也不是大风刮来的，投资时总是要掂量掂量。我们来看一个案例，美国建国之时，财政部长汉密尔顿力排众议，坚持要求建立中央银行，改善国家的公共信用，以此来吸收欧洲的资本，促进美国的工业、贸易乃至国民经济的发展。

不过，孙中山革命的目的就是为了建立一个稳定的中央政府，但是要实现这个宏大目标，就必须先革命成功，而革命成功又需要巨额资金，要借到巨额资金又必须有一个稳定的中央政府。因此，孙中山向外国借款陷入了一个两难困境，这个困境很像求职者需要工作经验来获得一份工作，但是找到工作的前提是拥有相关工作经验。

各国政要都很欣赏袁世凯，因为他才是中国目前最有权势的人物，只有他可以迅速稳定政局。事实上，他们的判断并没有错。清政府派陆军大臣荫昌率北洋军第一军和第二军进攻武汉，但是，两军根本没把荫昌放在眼里。荫昌指挥不动，军事行动停滞不前。载沣只得去求袁世凯重新出山，南下督师。袁世凯趁机向朝廷索取更多权力，朝廷眼看已经有 15 个省相继宣布独立，不得不屈从袁世凯的勒索，甚至任命他为内阁总理大臣。

---

①　“中华民国史料研究中心”编：《研究中山先生的史料与史学》，（中国台湾）中华民国史料研究中心出版，1975 年，第 275—290 页。

2．南北和谈：袁世凯玩弄两面手法

袁世凯内阁组成，皇族内阁解散。他勒索到了清政府的军政大权，但是并没有真的卖力去镇压革命党。他的目的，是要利用革命党来威胁清政府，用清政府来威胁革命党，这样他就可以从中渔利，实现自己的政治野心。到了12月，在袁世凯的胁迫下，摄政王载沣只得退居幕后，不再过问政事，并任命袁世凯为全权大臣，负责与南方谈判。隆裕太后此时已经不再指望能将革命党镇压下去，她的目的只是希望能够实现君主立宪，好歹给大清皇帝留一个名分。

从12月17日开始，南北开始和谈。由于南方的军队在北洋军的进攻下节节败退，形势危急，致使革命党人不得不考虑拉拢袁世凯。黎元洪、黄兴等向袁世凯许诺，只要袁世凯放弃武力对抗，赞成共和，就拥立其为大总统。黄兴的理由是："袁世凯是一个狡黠奸诈、敢作敢为的人，如能满足其欲望，他对清室是无所顾惜的。否则，他也可以像曾国藩替清室出力把太平天国搞垮一样来搞垮革命，只要他肯推翻清室，把尚未光复的半壁河山奉还汉族，我们给他一个民选的总统，任期不过数年，可使战争早停，人民早过太平日子，岂不甚好。如果不然，他会是我们的敌人，如不能战胜他，我们不仅得不到整个中国，连现在光复的土地还会失去也未可知。"①

---

① 全国政协文史资料研究委员会：《辛亥革命回忆录》第1册，湖北人民出版社，1957年，第200页。

黄兴对袁世凯投机主义者本性的判断相当准确，对于目前南北形势的判断也相当准确。但是他忽略了一点，那就是袁世凯手里掌握着军队，如果他当上大总统，就不可能只是“任期不过数年”这么简单了。这一点，有些外国人反而看得更清楚。《泰晤士报》驻北京记者乔·厄·莫理循在给友人的信中说：“清政府注定要垮台，我还没有见到袁世凯，但我肯定，只要他活着就想当独裁者，无论政府是君主立宪制还是共和制的。”①

不过，当时南方也确实没有什么其他更好的选择。

与此同时，在欧美一无所获的孙中山只得回到中国。12月25日，他抵达上海，对记者说：“予不名一钱也，所带回者，革命之精神耳。”如果能从列强那里借到钱，谁愿意只带回革命的精神呢？

革命精神虽然振奋人心，但是既不能买来长枪大炮，也填不饱饥肠辘辘的肚子。1911年12月18日下午，驻扎在湖北会馆的一营敢死队就因多日未曾领到军饷而发生骚动。士兵们威胁称，如果拿不到饷钱，众人便散伙；12月27日，昆山发生骚乱，起因是当地的革命军试图强征钱粮，招致民间的反抗，结果40名百姓被杀，革命军5人死亡。

军心不稳，民心骚乱，这不仅反映了临时政府的财政危机，也暴露了临时政府的权力虚弱。

---

① ［澳］骆惠敏编：《清末民初政情内幕——《泰晤士报》驻北京记者袁世凯政治顾问乔·厄·莫理循书信集》下（1912—1920），刘桂梁等译，知识出版社，1986年，第790页。

尽管临时政府发行了100万元军用钞票，但因其市场信用很低，在流通中遭到人们的冷遇，多数商家不肯接受这种货币。

财政困难直接导致军事上的困难，革命党人再也无法维持辛亥革命的胜利成果。这就导致后来孙中山被迫把临时大总统之位让给袁世凯。

3. 大清的最后一次早朝

1911年12月29日，在南京举行的17省代表会议上，孙中山众望所归，被推举为中华民国临时大总统。1912年1月1日，孙中山到南京宣誓就职，建立了中华民国临时政府，组成了临时参议院，公布了具有宪法性质的《中华民国临时约法》。

不过，孙中山知道目前的局面难以维系，要想保卫共和就必须取得袁世凯的合作。他在当选临时大总统的当天，致电袁世凯，表示自己只是暂时担任组织政府之责，仍然期望袁世凯早定大计。袁世凯相当兴奋，立马将己方和谈代表唐绍仪解职，换成自己来跟南方直接对话。

但是，老奸巨猾的他还是不太放心。为了得到南方更为肯定的答复，袁世凯指示北洋军将领联名通电，声称“不惜以干戈相见”，“誓不承认”中华共和制度。孙中山也心领神会，做出明确答复：“如清帝实行退位，宣布共和，则临时政府决不食言，文则可正式宣布解职，以功以能，首推袁氏。”[①]

这就是伟人与政客的区别：前者为了天下苍生，可以不计生死，不计名利，毁家纾难，以出世的精神，做入世的事情；后者则为了自己的权力地位，可以颠倒黑白，混淆是非，出尔反尔，可以杀人盈野，宁愿我负天下人，不教天下人负我。

这边得到了革命党人的承诺，那边就可以着手逼迫清帝退位了。他再次指示北洋前线将领，由段祺瑞带头，屡次联名电奏朝廷，说什么“默察人心趋向，恐仍不免出于共和之一途”，“共和国体，原以致君于尧舜，拯民于水火。乃因二、三王公迭次阻挠，以至恩旨不颁，万民受困。瑞等不忍宇内有此败类也，谨率全军将士入京，与王公剖陈利害”[②]。这相当于是赤裸裸的最后通牒了。

袁世凯也不时唆使外交大臣胡惟德、民政大臣赵秉钧、邮传大臣梁士诒等人去恐吓隆裕太后，以法兰西革命绞杀国王、王后的前车之鉴，吓唬这个对法兰西革命史一无所知的女人。隆裕太后吃了不读书的亏，吓得魂不附体，只能一把鼻涕一把眼泪地哭求袁世凯：“务要保全我们母子二人性命！”

要保全可以，那就乖乖地宣布退位吧。1912 年 2 月 12 日，隆裕太后带着 6 岁的小皇帝溥仪，在养心殿举行大清王朝的最后一次朝见仪礼。袁世凯自知理亏，心有愧疚，称病不上朝。

---

① 黄季陆编：《总理全集》下册，重庆联友出版社，1944 年，《文电》第 8 页。

② 来新夏编：《中国近代史资料丛刊·北洋军阀》第 5 册，上海人民出版社，1993 年，第 112 页。

隆裕太后读完立宪派领袖张謇的幕僚杨廷栋等起草，又经袁世凯审定的退位诏书，泪水涟涟，哽咽不止，因为大清王朝268年的江山，将由她拱手送出。她手捧诏书，浑身颤抖，顾不得太后的体面，“哇”的一声嚎啕大哭起来，呼喊着：“祖宗呀！祖宗呀……”群臣也跟着哭了起来，有的是真心实意地哭，有的是虚情假意地哭。大殿外，寒风凛冽；大殿内，心如死灰。

祖宗救不了大清，就在隆裕太后泪流不止之时，外交大臣胡惟德突然装作想起来什么，对太后说革命党发来了紧急电文，如果正午之前清帝不能如约退位，他们就收回优待条件。

隆裕太后受此恐吓，只得擦干眼泪，在退位诏书上盖下玉玺。至此，一个268年的大一统王朝，走向了终结。跟着大清一起终结的，还有从秦朝建立以来的专制制度。只是年仅6岁的溥仪还不知道，大清并非因他而亡，但他却是大清的亡国之君。

清帝宣布退位，孙中山也遵守诺言，辞去临时大总统职务。2月15日，南京临时参议院选举袁世凯为中华民国临时大总统，3月10日袁世凯在北京宣誓就职。

大清帝国土崩瓦解，然而，中国人的复兴之路，却还有很长一段路要走。中国人民还需要“筚路蓝缕”，还需要“斩妖除魔”，还需要“打碎牙齿和血吞”，还需要“天行健，君子以自强不息”。

后　记

在大家的印象中，大清帝国在鸦片战争之后就已经丧权辱国、国将不国了。实际不是这样。发生在中国沿海地区的这场战争，对于一个庞大、臃肿、闭塞的帝国，很难产生多么广泛和深远的影响。也正因为如此，两次鸦片战争之间的20年，除了极个别有见识的官员和知识分子，绝大多数中国人都没有意识到中国面临的局面的严重性。

鸦片战争只是大清帝国走向灭亡的起点，它的急速崩塌是从甲午战争开始的。甲午战争之前，清政府兴办洋务颇有成效，国家的财政收入较1842年增长了一倍，军队也装备了大量的洋枪洋炮，还建立起亚洲第一的现代化舰队。清政府不仅在沙俄的口中夺回了伊犁，还在中法战争中与老牌帝国主义列强打了个平手。

可谁能想到区区的一个东洋小国，能把“天朝上国”打得头破血流、丧师失地。

甲午战争给大清帝国带来的灾难几乎是毁灭性的，清政府的国防、财政相继崩溃，国际地位一落千丈，民族自尊心和自信心遭到重创。列强们纷纷露出獠牙，争先恐后地把屠刀架到中国人的脖子上。耻辱交相迭来，灾难接踵而至，帝国加速灭亡。

“人为刀俎，我为鱼肉。”在这个帝国即将土崩瓦解的时刻，有两个广东人为了拯救整个民族，毅然站了出来，但是他们选择的道路截然不同。一个是士大夫阶层出身的康有为，他致力于“得君行道”，从京师朝廷开展改革；另一个是非士大夫阶层出身的孙中山，他致力于开展革命，推翻这个不成器的清王朝，重新开创一个新的时代。

两个广东人，一个想方设法地避免千万人头落地的悲剧，在革命之前给了清王朝最后一次振衰起敝的机会；一个则想方设法地鼓动中国人另起炉灶，用崭新的共和制度来取代腐朽的专制制度。

年轻的光绪皇帝顶住重重压力，努力地想抓住康有为提供的最后一次机会。但是他权力有限，推行的改革最终还是被慈禧太后断送了。

平心而论，维新派的改革方案有诸多缺陷，即使不发生戊戌政变，大清帝国也不一定能富国强兵。但是，维新变法毕竟还是有成功的可能，因为只要大方向选对了，那么即使在航行的征途上有点偏航，也可以及时校正过来。而且，大清帝国已经快要鱼烂河决，此时有所革新，总比大家都坐看楼塌了要好。《周易·系辞》中就说：“易，穷则变，变则通，通则久。”

然而，帝国的最高统治者慈禧太后断送了这个可能成功的改革。表面上看，她是将谭嗣同等维新志士送上了断头台，其实她是将大清帝国送上了断头台。

既然通过有限的内政改革这条路被彻底断送，那么中国人就只剩下孙中山提供的这条路了。可笑的是，慈禧太后的爪牙御史文悌还污蔑康有为建立的保国会的宗旨是“保中国不保大清”。

慈禧这伙人永远不懂，断送掉康有为领导的这场变法，只会让越来越多的中国人选择“保中国不保大清”。

我对晚清史特别感兴趣。我一直想搞清楚，这个曾经雄霸欧亚大陆的强大帝国，为何会在18年的时间里迅速崩塌。而在这最后的18年里，先进的中国人又是如何血脉偾张、投袂而起，前赴后继地为救国救民而奋斗不息，他们的奋斗又是如何遭遇挫折，以至于志士血洒菜市口，皇帝泣血瀛台。

我始终认为，这一段悲恸的历史，是不能用简简单单的一句“清政府腐败无能”就能一笔带过的。这是万能的答案，却不是解释所有问题的最佳答案。例如，北洋舰队的覆灭，其中一个很重要的原因，就是中国人的“海防”观念。这种消极的海军建设思想，严重限制了北洋舰队的战斗力和活动空间。而这种观念的形成，跟清政府腐败无能没有什么关系。

这本书是我对这18年历史的一点思索和感悟。笔者学识有限，鄙陋之处，敬请方家批评指正。

这是一段王朝日暮途穷、民族凄风苦雨、百姓哀哀无告的历史，为了减轻读者阅读时的沉闷感，我尽量把语言调整得轻松活泼些。笔者特别喜爱美国历史学家特拉维斯·黑尼斯三世的著作《鸦片战争：一个帝国的沉迷和另一个帝国的堕落》，他的文风有一种别样的黑色幽默，学习和模仿他也是对他的一种致敬吧。我希望读者能够一气呵成地读完这本书，而不是“一篇读罢头飞雪”。

茅海建先生对于戊戌变法的研究，让我获益匪浅。例如，他在《戊戌变法的另面：“张之洞档案”阅读笔记》中爬梳出来的一则史料，尽管他本人并未给予更多阐述，却让我惊觉原来“围园捕后”并不是康有为在危急关头才想出来的杀招，而是他早已有之的预案。这则史料也让我对康有为的认识更进一步。因此，对于茅海建先生，我是高山仰止，景行行止。

最后感谢为本书写序的张明扬老师，他在非常繁忙的情况下惠然为本书作序。张老师曾被许纪霖教授称为史学界的“后浪”，其作品是“接地气的公众史学”——有故事，有想法，有深度，因此，他为本书作序，是对我最大的激励和最客观的评价，是本书的极大荣耀，非常珍贵。

徐飞

2021年12月